LAS **16** LEYES INDISCUTIBLES DE LA COMUNICACIÓN

LAS **16** LEYES INDISCUTIBLES DE LA COMUNICACIÓN

APLÍCALAS
Y SACA EL MÁXIMO PROVECHO DE TU MENSAJE

JOHN C. MAXWELL

CONECTA

MAXWELL
LEADERSHIP.

Penguin
Random House
Grupo Editorial

Título original: *The 16 Undeniable Laws of Communication*

Primera edición: octubre de 2023

Copyright © 2023 Maxwell Leadership, Inc.
Copyright © 2023, Penguin Random House Grupo Editorial USA, LLC
8950 SW 74th Court, Suite 2010
Miami, FL 33156

Traducción: Maxwell Leadership
Diseño de la cubierta: Bruce Gore, Gore Studio, Inc.

Impreso en Colombia / *Printed in Colombia*

ISBN: 979-8-89098-011-3

23 24 25 26 27 10 9 8 7 6 5 4 3 2 1

CONECTA es una marca registrada de Penguin Random House Grupo Editorial

Este libro está dedicado a Juan Vereecken.
Durante veinticinco años, Karla y tú me
han ayudado en América Latina.
Eres un
líder de líderes,
comunicador extraordinario,
creador de equipos,
propagador de la visión
y
un amigo increíble.
Tú, junto con Karla y Susi, han llevado
mi llamado a transformar naciones más allá
de lo que jamás podría haber imaginado.
¡Nunca podré agradecerte lo suficiente!

Índice

Reconocimientos

Quiero agradecer a Charlie Wetzel y al resto del equipo que me ayudó a darle forma a este libro y publicarlo. También quiero agradecer a las personas de mis organizaciones que lo apoyaron. Todos ustedes me agregan un valor increíble, lo que me permite agregarles valor a los demás. Juntos, ¡estamos marcando una diferencia!

Introducción

Todos tienen un mensaje

¿Qué quieres decir? ¿Serás capaz de comunicar ese mensaje? Cuando lo hagas, ¿lo comunicarás lo suficientemente bien como para que se entienda y logre su cometido? Todos tienen un mensaje. Puede ser un mensaje para el momento o uno con impacto eterno. Puede que necesites comunicar la visión de tu empresa. O que quieras hablar en la junta de padres en la escuela de tu hijo. O impresionar a tus compañeros de la escuela o la universidad con una gran presentación. O presentar el informe trimestral sin matar de aburrimiento a tus colegas. Quizá quieras presentar un producto. O postularte para un cargo público. O predicar un sermón. O ganarte la vida como conferencista profesional. O quizá solo quieras ser capaz de compartir lo que hay en tu corazón con los miembros de un grupo pequeño.

Si tu deseo es compartir cualquier tipo de mensaje, lo ideal es ser capaz de comunicarlo bien y sacar el máximo provecho de tu mensaje. ¿Puedes hacerlo?

Según *Harvard Business Review*, «El criterio principal para recibir un ascenso o promoción profesional es la capacidad de comunicarse eficazmente».[1] También es algo vital para nuestra vida cotidiana. La comunicación es la manera de influir en los demás. Es esencial para desarrollar y mantener relaciones. Es el corazón de nuestra actividad social. Hayley Hawthorne, analista de investigación y experta en comunicación, dice: «La comunicación es el tejido conectivo entre los seres humanos. Tiene el potencial de unirnos, crear un entendimiento común, coordinar y poner en marcha iniciativas, y mucho más. En definitiva, la comunicación es el motor de la transformación».[2]

Pero al mismo tiempo, hablar en público —algo que yo defino como comunicar un mensaje a un grupo de dos o más personas— intimida a mucha gente. En uno de sus números, el comediante Jerry Seinfeld dijo: «Vi un estudio que afirmaba que hablar frente a una multitud está considerado como el miedo principal de una persona promedio. Me pareció increíble. El segundo era la muerte. ¿La muerte era el segundo? Esto significa que si eres una persona promedio y estás en un funeral, preferirías estar en el ataúd que compartiendo unas palabras sobre el difunto».[3]

No tiene que ser así.

Creo que la mayoría de la gente que teme hablar frente a un grupo de personas lo evita porque no quiere hacerlo mal. Le preocupa fracasar. Esto lo sé porque en 2011 fundé Maxwell Leadership Team, una empresa que forma a personas como coaches y oradores. Cuando las personas acuden a la capacitación, se les pide que compartan un mensaje de cinco minutos frente a un grupo pequeño de compañeros en sus mesas. Todos quieren hacerlo bien. Tienen un mensaje que quieren transmitir y están ansiosos por aprender a ser comunicadores eficaces. Pero nunca son tan buenos como podrían ser. Por eso los capacitamos.

A la hora de comunicar, todo el mundo tropieza al principio. He dado más de trece mil conferencias a lo largo de mi carrera y actualmente estoy en mi mejor momento. Pero mi primera experiencia hablando en público fue terrible (lo leerás en el libro). ¿Por qué no lo hice bien? ¡Porque *nadie* es bueno la primera vez! Como todo, la oratoria tiene una curva de aprendizaje. Pero si tienes unos principios sólidos que guíen tu crecimiento, podrás mejorar rápido. Y cada vez que hables en público, lo harás mejor. Como dijo Hayley Hawthorne: «Dominar las habilidades de comunicación no es algo que se logre de la noche a la mañana: es un camino que lleva tiempo».[4] Pero te diré esto: ¡cada paso vale la pena!

Escribí *Las 16 leyes indiscutibles de la comunicación* para ayudar a cualquier persona a dar una charla. Así como con mis otros libros sobre *leyes* trabajé para ayudar a la gente en temas de liderazgo, trabajo en equipo y crecimiento personal, con este quiero ayudarte en tu comunicación. Y lo que era cierto de aquellas leyes de liderazgo, trabajo en equipo y crecimiento también lo es de estas:

1. **Las leyes pueden aprenderse.** Algunas son más fáciles de entender y aplicar que otras, pero todas se pueden aprender.
2. **Las leyes son independientes.** Cada ley complementa a las demás, pero no necesitas conocer una para aprender otra.
3. **Las leyes conllevan consecuencias.** Si aplicas las leyes, sacarás el máximo provecho de tu mensaje y aumentarás tu influencia. Si las transgredes o las ignoras, no serás eficaz al comunicarte con los demás.
4. **Las leyes son atemporales.** No importa si eres joven o viejo, experimentado o inexperto, las leyes aplican de igual forma. Aplicaron para tus abuelos y lo harán para tus tataranietos.
5. **Las leyes son el cimiento de la buena comunicación.** Una vez que aprendas los principios, tendrás que ponerlos en práctica y aplicarlos a tu vida. Si lo haces, serás un mejor comunicador.

El empresario multimillonario y filántropo Warren Buffett dijo: «La única manera fácil de llegar a valer un cincuenta por ciento más de lo que vales hoy es perfeccionando tus habilidades de comunicación, tanto escritas como orales».[5] También dijo: «Ser incapaz de comunicarte es como guiñarle un ojo a una chica en la oscuridad: no pasa nada. Puedes tener toda la inteligencia del mundo, pero debes saber transmitirla. Y la transmisión es comunicación».[6]

Ya sea para liderar un negocio, dar clases, vender un producto, predicar un sermón, capacitar a un empleado, preparar a un equipo, obtener un título, dirigir una organización sin fines de lucro o hablar en una reunión del vecindario, aprender a comunicarte mejor es tu gran ventaja. Aprende y aplica las leyes de la comunicación y sacarás el máximo provecho de tu mensaje. Eso te ayudará a tener éxito en todo lo que hagas.

QUIÉN
LO
DICE

1

LA LEY DE LA CREDIBILIDAD

*El mensaje más eficaz
es el que uno vive*

¿QUÉ HABRÍA PASADO SI EL DISCURSO «TENGO UN SUEÑO», DURANTE la marcha en Washington de 1963, lo hubiera pronunciado el gobernador segregacionista George Wallace en lugar de Martin Luther King Jr.? ¿O si el Discurso de Gettysburg de 1863 lo hubiera pronunciado Jefferson Davis, presidente de la Confederación, en lugar de Abraham Lincoln? ¿O si el Sermón del Monte no hubiera sido predicado por Jesús, sino por Judas Iscariote o Poncio Pilato? ¿Cómo habrían respondido los oyentes? ¿Se habrían amotinado? ¿Habrían atacado al orador? ¿Se habrían marchado simplemente? Por lo menos, sus mensajes hubieran sido un gran fracaso. ¿Por qué? Porque las palabras nobles, inspiradoras, memorables e impactantes de esos mensajes no habrían estado a la altura de las personas que las pronunciaron. En lo que respecta a la comunicación, una desconexión como esa no funciona, porque el mensaje más eficaz es el que uno *vive*. Todo lo demás son palabras vacías. Esa es la Ley de la Credibilidad.

LA PRIMERA POR UNA RAZÓN

La primera ley de la comunicación no es más importante que las demás, pero existe un motivo para que sea la primera. Como comunicador, si no aprendes esta ley, las demás no te ayudarán mucho. Quien *eres* le da credibilidad a todo lo que *dices*. Como dice mi amiga Jamie Kern Lima, fundadora de IT Cosmetics, en su libro *Believe It* (Créelo): «La autenticidad no garantiza el éxito automáticamente... pero la falta de autenticidad garantiza el fracaso».[7] Si hablas sobre cosas que no estás viviendo, te faltará autenticidad y tu comunicación no tendrá éxito.

> «La autenticidad no garantiza el éxito automáticamente... pero la falta de autenticidad garantiza el fracaso».
>
> —*Jamie Kern Lima*

La Ley de la Conexión (capítulo 7) enseña que la comunicación se trata de los demás. Debes centrarte en tu público. Aunque eso es cierto, la comunicación no *empieza* con tu público, sino *contigo*. Eso es válido para todos los que quieren ser buenos comunicadores. La relación que tenemos con nosotros mismos determina la relación que tendremos con los demás. Si no aceptamos quiénes somos, si nos sentimos incómodos con nosotros mismos, si no conocemos nuestras fortalezas y debilidades, si no somos auténticos, los intentos que hagamos por conectar con los demás serán infructuosos. Una vez que nos conocemos, nos queremos, nos sentimos a gusto y actuamos con autenticidad, tenemos la capacidad de conocer a los demás, quererlos, sentirnos a gusto y ser auténticos con ellos.

LAS CUALIDADES DE UN COMUNICADOR CONFIABLE

Para conocerte y ser tu yo auténtico con los demás, y comunicarte con credibilidad, debes hacer cinco cosas:

1. Sé transparente

La comunicación es mucho más que compartir información. En realidad, se trata de compartir quién eres: tu *verdadero* yo. Ese nivel de honestidad es la clave para poder conectar con otras personas. Brené Brown, en su libro *Los dones de la imperfección* [The Gifts of Imperfection], dice: «La autenticidad es una serie de decisiones que debemos tomar a diario: la decisión de mostrarnos tal cual somos. La decisión de ser honestos. La decisión de dejar ver nuestro verdadero yo».[8] Ser auténtico y transparente puede parecer un riesgo. Quizá a la gente no le guste tu verdadero yo, pero tal vez tampoco le guste una versión falsa de ti. Y si al principio *le gusta* una versión falsa de ti, cuando descubra que ese no eres tú de verdad, tampoco le gustará. ¿No preferirías caer bien o mal por quien realmente eres? Yo preferiría eso.

Las personas no quieren comunicadores perfectos, pero sí auténticos. Los oradores que son abiertos y auténticos en su comunicación resultan atractivos

> Las personas no quieren comunicadores perfectos, pero sí auténticos.

porque comparten tanto sus fracasos como sus éxitos. Pueden ser honestos y directos sin dejar de ser empáticos con los demás. Hay que ser valiente para ser transparente y las personas admiran eso en los comunicadores, sobre todo cuando esos oradores valoran a su audiencia.

El novelista John Steinbeck, ganador del Premio Nobel, dijo: «Lo que escribe un hombre es el reflejo de sí mismo. Un hombre amable escribe con amabilidad. Un hombre malo escribe con maldad... un hombre sabio escribe con sabiduría».[9] Cuando las personas son auténticas, tanto su forma de escribir como de hablar reflejan quiénes son en realidad. Si quieres conocerme, lee mis libros o escúchame hablar. Dejé de intentar proyectar una imagen o ser alguien que no era a los veinte años. Desde entonces, nunca he tratado de ser alguien distinto a mi yo imperfecto. Ese compromiso se puso a prueba cuando comencé a escribir libros a mis treinta y tantos años. Mi editor me advirtió de algunas cosas que él creía que perjudicarían las ventas de mis libros. Yo quería escribirles a los líderes. Él me dijo que eso limitaría mucho mi audiencia. Me encantan las listas y las cifras, y me gusta incluirlas en mis libros. Me dijo que a los lectores no les agrada eso y me recomendó que dejara de usarlas.

Me planteé seriamente cambiar mi estilo para complacer a mi editor, pero al final decidí que debía ser quien era. Mi llamado es ayudar a los líderes. Mi don es enseñar liderazgo. Yo pienso en listas, esquemas y números. Decidí escribir los libros que creía que debía escribir, aunque eso significara llegar a menos gente. Al final, más personas de las que esperaba conectaron con mi mensaje y estilo. Y más de cuarenta años después, sigo escribiendo lo que me gusta basándome en quien soy.

2. Sé constante

Mark Batterson dice: «Casi todo el mundo puede lograr casi cualquier cosa si trabaja en ello el tiempo suficiente y con el suficiente esfuerzo e inteligencia».[10] A lo que se refiere en realidad es a la constancia. Ya que el mejor predictor de lo que una persona hará hoy es lo que hizo ayer, un patrón sólido de constancia le da credibilidad a una persona. Lo que *haces* repetidamente les dice a los demás quién *eres*.

> No hay nada más fácil que decir palabras. No hay nada más difícil que ponerlas en práctica día tras día.

Cuando comienzas a comunicarte con las personas, aún no saben si tienes firmeza y perseverancia. Por lo general, toman lo que dices al pie de la letra. Tus palabras tienen peso porque las personas no conocen tus acciones. Con el tiempo, lo que dices tiene menos peso y lo que haces tiene más. No hay nada más fácil que decir palabras. No hay nada más difícil que ponerlas en práctica día tras día. Si das un buen consejo, pero eres un mal ejemplo, confundes y acabas perdiendo a tu público. La constancia en tus principios es crucial si quieres ser un buen comunicador.

Durante más de cincuenta años, he sido intencional para agregar valor a las personas. Esa es mi motivación para escribir, hablar y cultivar relaciones con los demás. Para mí, cada día es una oportunidad de seguir ayudando a las personas, y un buen día para mí es cuando hago algo que mejora la vida de los demás. Cuando subo al escenario y digo: «Mi nombre es John y soy tu amigo», las personas que conocen mi historia saben que quiero ayudarlas. Pero esto lleva su tiempo. Los resultados no llegan de la noche a la mañana. La constancia potencializa y lo mismo sucede con la credibilidad. Puede llevar tiempo, pero siempre tiene su recompensa.

> Los resultados no llegan de la noche a la mañana. La constancia potencializa y lo mismo sucede con la credibilidad.

3. Sé un buen ejemplo

¿Alguna vez has estado trabajando en la redacción de un mensaje y encontraste material que parecía bueno o interesante, pero no pudiste verificarlo a través de tu propia experiencia u observación? Me refiero a que era el consejo de otra persona, no el tuyo. ¿Lo usaste? Al inicio de mi carrera como líder y orador, yo lo hacía. Aunque era algo que no me agradaba mucho. Después de hacerlo varias veces, tomé una decisión importante: no enseñar nada que no creyera de corazón.

Esa decisión le dio una gran convicción a mi forma de comunicar. Unos años después, decidí llevar esa decisión un paso más allá.

No iba a enseñar nada que no intentara vivir. Esa decisión le agregó una mayor credibilidad a mi convicción, porque me comprometía a ser ejemplo de lo que enseñaba. En las palabras de James Kouzes y Barry Posner: «La verdad es que o predicas con el ejemplo o no predicas en absoluto. Hay que ver para creer y tus seguidores deben verte poniendo en práctica los estándares que has establecido y los valores que profesas».[11]

Roddy Galbraith, quien ha enseñado a más de cuarenta mil coaches certificados de Maxwell Leadership a hablar con eficacia, da este consejo a los nuevos oradores para ayudarlos a elegir material:

1. Revive lo que has aprendido y permite que la audiencia lo reviva contigo.
2. Gánate el respeto de la audiencia compartiendo tus victorias y gánate su afecto compartiendo tus fracasos.
3. Decide de qué vas a hablar eligiendo lo que has vivido.

Seguir este consejo ayuda a estos nuevos oradores a tener la credibilidad que necesitan.

Se cuenta una historia sobre Mahatma Gandhi en la que una mujer llevó a su hijo pequeño a ver al gran líder.

«Mahatma, por favor, dígale a mi hijo que deje de comer azúcar», pidió la mujer.

«Regrese en tres días», le contestó Gandhi.

A los tres días, la mujer y el niño regresaron, y Gandhi le dijo al pequeño: «Deja de comer azúcar».

Desconcertada, la mujer preguntó: «¿Por qué era necesario que regresáramos tres días después? ¿No podría haberle dicho a mi hijo que dejara de comer azúcar la primera vez que vinimos?».

«No podía decirle eso en ese momento», le contestó Gandhi, «porque hace tres días yo también comía azúcar».[12]

La historia ilustra la idea de que ser un buen ejemplo aporta credibilidad a las palabras. Cuando alguien da un buen consejo, pero es un mal ejemplo, genera confusión. Por eso, Ralph Waldo Emerson dijo: «La clase de persona que eres habla en voz tan alta que no me deja escuchar lo que dices».[13] Cuando las palabras y las acciones no concuerdan, el orador no solo confunde a la audiencia, sino que la pierde.

4. Sé competente

Mi pasatiempo favorito es el golf y uno de mis momentos estelares ha sido jugar en el Torneo AT&T Pro-Am en Pebble Beach. Es muy divertido formar pareja con un golfista profesional y recorrer el campo. Mi hermano me preguntó si me ponía nervioso jugar frente a una gran multitud y le contesté: «Para nada. Ninguna de esas personas vino a *verme* jugar». Mi práctica de golf puede resumirse en algo que me sucedió un día que jugaba con mi amigo Ron Simmons. Estaba jugando como de costumbre, con una puntuación alrededor de los ochenta, cuando hice un *drive* largo y hermoso. Miré a Ron y le pregunté: «¿Por qué no puedo hacer eso siempre?».

> «La clase de persona que eres habla en voz tan alta que no me deja escuchar lo que dices».
> —*Ralph Waldo Emerson*

«Porque no eres bueno», respondió de inmediato, y ambos nos reímos porque era verdad.

¿Por qué menciono esto? Porque nadie me ha pedido jamás que hable sobre golf. ¿Por qué? Porque no soy competente en esa área. Tampoco me han pedido que hable o escriba sobre apreciación musical, tecnología o arqueología. No tengo credibilidad en esos ámbitos. Pero sí me piden que hable y escriba sobre liderazgo y crecimiento personal.

El «peso» de las palabras de un comunicador está determinado por aquello que ha logrado. ¿En qué has tenido éxito? ¿Qué habilidades has adquirido y usado que puedas transmitir a otros? No puedes dar algo que no tienes. Si aún no has desarrollado una alta competencia en un área de tu vida sobre la que quieres enseñar, comienza a trabajar en ella y a aprender. Domina lo que haces y enseña a partir de eso que sobreabunda en tu vida. Las personas competentes se ganan el derecho de hablarle a la vida de los demás.

5. Sé confiable

Mencioné a Mahatma Gandhi cuando hablé sobre ser un buen ejemplo, y muchas otras historias sobre él nos muestran las cualidades que le dieron credibilidad como orador. Una era su confiabilidad, que demostró una y otra vez. Un ejemplo así ocurrió en Sudáfrica a principios del siglo xx. Gandhi se había mudado allí de joven, en 1893, para trabajar como abogado para el propietario de una empresa de transporte. Cuando terminó ese trabajo, decidió quedarse para luchar por los derechos de los indios allí, porque él y muchos otros habían sufrido racismo y abuso. En 1904, se desató una peste neumónica entre la población india en Johannesburgo.[14] Gandhi asistió a las personas, reunió apoyo e incluso creó un hospital improvisado en un almacén para atenderlas. Pero el gobierno local decidió tomar medidas drásticas para evitar la propagación de la enfermedad: pretendían quemar la aldea donde se había desatado la peste. Fue durante esta época cuando se demostró la confianza del pueblo en Gandhi. En su autobiografía, escribió:

> La decisión fue desalojar a toda la población del asentamiento y vivir bajo lonas durante tres semanas en una llanura abierta a unas trece millas de Johannesburgo, y luego

incendiar el lugar [donde habían vivido]... La gente estaba terriblemente asustada, pero mi presencia constante era un consuelo para ellos. Muchas de las personas pobres solían enterrar sus escasos ahorros. Tuvieron que desenterrarlos. No tenían un banco y no conocían a nadie. Me convertí en su banquero. A mi oficina llegaban carretadas de dinero... Según recuerdo, recibí casi sesenta mil libras en depósitos. Los residentes del asentamiento fueron trasladados en un tren especial a la granja Klipspruit, cerca de Johannesburgo... El asentamiento fue incendiado al día siguiente de la evacuación.[15]

La riqueza acumulada de todo ese grupo de personas se puso en manos de Gandhi porque confiaban en él. Había establecido su credibilidad mucho antes de necesitarla. Gracias a ello, pudo ayudar a la gente, estuvieron dispuestos a mudarse y se evitaron más muertes por la peste.

La confianza es el mayor tesoro de una persona. Cuando has demostrado que eres confiable, las personas saben que tienes buenas intenciones y que realmente quieres ayudar a los demás. La gente puede sentirlo. La confiabilidad hace que los líderes y comunicadores sean eficaces porque las personas los escuchan, creen en lo que dicen y cooperan con ellos. Sin confianza, todo se paraliza.

¿Por qué deseas hablarles a los demás? ¿Cuál es tu motivación? ¿Estás realmente ahí para la audiencia, para promover su causa? ¿O lo haces por ti? ¿Para avanzar en tu carrera, promocionar tu negocio, obtener un contrato editorial, ser famoso? Puede que esos motivos no estén mal, pero ninguno de ellos genera confianza. Ante todo, tu comunicación debe beneficiar a los demás. Si esto se te complica, la Ley de la Conexión (capítulo 7) y la Ley de Agregar Valor (capítulo 15) te ayudarán.

LAS PERSONAS TE ESCUCHAN PORQUE...

A medida que trabajes para ganar credibilidad como comunicador, tu influencia sobre los demás crecerá y es probable que ocurra de manera predecible. En mi libro *Los 5 niveles de liderazgo*, describo paso a paso cómo los líderes ganan influencia. Mi viejo amigo Dan Reiland, director ejecutivo de expansión de liderazgo en el Centro Maxwell Leadership, tomó las etapas de *Los 5 niveles de liderazgo* y las adaptó para enseñar comunicación. Quiero compartir su lección con algunos cambios y adiciones de mi parte. Al leer estos cinco niveles de la comunicación, piensa en tu credibilidad ante los distintos grupos de personas con quienes hablas, para identificar en cuál estás con ellos.

1. El nivel del requerimiento: las personas *tienen* que escucharte

Cuando tenía veintidós años, me convertí en pastor de una iglesia rural muy pequeña en el sur de Indiana. Comencé sin experiencia alguna como predicador. Era joven, inexperto y no había entablado ninguna relación. Pero las personas que asistían a los servicios escuchaban mis sermones. ¿Por qué? Porque tenía el puesto de pastor. No tardé mucho en darme cuenta de que depender de mi cargo para que la gente me escuchara era el nivel más bajo de la oratoria. No había nada de malo en estar en ese nivel. Es donde la mayoría empezamos. Pero si quieres ser un buen comunicador, no puedes quedarte en ese nivel. Me di cuenta de esto y tomé una decisión importante: trabajaría para mejorar mi oratoria. Me iba a esforzar por ser más y mejor que mi puesto.

Todos hemos tenido que escuchar a alguien por obligación. Quizás has escuchado a un jefe porque querías cuidar tu empleo. O a un maestro o profesor porque querías aprobar una materia. O a un funcionario público a cargo de un proceso que necesitabas realizar.

Escuchaste porque la otra persona tenía un cargo que lo exigía y no tuviste muchas opciones.

Si quieres ser un buen comunicador, debes reconocer que tu puesto o cargo no mantendrá el interés de la gente. Debes subir el listón y comenzar a desarrollar habilidades que hagan que los demás *quieran* escucharte. Esto nos lleva al siguiente nivel.

2. El nivel de las relaciones: la gente *quiere* escucharte porque le agradas

A los pocos meses de estar en esa primera iglesia que pastoreé, desarrollé relaciones con las personas. Me caían bien y yo a ellos. Pude percibir un cambio en ellos, de *tener* que escucharme a *querer* escucharme. ¿Fue porque mi oratoria había mejorado mucho? Lo dudo. Pero mi relación con ellos, sí. Esto confirmó que el viejo dicho es verdad: «A las personas no les interesa cuánto sabes hasta que saben cuánto te interesas en ellas». Descubrí que la comunicación era algo más que solo hablar. Era relacionarse con la gente.

Si hablas seguido con las mismas personas, lo mejor que puedes hacer es desarrollar buenas relaciones con ellos. Si estás en situaciones en las que no puedes cultivar relaciones individuales, entonces sé *relacional*. Interésate por tus oyentes como personas, sé transparente y auténtico, pon en práctica lo que predicas, y le caerás bien a la gente.

> A las personas no les interesa cuánto sabes hasta que saben cuánto te interesas en ellas.

3. El nivel extraordinario: a la gente *le gusta* escucharte porque eres bueno

Cuando de joven sentí que le agradaba a mi público y que querían escucharme, me motivé aún más para mejorar mi comunicación y darles más razones para querer escucharme. Fue entonces cuando acepté el desafío de aprender a ser un buen comunicador. Calculo que tardé unos ocho años en encontrar, desarrollar y perfeccionar mi estilo. Puede parecer mucho tiempo, pero valió la pena el esfuerzo. ¿El aprendizaje llegó a su fin en ese momento? No. No me detuve y sigo sin hacerlo. He estado comunicando durante más de cincuenta años, pero sigo aprendiendo y creciendo. Ser un buen comunicador es un camino, no un destino.

Dan dice, con justa razón, que este es el nivel *extraordinario* de la comunicación, porque hace que una persona se destaque. Este nivel solo lo puedes alcanzar con dedicación. Llegar a ser extraordinario requiere mucho tiempo y esfuerzo. Si alcanzas este nivel de comunicación, la gente lo nota y se lo cuenta a los demás porque es muy poco habitual.

Quiero hacer una pausa aquí para animarte. ¡Quiero que te conviertas en alguien extraordinario! Y creo que puedes serlo. Por eso, el resto de este libro está dedicado a enseñarte principios y habilidades que te ayudarán en tu camino hacia la buena comunicación. A medida que aprendas las leyes y las pongas en práctica, tus habilidades como orador mejorarán. Mi mejor consejo es que sigas teniendo ganas de aprender. Sé como ese niño que quería comprar un gran cono de algodón de azúcar en la feria. El vendedor lo miró y le dijo: «Es mucho algodón de azúcar para un niño pequeño como tú».

«No se preocupe», respondió el niño, «soy más grande por dentro que por fuera».

Si ya has estado trabajando en tu comunicación, las leyes de este libro te pueden ayudar a suplir carencias y a perfeccionar tus habilidades. Si la comunicación es algo nuevo para ti, quizá tardes bastante en destacar, pero *puedes hacerlo*. Estas leyes le darán un impulso a tu aprendizaje.

4. El nivel de la razón: la gente *busca* escucharte porque agregas valor a su vida

Ya mencioné la importancia de la motivación de un orador. En su libro *Empieza con el porqué*, Simon Sinek dice: «Las personas no compran LO QUE haces, sino POR QUÉ lo haces».[16] Lo escribió en el contexto de liderazgo, pero es igual de importante en la comunicación.

La razón por la que empecé a comunicar y escribir fue para ayudar a las personas. Mi deseo era agregarles valor. Pero hay una diferencia entre *querer* agregar valor y *conseguirlo*. Me llevó tiempo y energía descubrir *cómo* agregar valor. Y tuve que ganar credibilidad para poder cumplir ese deseo. Quiero contarte cómo fue ese proceso para mí, porque creo que también te ayudará. Tuve que:

- **Encontrarme a mí mismo:** esto lo logré cuando dejé de intentar ser como los demás.
- **Conocerme a mí mismo:** esto lo logré cuando me evalué, me hice preguntas y me respondí con honestidad.
- **Ser yo mismo:** esto lo logré cuando acepté la manera en la que Dios me creó.
- **Mejorarme a mí mismo:** esto lo logré cuando desarrollé de manera constante mis habilidades como comunicador a través del ensayo y error.
- **Dejar de pensar en mí mismo:** esto lo logré cuando dejé de centrarme en mí y en cómo me veían los demás.
- **Entregarme a mí mismo:** esto lo logré cuando comencé a pensar en los demás y en cómo ayudarlos.

> «Las personas no compran LO QUE haces, sino POR QUÉ lo haces».
> —Simon Sinek

A medida que trabajes para ser un mejor comunicador, abraza cada una de estas lecciones. Ellas te ayudarán a convertirte en alguien capaz de agregarles valor a las personas.

5. El nivel del retorno: las personas *desean* escucharte por quien eres

Hay un último nivel de influencia que una persona puede alcanzar como comunicador. Dan lo denominó el *nivel del retorno* porque todo lo que el comunicador ha hecho para mejorar su oficio, enfocarse en los demás y agregarles valor le genera un excelente retorno de su inversión. A estas alturas, la gente te escucha por quien eres y lo que has hecho en el transcurso del tiempo. Este es el máximo nivel de credibilidad para un comunicador y se obtiene a través de la autoridad moral.

La autoridad moral puede ser difícil de describir, pero cuando la ves o la escuchas, sin duda la reconoces. En su libro *Leading Out Loud* (Liderando en voz alta), Terry Pearce cuenta una historia sobre el actor inglés Charles Laughton, famoso por sus lecturas de poesía y otros pasajes literarios, que ilustra lo que quiero decir:

Una familia numerosa de Londres invitó a Sir Charles Laughton a una fiesta de Navidad. Entrada la noche, el anfitrión decidió que cada asistente leyera o recitara uno de sus pasajes favoritos, el que más le recordara el espíritu de la Navidad.

El turno de Laughton llegó casi al final, y haciendo uso de su hermosa y entrenada voz, recitó el salmo 23. Todos aplaudieron su esfuerzo y el proceso continuó. En cuestión de minutos, todos habían participado, excepto una tía anciana que se había quedado dormida en un rincón del salón. Era una mujer especialmente amada, así que la despertaron con gentileza, le explicaron lo que estaba sucediendo y le pidieron que participara. Lo pensó un instante y comenzó a recitar el salmo 23 con voz temblorosa: «El Señor es mi pastor, nada me falta...». El salón enmudeció mientras ella continuaba y, cuando terminó, todos los rostros estaban llenos de lágrimas.

Al marcharse, uno de los miembros más jóvenes de la familia agradeció a Laughton su visita y comentó la gran diferencia en la respuesta de la familia a ambas «lecturas». En un caso, aprecio; en el otro, conexión e implicación profundas. «¿A qué se lo atribuye?», preguntó el joven mientras movía la cabeza. Laughton lo miró y respondió con simpleza: «Yo conozco el salmo... Ella conoce al Pastor».[17]

> **El mensaje más eficaz es el que uno vive.**

HAZ LA CONEXIÓN

Mientras aprendes y creces como comunicador, y trabajas en tus habilidades y técnicas, nunca dejes de esforzarte por mejorar tu interior. Los buenos comunicadores se conocen a sí mismos, conectan consigo mismos y se aceptan. Puedes hacer esto al conectarte con:

Tus *pensamientos*, que te ayudan a preparar tu contenido.
Tus *emociones*, que inspiran la forma en la que entregas tu contenido.
Tus *acciones*, que le dan credibilidad a tu contenido.

Cada vez que te prepares para hablar, pregúntate: «¿Es algo que sé? ¿Es algo que siento? ¿Es algo que hago?». Busca contestar estas tres preguntas con un sí y trabaja para mantener alineados estos tres elementos.

Tú eres el mensaje que comunicas. Si lo que estás preparando para compartir no conecta contigo, no conectará con los demás. Si no es algo que vive en ti, no vivificará a los demás. ¿Por qué? Porque el mensaje más eficaz es el que uno vive. Esa es la Ley de la Credibilidad.

2

La Ley de la Observación

Los buenos comunicadores aprenden
de los grandes comunicadores

¿Cómo aprende una persona a comunicarse con un público? El jugador de béisbol y miembro del Salón de la Fama, Yogi Berra, quien llegó a ser más famoso por sus frases llamativas que por sus hazañas como receptor de los Yankees, dijo: «Puedes observar mucho con solo mirar».[18] Esa es la esencia de la Ley de la Observación. Los buenos comunicadores aprenden de los grandes comunicadores.

LA SABIDURÍA DE OBSERVAR

Hace unos años, escuché un chiste que me encantó. Un zorro, un lobo y un oso fueron a cazar juntos, y cada uno cazó un venado. Luego discutieron sobre cómo dividirían el botín. El oso le preguntó al lobo cómo creía que debía hacerse. El lobo dijo que cada quien debía recibir un venado. De pronto, el oso se comió al lobo. Entonces, el oso le preguntó al zorro cómo proponía repartir las cosas. El zorro le ofreció al oso su venado y después le dijo que debía quedarse con el venado del lobo también. «¿De dónde has sacado tanta sabiduría?», preguntó el oso.

«Del lobo», respondió el zorro.[19]

Como todos los comunicadores, di mis primeros pasos viendo hablar a otros y aprendiendo de ellos. En mi caso, comencé desde muy joven porque mi padre era predicador. Durante muchos domingos de mi infancia, escuché a mi papá dar sermones en la iglesia. Hablaba con gran pasión, ¡y qué voz! Era de la generación anterior al amplificador. Su voz era profunda y sabía cómo proyectarla. Mi padre era un excelente orador. Me encantaba escucharlo. Sus mayores virtudes eran su amor por la gente, su credibilidad personal y su gran convicción.

Cuando estaba en séptimo grado, mi papá me llevó a escuchar al Dr. Norman Vincent Peale en Veteran's Memorial Auditorium de Columbus (Ohio) y eso me dio otro modelo de orador al que observar y del cual aprender. Mi papá era un estudioso de Peale y sus libros, y practicaba la misma filosofía del «poder del pensamiento positivo» que promovía el Dr. Peale. Peale era alegre y alentador, y contaba muchas historias cuando hablaba. Esas cualidades se convirtieron en algo que identifiqué como importante para una buena comunicación.

En la década de los cincuenta, podías escuchar al presidente de los Estados Unidos hablar en la radio, pero si querías tener la oportunidad de escuchar a otros grandes oradores, tenías que verlos en vivo. En el medio oeste en los años cincuenta y sesenta, mi familia asistía a eventos de varios días llamados reuniones de campamento, en los que grandes predicadores hablaban todo el día, uno tras otro. Retóricos de la vieja escuela como Lawrence B. Hicks inspiraban a la gente del público a ponerse de pie, aplaudir y gritar «¡amén!».

Comencé a estudiar con seriedad a otros oradores a los dieciocho años. Para entonces, ya sabía que la oratoria sería una parte esencial de mi carrera. Como iba a predicar, comencé a observar a otros predicadores. Admiraba mucho la oratoria de Charles Williams. Era un hombre brillante con memoria fotográfica, un gran orador que usaba frases rimbombantes. Como era tan hábil, intenté imitar su estilo. ¡Qué desastre! Era como usar la ropa de otro hombre que no me quedaba. Mi mentalidad es más práctica que filosófica, y prefiero ser divertido que pomposo. Su forma de hablar le funcionaba muy bien a él, pero no a mí.

A los veintitantos años, tuve la oportunidad de formar parte de un grupo de oradores en Vicksburg (Misisipi) con un legendario predicador llamado R. G. Lee. Era mundialmente reconocido por un mensaje llamado «Payday Someday» (El día de paga llegará), que había compartido más de mil doscientas veces. Había escuchado una grabación suya con ese mensaje cuando estaba en la universidad. Sabía que no estaba a su altura ni a la de ninguno de los demás oradores del programa. De hecho, cuando conocí al Dr. Lee antes del evento, me sentí tan intimidado por él que ofrecí cederle mi tiempo en el escenario.

«No, no, hijo», me respondió, «me encantaría escucharte».

Cuando llegó mi turno, él se sentó en primera fila y me animó con solo escucharme. Después, me dio la mano y me dijo: «Fue un mensaje maravilloso. Tienes un gran futuro. ¿Me puedo tomar una foto contigo?». ¡No podía creer que quisiera una foto conmigo! Ese recuerdo lo llevé siempre conmigo, sobre todo cuando conocía a jóvenes líderes a los que quería animar. Después de la foto, incluso se ofreció a desayunar conmigo a la mañana siguiente.

Por esa misma época, vi hablar a Paul Harvey y luego a Cavett Robert, un abogado y vendedor que se había convertido en conferencista profesional a los sesenta años después de ganar el premio Golden Gavel de Toastmasters International. Robert fundó la Asociación Nacional de Oradores y promovió la oratoria como profesión.[20] También vi a Zig Ziglar hablar por primera vez. Realmente me abrió los ojos a más posibilidades en lo que respecta a la comunicación. Zig sacaba el máximo provecho de su acento sureño. Él recitaba poesía y usaba el humor. Se movía por todo el escenario. Hacía preguntas e interactuaba con su audiencia. En el primer mensaje que lo vi presentar, usó una bomba manual anticuada como utilería para exponer su argumento. Como muchos oradores de los años setenta, aprendí mucho de él y apliqué lo que pude a mi forma de comunicar.

Cuando me mudé a San Diego en 1981, llevaba doce años ejerciendo como orador profesional y había aprendido observando a cientos de comunicadores excelentes. Para entonces, pensaba que me estaba convirtiendo en un muy buen orador. Pero no tardé demasiado en darme cuenta de que el público de California era diferente al del Medio Oeste. Eché un vistazo a mi alrededor y observé a comunicadores como Chuck Swindoll, Ray Stedman y Lloyd Ogilvie, así que me puse a trabajar para modificar mi estilo y hacerlo más informal, conversacional y relevante.

> «Gran parte de lo que uno llega a ser en la vida depende de a quién elige admirar e imitar». —*Warren Buffett*

¿Por qué menciono los nombres de todos estos comunicadores de los que quizá nunca habías oído hablar? Para que quede claro: si queremos ser buenos oradores, tendremos que observar y aprender de otros comunicadores mejores que nosotros. Si aún no has observado y aprendido de grandes oradores, debes empezar ahora, porque los buenos comunicadores aprenden de los grandes comunicadores. Esa es la Ley de la Observación.

MIS ETAPAS DE CRECIMIENTO EN LA COMUNICACIÓN

En su carta de 2015 a los accionistas de Berkshire Hathaway, Warren Buffett escribió: «Gran parte de lo que uno llega a ser en la vida depende de a quién elige admirar e imitar».[21] Buffett atribuye gran parte de lo que aprendió sobre gestión de empresas a Tom Murphy, quien fue su mentor. Murphy convirtió Capital Cities Communications en un imperio de las telecomunicaciones. En 1995, Murphy vendió su compañía (en ese entonces, Capital Cities/ABC) a Disney por unos 19 000 millones de dólares.[22] Fue necesario que alguien que supiera cómo hacerse multimillonario enseñara a Buffett cómo convertirse en uno.

La afirmación de Warren Buffett también es cierta en lo que respecta a la comunicación. En quién te convertirás como comunicador depende de a quién decidas admirar e imitar. Al mirar atrás, veo que mi camino en la comunicación se dividió en cuatro etapas, en función de las personas de las que aprendí y de cómo apliqué las lecciones.

1. Trabajé para aprender las bases de la buena comunicación en donde estaba

Mi punto de partida fue buscar a otros de mi entorno profesional —en mi caso, dentro de mi denominación— y aprender observando a los mejores comunicadores. Los miraba, aprendía de ellos e imitaba lo que creía que funcionaría para mí. Hablaba siempre que podía para practicar. Probé diferentes técnicas, fracasé a menudo, hice ajustes y mejoré.

2. Aprendí más de grandes comunicadores que no pertenecían a mi mundo

A medida que mejoraba, mi perspectiva se ampliaba. Me fijé en otros comunicadores, profesionales como Zig Ziglar, para aprender de ellos. También comencé a observar a grandes comunicadores de todos los campos y profesiones. Hablaré de ello más adelante en este capítulo.

3. A medida que mi público cambiaba, yo también lo hacía para seguir conectando con él

Mientras más experiencia adquiría como comunicador, más entraba en sintonía con mi audiencia. A medida que ampliaba mi carrera como comunicador, tuve que seguir aprendiendo formas nuevas de conectar con la gente. Hablaré de este tema con lujo de detalle en el capítulo 7 con la Ley de la Conexión.

4. Comencé a enseñar principios básicos que todo el mundo pudiera aplicar

En los años setenta, empecé a enseñar liderazgo. Mi audiencia estaba compuesta principalmente por líderes de iglesia. Durante los años ochenta y noventa, cada vez más empresarios asistían a mis conferencias para aprender liderazgo y me di cuenta de que podía ayudar a más personas si cambiaba el enfoque de mi comunicación, de prácticas de liderazgo específicas de la iglesia a principios universales de liderazgo. Fue entonces cuando nació *Las 21 leyes irrefutables del liderazgo*. Este cambio significó reinventarme como comunicador, pero valió la pena el esfuerzo para aumentar mi influencia e impacto.

Hoy sigo estudiando comunicación para aprender y crecer. Y lo haré hasta el día que muera. ¿Por qué? Primero, porque amo la comunicación y quiero saber todo lo que pueda al respecto. Segundo, sé que hay comunicadores que son mejores que yo y de quienes puedo aprender. Tercero, el público sigue cambiando. Si no sigo creciendo, un día me despertaré y descubriré que soy irrelevante. No quiero que eso suceda.

LAS PERSONAS MEJORES TE HACEN MEJOR

Si aún no has comenzado a observar comunicadores y aprender de ellos, empieza ahora. Si quieres ser un buen comediante, observa a grandes comediantes y aprende de lo que hacen. Si quieres convertirte en un buen abogado litigante, observa a grandes abogados hablando en los tribunales. Si quieres convertirte en un buen profesor, observa a grandes maestros para comprender mejor cómo enseñan. Si quieres dirigir bien una empresa, observa cómo los grandes comunicadores empresariales comunican su visión, les hablan a sus empleados o presentan sus productos. Comienza en donde estás y practica tu oficio. Comunica siempre que puedas y aplica lo que aprendas. Usa cualquier técnica que puedas imitar, tomar prestada o robar. Presta atención a lo que funciona y a lo que no. Adáptate y descubre tu propio estilo usando lo que te funcione mejor.

> **Si eres el primero de la clase, estás en la clase equivocada.**

Si empiezas a ser un buen comunicador en tu campo, no te detengas ahí. Hay un viejo dicho: «Si eres el primero de la clase, estás en la clase equivocada». Para seguir creciendo como orador, amplía el grupo de comunicadores de quienes aprendes. Observa a comunicadores competentes y experimentados en todos los campos. Y hazlo con intencionalidad, no por casualidad. Cada vez que observes, hazte estas preguntas:

- *¿Qué hizo el comunicador para crear conexión?*
- *¿Por qué funcionó tan bien la introducción?*
- *¿Qué hizo que la estructura funcionara?*
- *¿Cuál fue el mejor momento?*
- *¿De qué forma el comunicador lo creó?*
- *¿Qué hizo que la comunicación fuera memorable?*
- *¿Cuál fue la mejor cualidad de su comunicación?*
- *¿Cuánto había de personalidad y cuánto de técnica?*
- *¿Qué hizo que yo pueda intentar?*

Eso es lo que yo hice. Estudié a comunicadores de distintos campos y con distintas habilidades, y estas son algunas de las cosas que aprendí:

Aprendí sobre intimidad observando a Walter Cronkite

Crecí viendo en televisión a Walter Cronkite, el presentador de CBS Evening News, que condujo de 1962 a 1981. Gracias a su estilo honesto y paternal, Cronkite fue descrito como «el hombre más confiable de los Estados Unidos». Durante los años que estuvo al aire, influyó en las opiniones de la nación a través de sus reportajes sobre los asesinatos de John F. Kennedy, Martin Luther King Jr. y Robert F. Kennedy; el alunizaje del Apolo 11; Watergate y la guerra de Vietnam. Después de que Cronkite visitara Vietnam y declarara públicamente que la guerra solo podría acabar en un callejón sin salida, el presidente Lyndon Johnson dijo: «Si he perdido a Cronkite, he perdido a la clase media estadounidense». Hay quienes piensan que esto pudo haber convencido a Johnson de no contender para un nuevo periodo.[23]

La gran eficacia de Cronkite se debía a su capacidad para crear intimidad con su audiencia. Antes de sus transmisiones, la gente estaba acostumbrada a enterarse de las noticias a través de los periódicos, la radio, las voces forzadas de los narradores de noticias o los discursos políticos. Pero la comunicación estaba cambiando en los años sesenta. El conferencista, escritor y coach Nick Morgan ha escrito acerca del cambio de la oratoria pública en espacios grandes a una comunicación más íntima. En sus palabras:

> El creciente uso de micrófonos y sistemas de altavoces permitió un mayor acercamiento físico a la hora de hablar ante grandes audiencias. Pero el verdadero cambio radical en estilos de comunicación vino después. Suele atribuirse a los debates

presidenciales entre Kennedy y Nixon en 1960, que fueron los primeros televisados. Sin embargo, la verdad es que el cambio se dio durante la década de 1950, cuando la gente abandonó los discursos al aire libre y los auditorios por la comodidad que ofrecía la pequeña pantalla en la sala de su casa. En lugar de ver a un orador ofrecer un discurso desde un escenario a la distancia, invitamos a Walter Cronkite a nuestros hogares. Con la pantalla de televisión enmarcando su rostro y hombros, Cronkite parecía hablarnos a unos pocos metros de distancia, en un espacio que solemos reservar para hablar de asuntos bastante personales con gente de confianza. Ese contacto personal cercano —o la ilusión de ello, al menos— nos hizo sentir conectados con Cronkite y otras figuras de la televisión; en nuestra mente, se volvieron implícitamente confiables.

En este espacio aparentemente íntimo creado por la televisión, el anticuado enfoque cenestésico de la oratoria pública —los grandes gestos, las frases pomposas, las afirmaciones exageradas— estaba obviamente fuera de lugar. En cambio, lo que necesitábamos y lo que recibimos era esa conversación personal propia de ese entorno acogedor. Con el tiempo, la ilusión de la cercanía física que proyectaba la televisión creó en todas las audiencias una expectativa de intimidad, tanto espacial como emocional, de parte del comunicador.[24]

Gracias a la televisión, la gente esperaba que la comunicación fuera una conversación más personal. Querían menos espectáculo y más intimidad y calidez. Como comunicador, tuve que encontrar la manera de transmitir eso.

Descubrí que cuando me siento en un taburete en el escenario y me dirijo a mi audiencia con un tono más conversacional, puedo crear una conexión más personal con ellos. ¡Me encanta! En cuanto me siento, veo que la gente del público se relaja. Esa acción ha transformado mi comunicación.

Aprendí el valor de ser natural observando a John F. Kennedy

Se han escrito muchas cosas sobre el debate de 1960 entre John F. Kennedy y Richard Nixon. Fue el primer debate presidencial televisado y muchos comentaristas afirman que cambió para siempre la política estadounidense. Recuerdo haberlo visto en televisión cuando tenía trece años y haberme sentido cautivado por Kennedy. Mientras que Nixon se veía demacrado e incómodo, Kennedy parecía relajado y lleno de juventud, con su sonrisa espontánea y su discurso natural. Su lenguaje corporal parecía encajar en el momento y sus respuestas tenían la duración justa. Incluso siendo un adolescente, pude entender sus puntos de vista y seguir el hilo de sus ideas.

Después de que Kennedy fue elegido como presidente, al igual que muchos jóvenes de nuestro país, lo seguía y trataba de escucharlo comunicar siempre que tenía oportunidad. Una de las cosas que le escuché decir, con la que realmente me identifiqué siendo un adolescente, fue: «Todos tienen dentro de sí un discurso "capaz de transformar al mundo"». Esas palabras sembraron en mí un deseo que ha durado sesenta años. Desde entonces, me he comprometido a ayudar a las personas y a cambiar el mundo a través de mi comunicación.

> «Todos tienen dentro de sí un discurso capaz de transformar al mundo».
> —John F. Kennedy

Aprendí la importancia de encontrar el momento oportuno observando a E. V. Hill

E. V. Hill fue un predicador de Los Ángeles con una gran influencia en la comunidad afroamericana. Una vez me invitó a predicar en su iglesia, lo que consideré un gran honor. Cuando lo veía predicar, comprobaba que su sentido de la elección del momento oportuno era impecable. Cuando llegaba a una parte muy sensible de su mensaje, hacía una pausa. Caminaba lentamente por el lateral del estrado para conectar mejor con su audiencia y permitía que el auditorio se quedara en absoluto silencio. Entonces, en voz baja, hablaba con gran emoción y gentileza. Todos se sentían conmovidos por lo que decía porque lo decía de la manera correcta en el momento justo.

Se convirtió en un modelo para mí. Cuando me muevo por el escenario, hago pausas y bajo la velocidad de mis palabras para compartir algo importante, uso técnicas que observé de E.V. Hill. Aprendí a hacerlo bien, pero no con su eficacia. Él era el maestro. En la Ley de la Expectación (capítulo 9), te hablaré de cómo encontrar ese momento oportuno al hablar.

Aprendí sobre claridad observando a Ronald Reagan

Cuando Ronald Reagan ocupaba el cargo de cuadragésimo presidente de los Estados Unidos, me encantaba verlo hablar. Reagan, conocido a menudo como el Gran Comunicador, era capaz de conectar con su público porque elegía palabras sencillas, convincentes y fáciles de entender. Comunicaba con sabiduría sencilla y frases concisas. Por ejemplo:

«No podemos ayudar a todos, pero todos podemos ayudar a alguien».

«La paz no es la ausencia de conflicto, sino la capacidad de manejar el conflicto por medios pacíficos».

«Recesión es cuando un vecino pierde su trabajo. Depresión es cuando pierdes el tuyo».

«Si no puedes convencerlos con razones, convéncelos con consecuencias».

«La inflación es tan violenta como un atracador, tan temible como un ladrón a mano armada y tan letal como un asesino a sueldo».

«Siempre he creído que muchos de los problemas del mundo desaparecerían si habláramos unos con otros en lugar de unos sobre otros».

«Señor Gorbachov, derribe este muro».[25]

Demasiados oradores intentan impresionar a su audiencia con lo inteligentes que son. Reagan trató de impactar a su audiencia con la sencillez de su mensaje. Hablaré más de esto en la Ley de la Simplicidad (capítulo 10).

Aprendí a proyectar confianza observando a Margaret Thatcher

En 1979, Margaret Thatcher se convirtió en la primera mujer en ocupar el cargo de primera ministra del Reino Unido, que desempeñó hasta 1990. Apodada la Dama de hierro, proyectaba confianza y fortaleza como líder y comunicadora, y no temía enfrentarse sin rodeos a la oposición. Química de profesión, creía que podía encontrar una solución a cualquier problema. Cuando obtuvo su nombramiento como primera ministra, dijo: «Donde haya discordia, llevemos armonía. Donde haya error, llevemos verdad. Donde haya dudas, llevemos fe; y donde haya desolación, llevemos esperanza».[26]

Mi esposa, Margaret, y yo tuvimos el privilegio de ser parte de un pequeño grupo que pasó una velada con la exprimera ministra. Cuando nos dirigió unas palabras, su confianza acaparó la atención de todos los presentes. Y cuando tuvimos la oportunidad de hacerle preguntas, sus respuestas transmitieron una gran sensación de seguridad. Hace poco me acordé de ella cuando alguien se me acercó después de una de mis conferencias y me dijo: «Cuando usted habla, siento que todo va a estar bien». Fue un gran cumplido porque admiraba esa cualidad en Thatcher, y he intentado transmitir seguridad a los demás cuando hablo.

Aprendí credibilidad observando a John Wooden

Durante la década del 2000, tuve el privilegio de reunirme con John Wooden un par de veces al año para hacerle preguntas y aprender de él. Fui su admirador durante décadas antes de llegar a conocerlo porque era un gran entrenador. Al frente del programa de básquetbol de la UCLA, ganó diez campeonatos nacionales de la NCAA en doce años. Pero, sobre todo, invirtió en sus jugadores y cambió sus vidas.

La integridad, credibilidad y confiabilidad de Wooden eran tan legendarias como su capacidad para enseñar y entrenar. En su libro *Wooden on Leadership* (Wooden habla sobre liderazgo), él explica su enfoque y cómo impactó a sus jugadores:

> Los elogios frecuentes e innecesarios le restan valor a un cumplido sincero. Los líderes que los reparten sin pensar sacrifican un aliado motivacional muy poderoso: la palmadita en la espalda… Por ejemplo, evitaba la frase: «Estupendo». En su lugar, decía: «Bien, muy bien. Estás mejorando». O: «Esa es la idea. Ya estás entendiendo. Bien». Tenía presente que la forma de transmitir la información era a menudo tan importante como la información misma. Mi tono era moderado y mi conducta controlada. Además, era honesto.[27]

Cuando finalmente conocí a John Wooden, una de mis primeras impresiones fue su confiabilidad. Sabía escuchar, hablaba con atención y era sincero. Como tiendo a creer lo mejor de todas las personas y puedo ser generoso con mis elogios, tomé nota de su conducta para recordar no dar elogios en exceso, sino seguir su ejemplo.

Aprendí sobre el uso del ritmo observando a Martin Luther King Jr.

Uno de los más grandes comunicadores que he visto en mi vida fue el Dr. Martin Luther King Jr. Cuando yo era adolescente y él luchaba a favor de los derechos civiles, solía escuchar algunos de sus discursos en la radio o la televisión. Lo que me impresionaba era la forma en que King usaba ritmos y pausas para comunicar emoción y significado a su audiencia.

David Murray, fundador de Professional Speechwriters Association (Asociación de Profesionales Redactores de Discursos) y de Executive Communication Council (Consejo Ejecutivo de Comunicación), ha escrito sobre la calidad musical de la oratoria de King:

> La mayoría de las letras de las canciones se ven apagadas y sosas sobre una hoja de papel. En su discurso (Tengo un sueño), la mejor *prosa* está en los dos primeros tercios. Pero la música empieza cuando King se aparta de su texto, o al menos parece hacerlo. Deja de hablar y comienza a cantar:
>
> *Sueño con que un día esta nación se levantará y vivirá el verdadero significado de su credo: «Creemos que estas verdades son evidentes: que todos los hombres son creados iguales».*
>
> *Sueño con que un día en las coloradas colinas de Georgia los hijos de quienes fueron esclavos y los hijos de quienes fueron propietarios de esclavos serán capaces de sentarse juntos a la mesa de la fraternidad.*
>
> *Sueño con que un día, incluso el estado de Misisipi, un estado desierto, sofocado por el calor de la injusticia y la opresión, se transformará en un oasis de libertad y justicia.*
>
> *Sueño con que mis cuatro hijos pequeños algún día vivirán en una nación donde no se les juzgará por el color de su piel, sino por el contenido de su carácter.*

Si esas palabras te han conmovido con solo leerlas, es porque tu imaginación las está poniendo en la voz de King, que tienes grabada en tu memoria. Pero si dejas que alguien las lea en un tono verbal insípido, como hacíamos todos en primaria, te darás cuenta de cómo el ritmo y la melodía de King hicieron inmortales estas líneas. La entrega del mensaje no lo es todo, pero es una buena parte.[28]

De hecho, al analizar el ritmo del discurso de King, se ha llegado a la conclusión de que es «perfecto para ayudar al público a asimilar y comprender su mensaje».[29]

No intenté imitar el estilo del Dr. King, pero de él aprendí a prestar atención al ritmo de mi comunicación: a acelerarlo cuando quería generar energía y emoción, y a reducirlo o detenerlo por completo para dar énfasis. Hablaré más a profundidad de esto en la Ley del Cambio (capítulo 14).

Aprendí valentía observando a Winston Churchill

No todos los comunicadores de los que he aprendido estuvieron activos durante mi vida ni los he escuchado a todos en persona. Cuando estudié la Segunda Guerra Mundial, aprendí sobre el estilo de comunicación de Franklin D. Roosevelt, un excelente comunicador cuyo discurso «No tenemos nada que temer, excepto al miedo mismo» durante la Gran Depresión y el discurso del «Día de la infamia» tras el ataque a Pearl Harbor conmovieron a la nación. Pero su contraparte del otro lado del charco durante la guerra, Winston Churchill, era un comunicador aún mejor. Quizá ningún otro líder del siglo xx mostró tanta valentía al comunicar como él ni comprendió mejor la importancia de comunicar. Dijo: «La valentía se considera con razón la primera de las cualidades humanas porque, como se ha dicho, "es la que garantiza todas las demás"».[30]

Cuando toda la clase dirigente británica buscó apaciguar a Hitler antes de la guerra, Churchill se levantó y habló contra la amenaza nazi que se avecinaba. Demostró estar en lo correcto cuando los nazis invadieron Polonia en 1939. Mientras el Reino Unido estaba en guerra con Alemania, Churchill fue nombrado primer ministro de Gran Bretaña en 1940. En su primer discurso como primer ministro ante la Cámara de los Comunes, pronunció uno de sus discursos más memorables.

Diré a esta Cámara, tal como dije a aquellos que se han unido a este Gobierno: «No tengo nada que ofrecer, sino sangre, esfuerzo, lágrimas y sudor». Tenemos ante nosotros una prueba de lo más dolorosa. Tenemos ante nosotros muchos, muchos largos meses de lucha y de sufrimiento. Me preguntan: ¿cuál es nuestra política? Se los diré: hacer la guerra por mar, tierra y aire con toda nuestra potencia y con toda la fuerza que Dios nos pueda dar; hacer la guerra contra una tiranía monstruosa, nunca superada en el oscuro y triste catálogo del crimen humano. Esa es nuestra política. Me preguntan: ¿cuál es nuestro objetivo? Puedo responderles con una palabra: victoria. Victoria a toda costa. Victoria a pesar de todo el terror. Victoria, por largo y duro que sea el camino, porque sin victoria no hay supervivencia.[31]

> **Los grandes comunicadores sacan lo mejor de las personas y las ayudan a enfocarlo para que puedan lograr grandes cosas.**

Bajo el liderazgo de Churchill, los británicos se enfrentaron valientemente a los nazis mientras Alemania bombardeaba Gran Bretaña sin tregua, matando a cuarenta y cinco mil civiles en dieciocho meses. Animó al pueblo de su nación a ser valiente, a mantener la calma y a seguir adelante. No solo fue él un ejemplo de valentía, sino que quiso que todos los líderes de la Inglaterra en guerra la demostraran. El periodista, historiador y escritor Erik Larson escribe que Churchill enseñó el arte de ser audaz porque creía que «la confianza y la valentía eran actitudes que podían adoptarse y enseñarse con el ejemplo».[32] El secretario del gabinete de guerra, Edward Bridges, dijo de Churchill: «Solo él tenía el poder de hacer creer a la nación que podíamos ganar».[33] Pero el mismo Churchill fue más modesto: «Nunca les infundí valor», afirmó. «Fui capaz de concentrar el suyo».[34] ¡Eso es lo que hacen los grandes comunicadores! Sacan lo mejor de las personas y las ayudan a enfocarlo para que puedan lograr grandes cosas.

He aprendido diferentes lecciones de cada gran comunicador que he observado. Pero esta es la lección que he aprendido de *todos* ellos: *¡los grandes comunicadores siempre crean una conexión!* Cada comunicador lo hace de forma diferente porque hay muchas maneras de hacerlo. Esta es la lección más importante de la comunicación. Cuando observes a grandes comunicadores para aprender de ellos, presta mucha atención a ellos y a su audiencia mientras te haces estas preguntas:

1. *¿Cuándo conectó el comunicador?* Se trata del momento oportuno.
2. *¿Cómo conectó el comunicador?* Se trata de la habilidad.
3. *¿Durante cuánto tiempo mantuvo la conexión el comunicador?* Se trata de la grandeza.
4. *¿De qué forma puedo crear una conexión como la del comunicador?* Se trata de tu potencial.

> Una de las diferencias entre los buenos y los grandes comunicadores es que los buenos conectan de vez en cuando, mientras que los grandes conectan todo el tiempo.

5. *¿Cuáles son mis claves para crear conexión?* Se trata de tu técnica.

Te enseñaré las claves para conectar en la Ley de la Conexión (capítulo 7). Cuando descubres una de *tus* claves para crear conexión, vas por buen camino. En cuanto lo logres, practícala continuamente hasta que forme parte de ti. Para que sea eficaz, debe ser natural. A medida que sigas comunicando, desarrolla más claves para crear conexión. Mientras más claves uses para potenciar tu comunicación, mejor conectarás. Y esa es una de las diferencias entre los buenos y los grandes comunicadores. Los buenos conectan de vez en cuando. Los grandes conectan todo el tiempo.

Si en el pasado has aprendido sobre comunicación observando de manera casual a grandes comunicadores, te desafío a que seas intencional al respecto. Ve y escucha a personas hablar en vivo. Ve TED Talks. Escucha distintos pódcast. Estudia grandes discursos. Vivimos en una época afortunada en la que tenemos más acceso a grandes comunicadores que nunca en la historia de la humanidad.

> «Para conocer el camino que tienes por delante, pregunta a los que vienen de regreso».
> —*Proverbio chino*

Y haz más que eso. Viaja. Sigue los pasos de grandes comunicadores. Muchas veces, cuando he visitado Washington D. C., me he parado en la escalinata del Lincoln Memorial, donde Martin Luther King Jr. dio su discurso «Tengo un sueño», y me he imaginado el National Mall lleno de gente a la que inspiraba esperanza. He ido a muchas otras «excursiones» a lugares donde grandes comunicadores han tocado vidas:

- He visitado el búnker en el que Winston Churchill habló de las horas más oscuras de Inglaterra.
- He leído las notas de los discursos de Ronald Reagan en su biblioteca presidencial.
- Me he parado en el púlpito del gran líder transformador John Wesley.
- He hablado con el papa Francisco en la Plaza de San Pedro después de que diera un mensaje.
- Me he sentado con Billy Graham y hemos conversado sobre hablar ante multitudes en estadios.
- He entrevistado a Maya Angelou en un camerino antes de salir a hablar.
- Me he puesto de rodillas y he pedido a grandes comunicadores que oren por mí.

¿Por qué he hecho estas cosas? ¿Por qué las sigo haciendo? Porque quiero marcar una diferencia y sé que comunicar es una de las formas de hacerlo. Cuanto mejor me comunique, más positiva será la diferencia.

Los buenos comunicadores no nacen sabiendo hablar en público. Hay un proverbio chino que dice: «Para conocer el camino que tienes por delante, pregunta a los que vienen de regreso». Si quieres convertirte en un buen comunicador, tienes que aprender de los que te han precedido. Los buenos comunicadores aprenden de los grandes comunicadores. Esa es la Ley de la Observación.

3

LA LEY DE LA CONVICCIÓN

*Cuanto más firmemente lo creas,
más lo sentirán los demás*

¿EN QUÉ CREES? ¿QUÉ VALOR APRECIAS TANTO QUE ESTÁ ARRAIGADO en lo profundo de tu corazón y tu alma? ¿Qué creencia es tan fuerte en ti que estarías dispuesto a *vivir* por ella y tan importante que *darías* tu vida por ella? *Esa* es una convicción para ti. Como comunicador, debes procurar hablar sobre temas relacionados con tus creencias más profundas y con tus convicciones más firmes. ¿Por qué? Porque cuanto más firmemente lo creas, más lo sentirán los demás. Esa es la Ley de la Convicción.

LA EVOLUCIÓN DE UNA CAUSA

Cuando conocí a Joanne Hession, era una empresaria muy exitosa. Nacida en Irlanda, había estudiado en el University College de Dublín y obtenido una licenciatura en finanzas y una maestría en gestión y organización. Había fundado y dirigido con éxito dos empresas: una para ayudar a escuelas de negocios de todo el mundo con proyectos de liderazgo y acreditación, y otra que capacitaba a personas para ser empresarios.

Joanne no solo tiene cabeza para los negocios, sino también corazón para las personas, desarrollado a partir de sus veinte años.

Trabajó como voluntaria ayudando a víctimas de la guerra civil en Ruanda, en campamentos de refugiados en la frontera con Tanzania. Testigo de la pobreza, la pérdida, la tragedia y la corrupción que sufrían los refugiados, había llegado a la conclusión de que «la educación era lo único que no podían robarles».

Conocí a Joanne en 2016, en Orlando (Florida), cuando decidió convertirse en coach de liderazgo y asistió a nuestra capacitación de Certificación Maxwell Leadership. Volví a verla al año siguiente, cuando mi fundación de liderazgo sin fines de lucro estaba lanzando una iniciativa en Paraguay, en la que organizábamos mesas redondas que llamamos mesas de transformación. Cuando hacemos esto en un país extranjero, muchos de nuestros coaches certificados se ofrecen como voluntarios para capacitar a personas locales como facilitadores. Cuando Joanne probó el método de mesas redondas para enseñar valores, pensó: «¡Esto podría funcionar en Irlanda!».

Durante muchos años, Joanne había deseado mejorar su país. Tras su experiencia en África, reconoció las ventajas que ella y sus conciudadanos tenían simplemente por el lugar donde habían nacido y su acceso a una educación excelente. Amaba a su país y creía en él, pero con esas ventajas, creía que los irlandeses podían mejorar y hacer mucho más.

Así que, en 2018, Joanne fundó LIFT: Leading Ireland's Future Together (Liderando juntos el futuro de Irlanda). Su visión era convertir a Irlanda en lo que ella llamó «un faro de liderazgo positivo del primer mundo». Dejó de trabajar en sus dos empresas y se dedicó a tiempo completo a la nueva organización benéfica, que dirigió sin remuneración los primeros dos años y medio. Una de las primeras cosas que hicieron ella y sus cofundadores fue invertir en estudios de investigación para saber qué cualidades de liderazgo consideraban los irlandeses que eran necesarias para mejorar su país. Las respuestas principales fueron: escucha, actitud positiva, respeto, empatía, honestidad e integridad, rendición de cuentas, determinación y competencia. Con la ayuda de Global Priority Solutions, pionera en la enseñanza de valores a través de mesas redondas, LIFT desarrolló materiales para enseñar esas cualidades. Después, para su lanzamiento, Joanne buscó la colaboración y el apoyo de líderes empresariales y de personas de toda la sociedad, incluyendo educación, deportes y grupos comunitarios. LIFT pagaba todo usando lo que Joanne llamó el Modelo Robin Hood. «Las organizaciones que pueden, pagan. A las que no pueden, se lo regalamos. Nunca rechazamos a nadie. Es para el pueblo de Irlanda, por el pueblo de Irlanda. No me pertenece. No le pertenece a nadie. Le pertenece a Irlanda».

En cuatro años, LIFT ha capacitado a más de 22 000 facilitadores de mesas redondas, ha involucrado a 355 organizaciones, ha colaborado con 260 escuelas (una tercera parte del total del país) y ha capacitado a más de 50 000 personas en valores de liderazgo. Y Joanne y LIFT siguen viento en popa. «En diez años, queremos capacitar al diez por ciento de la población de Irlanda para mejorar al país», afirma. «Después, queremos compartir lo que hemos aprendido con otros países».[35]

Cuando Joanne fundó LIFT, su idea inicial era echarla a andar y regresar a sus negocios. Pero ya no. Sus empresas marchan bien sin ella. Además, ¿por qué habría de dejar de hacer lo que siempre estuvo destinada a hacer y que por fin encontró? Su comunicación, liderazgo y servicio están conectados con su convicción. Le encanta lo que hace y se nota.

¡SÉ QUE ESTO PUEDE AYUDARTE!

Tener convicciones cambia tu vida. Comunicar con convicción cambia la vida de los demás. Tengo una convicción que me ha energizado e impulsado a seguir comunicando hasta los setenta años.

Y esa convicción a menudo me conmueve. Creo que cuando las personas aprenden y viven buenos valores, se vuelven más valiosas para sí mismas y los demás. Ganan valor porque adquieren más confianza. Encuentran un sentido de dirección y propósito. Hacen lo correcto, incluso cuando es difícil. Y desarrollan autoestima. Es algo que transforma su vida.

Se vuelven valiosos para los demás porque se preocupan por los demás. Los valores que viven les ayudan a mejorar sus familias al ser mejores hijos, padres y cónyuges. Son mejores vecinos. Contribuyen a la sociedad. Quieren cambiar su mundo y ¡pueden hacerlo! Un grupo de personas transformadas puede transformar una comunidad, una región, un país y mucho más.

Por eso mi fundación sin fines de lucro ha puesto en marcha iniciativas a través de mesas de transformación en países como Paraguay, donde Joanne las experimentó. Durante más de una década, he compartido mi creencia en los valores con millones de personas y he visto cómo muchas vidas han cambiado de manera positiva. Mi lista de deseos tiene uno enorme: en mi vida, me gustaría ver un país transformado gracias a que suficientes personas en él han aprendido a vivir buenos valores.

Hay otra convicción que conecta con mi certeza sobre la manera en que los valores pueden transformar la vida de las personas y su mundo. Los líderes transformadores deben liderar el cambio. Esa es una de las razones por las que dedico tanto tiempo y energía a enseñar liderazgo. Y cuando invitan a nuestra fundación a un país a enseñar valores a través de mesas de transformación, transmito un mensaje específico a los líderes de las ocho esferas de influencia de ese país: gobierno, empresas, educación, medios de comunicación, arte y entretenimiento, deportes, familia y religión. Se llama «Las características de los líderes transformadores». Nunca me canso de compartirlo, porque es algo que fluye de mi sentido de convicción. Enseño que los líderes transformadores:

1. Ven cosas que los demás no ven.
2. Creen cosas que los demás no creen.
3. Dicen cosas que los demás no dicen.
4. Sienten cosas que los demás no sienten.
5. Hacen cosas que los demás no hacen.
6. Reciben cosas que los demás no reciben.

Siempre que comparto este mensaje, está lleno de convicción porque *yo* estoy lleno de convicción.

LA CONVICCIÓN DE TODO BUEN COMUNICADOR

Si quieres ser un comunicador eficaz y lleno de energía, tienes que ser una persona de convicciones. Debes empezar por tener fuertes creencias positivas sobre ti mismo, tu audiencia y el mensaje que tienes para los demás.

1. Convicción personal: puedo marcar una diferencia

Si quieres ser un gran comunicador, tu motivación para hablar debe ser marcar una diferencia en la vida de las personas. Para lograrlo, debes creer que *puedes* marcar una diferencia. Yo creo que puedo marcar una diferencia. Yo creo que puedo cambiar mi mundo. Tú también debes creerlo. Ahí es donde debe empezar tu convicción.

El orador, escritor y empresario Ed Mylett dice a los líderes: «¡No todos los que lideras tienen que creer lo que

> «¡No todos los que lideras tienen que creer lo que dices!... Solo tienen que creer que TÚ crees lo que estás diciendo». —*Ed Mylett*

dices!… Solo tienen que creer que TÚ crees lo que estás diciendo».[36] Lo mismo ocurre con los comunicadores. Si estás convencido de que puedes ayudar a las personas, te escucharán y te darán una oportunidad.

2. Convicción de las personas: la gente puede mejorar su vida

Para marcar una diferencia en la vida de las personas, debes tener la convicción de que sus vidas *pueden* mejorar. Las dos van de la mano. En las organizaciones, con frecuencia escuchas a los líderes decir que su gente es lo más valioso. Es cierto, pero solo si aprecias a las personas e inviertes en ellas con capacitación, recursos y tiempo. Con demasiada frecuencia, los líderes *dicen* que aprecian a su gente, pero no lo *demuestran*. Si de verdad lo creyeran, lo harían.

Los buenos líderes y los buenos comunicadores creen en las personas, creen que pueden cambiar, creen que pueden crecer y creen que pueden mejorar, y les ayudan a hacerlo.

3. Convicción por un propósito: cuando conozco mi *porqué*, conozco mi *camino*

Una de las claves para tener una fuerte convicción en la comunicación es conocer tu propósito. Creer en ti mismo y en tu propósito crea una combinación poderosa. Así interactúan estas dos convicciones:

Creencia personal baja + Creencia baja en el propósito =
No comenzaré.
Creencia personal alta + Creencia baja en el propósito =
No continuaré.
Creencia personal baja + Creencia alta en el propósito =
No lograré mi propósito.
Creencia personal alta + Creencia alta en el propósito =
Lograré mi propósito.

Tu propósito está relacionado con tus fortalezas, algo de lo que hablo en la Ley de la Palanca (capítulo 8). Pero tu propósito también está relacionado con tus convicciones personales.

TUS CONVICCIONES PERSONALES

¿Cuáles son tus convicciones personales más firmes? ¿Puedes explicarlas? ¿Las has relacionado con tu propósito? ¿Las usas en tu comunicación? Si no conoces las respuestas a estas preguntas, quiero ayudarte.

Durante varios años, mi organización sin fines de lucro ha enseñado valores a jóvenes de secundaria y preparatoria usando un programa que desarrollé y escribí con la ayuda de Erin Miller, miembro de mi equipo de escritores. Como parte de esa enseñanza, ayudamos a los estudiantes a reconocer lo que sienten, piensan, saben y hacen para que desarrollen convicciones que puedan llevar a la práctica para cambiar su mundo. El proceso es el mismo para los adultos, así que quiero compartir estas mismas ideas contigo para ayudarte a identificar tus convicciones personales.

¿Qué sientes?

La pregunta sobre las emociones puede ser la más fácil de responder para la mayoría, porque los sentimientos son evidentes y reaccionamos emocionalmente ante muchas cosas en la vida. Si prestas atención a tus emociones, puedes aprender de ellas. Lo que sentimos suele influir primero en nuestras acciones. Durante una crisis, suelen dominar las emociones. Sin embargo, también nos dan pistas sobre lo que nos apasiona.

¿Qué emociones te hablan? ¿Qué toca tu corazón con tanta profundidad que te hace llorar? ¿Qué hace que tu corazón cante de alegría? ¿Qué te enoja tanto como para querer hacer algo al respecto? ¿Qué te da esperanza para marcar una diferencia? Conecta con tus emociones para comprender mejor tus convicciones personales.

¿Qué sabes?

Aunque las emociones son válidas y te dan pistas sobre tus convicciones, a veces no se basan en hechos. Por eso es importante que añadas *lo que sabes* a eso que sientes. Seguir tus emociones ignorando los hechos te limitará. Pero depender de los hechos e ignorar tus emociones te frustrará. Hay que integrar las dos cosas. ¿Qué sabes que es verdad pase lo que pase? Más allá de lo que sientas. Más allá de las circunstancias a las que te enfrentes. ¿Cuáles son las verdades de la vida en las que puedes confiar con los ojos cerrados? Ellas también son indicadores de convicción. Integrar lo que sabes con lo que sientes fortalecerá tus convicciones.

¿Qué piensas?

Pensar tiene un gran valor porque conjuga sentimiento y conocimiento, los evalúa y busca buenas conclusiones. Funciona como un resaltador, que saca lo mejor de tus emociones y conocimientos, y como un filtro, que elimina lo peor de ambas.

Sin importar qué edad tengas, has experimentado mucho en la vida. ¿Qué has observado? ¿Qué has descubierto? ¿Qué has aprendido al examinar tus fracasos y tus éxitos? ¿Qué principios y prácticas has descubierto que te han ayudado y que pueden ayudar a otros? Ellos también te ayudan a reconocer tus convicciones.

¿Qué harás?

Ahora que has examinado tus emociones, analizado los hechos y añadido lo que has aprendido, es hora de identificar tus convicciones y ponerlas en práctica. Cuando pones a prueba una creencia, si es sólida, se convierte en una convicción.

EL VALOR DE LOS VALORES

Durante mi infancia, mi convicción más fuerte estaba relacionada con mi fe. Con el paso de los años, empecé a considerar otras ideas, valores y principios en los que podía confiar. Descubrí que las convicciones actuaban como anclas en una tormenta, manteniéndome firme en momentos difíciles. Eran como amigos que me daban certeza cuando estaba inseguro. Eran como mi brújula, capaces de guiarme cuando me sentía perdido. Eran como un trago de agua fresca, capaz de reanimarme cuando estaba cansado.

A mis treinta y tantos años, desarrollé una charla llamada «Principios que guían mi vida», porque creía que compartir mis convicciones podía ayudar a otros a descubrir las suyas. Las comparto ahora contigo con el mismo anhelo:

1. Mi actitud determina mi altitud.
2. No hay mucha diferencia entre el éxito y el fracaso.
3. El crecimiento personal precede al crecimiento profesional.
4. Ayudar a otros a tener éxito me ayuda a mí a tener éxito.
5. Tener integridad es la única manera de vivir.
6. Llevarme bien con las personas es mi habilidad más importante.
7. Pagar ahora y disfrutar después es la clave para obtener logros.
8. Dar es el nivel más elevado de vivir.
9. La vida no es un ensayo, así que vive plenamente hoy.
10. Éxito es tener el amor y el respeto de las personas más cercanas a mí.

Si estás familiarizado con mi forma de hablar o has leído alguno de mis libros, seguro que has visto estas convicciones una y otra vez. Creo en ellas al cien por ciento. Son parte de mis valores. Me han ayudado a tener una vida satisfactoria y productiva. Y son parte de mi mensaje. Creo que harán lo mismo por cualquiera que elija abrazarlas y vivirlas.

CÓMO COMUNICAR CON CONVICCIÓN

Entonces, te pregunto de nuevo: ¿en qué crees de verdad? ¿Conoces tus convicciones? Si no es así, dedica un momento a reflexionar sobre los principios que guían tu vida. Si ya identificaste tus convicciones, ¿estás preparado para usarlas con el fin de aclarar tus mensajes, mejorar tu comunicación y marcar una diferencia positiva en tu mundo?

Tienes el potencial de convertirte en un comunicador con convicción si adoptas y pones en práctica la Ley de la Convicción. Además, te comparto tres pasos prácticos que puedes dar en este momento para ayudar a que tu convicción mejore tu comunicación. Para comunicar con convicción, debes creer en estas tres cosas:

1. Cree en ti

Los profesores Martin E. P. Seligman y Peter Schulman de la Universidad de Pensilvania realizaron estudios sobre el impacto de la actitud y la confianza en el éxito de las personas. Decidieron estudiar vendedores de seguros porque sabían que, en esa profesión, las personas enfrentan una tasa de rechazo especialmente elevada. Lo que Seligman y Schulman descubrieron fue que los vendedores optimistas ejercían más tiempo la profesión que los pesimistas. Las personas con una confianza optimista vendían un treinta y siete por ciento más pólizas de seguro que sus contrapartes pesimistas.[37] La lección que podemos aprender de su estudio se traslada a la comunicación. Si no crees en ti, ¿cómo pretendes que tu audiencia crea en ti?

Para ser un comunicador eficaz, debes tener confianza, pero nunca debes permitir que esa confianza se convierta en arrogancia o perderás a tu audiencia. Travis Bradberry, colaborador de *Forbes*, escribió sobre el poder de la confianza en los líderes, pero sus observaciones también se aplican a los comunicadores:

Tendemos a acercarnos a líderes seguros de sí mismos porque la confianza es contagiosa y nos ayuda a creer que tienen cosas grandes que ofrecer. Como líder, el secreto está en asegurarte de que tu confianza no caiga en arrogancia o majadería. La confianza es la pasión y la creencia en tu capacidad para hacer que las cosas sucedan, pero cuando tu confianza deja de tener los pies en la tierra, empiezas a pensar que puedes hacer cosas que no puedes y *que has hecho cosas que no has hecho*. De pronto, todo gira alrededor de ti. Esta arrogancia te hace perder credibilidad. Los grandes líderes que demuestran confianza siguen siendo humildes. No permiten que sus logros y su posición de autoridad los hagan sentirse superiores a los demás.[38]

La convicción produce confianza, y la confianza alimenta la convicción, siempre que la atención se centre en ayudar a los demás y no en progresar uno mismo.

2. Cree en tu mensaje y en tu audiencia

Para comunicar con convicción es vital que creas tanto en tu mensaje como en tu audiencia. En la siguiente sección del libro, «Qué se dice», hablo sobre cómo crear buen contenido. Y en la Ley de la Conexión (capítulo 7), escribo sobre la importancia de tu audiencia. Si dejas de creer en ellos, te costará mucho comunicarte con eficacia. Si alguna de estas creencias flaquea, tu comunicación se resiente.

Durante varios años, tuve una empresa llamada Injoy Stewardship Services. Nuestra misión era ayudar a organizaciones sin fines de lucro a recaudar fondos y tuvimos éxito. Nuestros clientes recaudaron más de 3000 millones de dólares para sus causas con nuestra ayuda. El proceso siempre comenzaba enviando a un miembro de nuestro equipo a estas organizaciones para hacerles una presentación comercial sobre cómo podíamos ayudarlos.

Un día, uno de nuestros presentadores se sentó conmigo y me dijo: «Hago la misma presentación a cientos de organizaciones y ya estoy aburrido. ¿Puedes ayudarme a recuperar la pasión por mi mensaje?». Comencé por preguntarle si creía que éramos la empresa adecuada para el trabajo.

«Claro que sí», me contestó. «Hacemos un mejor trabajo que cualquier otra empresa del sector».

Le pregunté si creía que el mensaje que estaba compartiendo era el correcto o si había una mejor forma de conocer los desafíos de los clientes potenciales y de presentarles cómo nuestra empresa podía ayudar.

> **Al comunicar, tu convicción se vuelve contagiosa cuando centras tu atención en los demás y en los beneficios que recibirán de tu mensaje.**

«Creo en nuestro mensaje», respondió, «y creo que lo presentamos de la mejor manera posible. Si hubiera un método mejor, lo usaría».

Por sus respuestas, era evidente que creía en el mensaje. Solo pude llegar a una conclusión. Se aburría porque estaba centrado en sí mismo en lugar de en las personas que escuchaban su presentación por primera vez. Tenía convicción, pero no estaba enfocado en la gente a la que podía ayudar.

Al comunicar, tu convicción se vuelve contagiosa cuando centras tu atención en los demás y en los beneficios que recibirán de tu mensaje. Ahí es cuando la creencia da fruto y adquiere un verdadero poder. Los presentadores comunes y corrientes se convierten en comunicadores extraordinarios cuando creen en ambas cosas.

He compartido algunos de mis discursos cientos de veces; sin embargo, cada vez que lo hago, me emociono. ¿Por qué? ¿Porque es nuevo para mí? No. Porque es nuevo para mi audiencia. Como mi mensaje me ha ayudado, tengo la firme convicción de que ayudará a otros. ¿Estás convencido de que lo que tienes que decir puede ayudar a tu audiencia e impactarla de forma positiva? De ser así, tu comunicación ganará convicción.

3. Cree en el poder de tus palabras

Cuando tienes convicción, desarrollas certeza. Y la certeza demuestra fortaleza. Eso se manifiesta en tu lenguaje, lo que refuerza aún más la comunicación de tu mensaje. Lo que dices es positivo, no negativo. Tu lenguaje es activo, no pasivo. Tus expresiones son contundentes, no tímidas. Y cuando crees en el poder de tus palabras, también hablas con emoción. Esa no es una señal de debilidad, sino de fortaleza. No tengas miedo de mostrar tu corazón cuando comunicas.

Los grandes comunicadores lo saben. Winston Churchill escribió: «El orador es la personificación de las pasiones de la multitud. Antes de inspirarle alguna emoción, él mismo debe dejarse llevar por ella. Antes de poder conmoverla hasta las lágrimas, las suyas deben correr por sus mejillas. Para convencerla, él mismo debe creer». Churchill solo tenía veintitrés años cuando escribió esas palabras, pero las puso en práctica toda su vida.[39]

> «Antes de inspirarle alguna emoción, él mismo debe dejarse llevar por ella. Antes de poder conmoverla hasta las lágrimas, las suyas deben correr por sus mejillas. Para convencerla, él mismo debe creer».
> —Winston Churchill

Como comunicador, cuando estás convencido de que puedes ayudar a otros y mostrarles cuál es el mejor camino, las personas de tu audiencia sienten seguridad, desarrollan confianza y comienzan a aceptar tus consejos. Si eres auténtico, defiendes algo, vives buenos valores y das lo mejor de ti, siempre fortalecerás a tu audiencia y le agregarás valor.

CONVICCIÓN SOBRE EL COVID-19

En el 2020, cuando el COVID-19 se convirtió en una pandemia, millones de personas murieron en todo el mundo y otros cientos de millones quedaron traumatizadas. Lo que me sorprendió cuando todo cerró y las personas quedaron en aislamiento fue que, en el momento en que necesitaban más ayuda y consuelo, tuvieron dificultad para recibirlo.

Como comunicador que vive para agregarles valor a las personas, me resultó particularmente frustrante. En una semana, mi calendario de conferencias pasó de doscientos treinta y cinco compromisos a ninguno; de la expectativa de influir positivamente en medio millón de personas a cero.

> No se puede construir un mundo diferente con personas indiferentes.

Todo en mí sabía que la gente quería y necesitaba ayuda, y yo no podía viajar para dársela.

¿Qué hice? Decidí empezar a grabar lecciones semanales que la gente y las organizaciones pudieran ver por internet para sentirse animados y preparados. Elegí proyectar fortaleza y confianza con el objetivo de ayudar a las personas a superar la pandemia. Quería que la gente recibiera no solo ayuda, sino esperanza, sobre todo porque nadie sabía cuánto iba a durar la crisis sanitaria. Fue mi manera de aportar mi granito de arena en esos momentos difíciles.

No se puede construir un mundo diferente con personas indiferentes. Si quieres marcar una diferencia, tienes que conocer tus convicciones y actuar en consecuencia. Y si quieres tener un papel transformador, debes aprovechar el poder de tus creencias más profundas a la hora de hablar. ¿Por qué? Porque cuanto más firmemente lo creas, más lo sentirán los demás. Esa es la Ley de la Convicción.

QUÉ
SE
DICE

LA LEY DE LA PREPARACIÓN

*No puedes entregar
lo que no has desarrollado*

WINSTON CHURCHILL COMENTÓ UNA VEZ SOBRE UN RIVAL: «SE LE puede describir como uno de esos oradores que, antes de ponerse de pie, no sabe lo que va a decir; cuando está hablando, no sabe lo que dice; y, cuando se sienta, no sabe lo que dijo».[40] En otras palabras, esa persona era propensa a improvisar en lugar de trabajar. Bien sea por arrogancia o indiferencia, eso es lo que hacen demasiados comunicadores. Pero la realidad es que sin la preparación adecuada, la comunicación fracasa.

El escritor, emprendedor y orador motivacional Jim Rohn dijo:

No puedes hablar de lo que no sabes. No puedes compartir lo que no sientes. No puedes interpretar lo que no tienes. Y no puedes dar lo que no posees. Para darlo y compartirlo, y para que sea eficaz, primero debes tenerlo. La buena comunicación comienza con una buena preparación.[41]

Los mejores comunicadores siempre se preparan.

Como ya he dicho, mi carrera como comunicador comenzó como pastor en Hillham (Indiana), una pequeña comunidad

69

agrícola. Las personas eran encantadoras y disfrutaban escucharme hablar. Inmediatamente me incliné a la comunicación. Era mi parte favorita de ser pastor y pronto reconocí que tenía un don para hacerlo. También me di cuenta de que, como era joven, mi congregación no tenía grandes expectativas respecto a mi forma de hablar. Más allá de lo bueno o malo que fuera el mensaje, les agradaba.

> **Si improvisas, el éxito es improbable. Si te esfuerzas, el éxito es inevitable.**

Hubo una semana en la que me faltó tiempo y preparé mi mensaje en solo dos horas. Estaba nervioso por cómo lo recibirían, pero la congregación no pareció notar la diferencia. Fue entonces cuando se me ocurrió una idea: podía improvisar. Podía hacer un trabajo aceptable con solo dedicarle un par de horas de preparación y usar el tiempo extra para jugar golf en un gran campo a menos de cinco kilómetros de mi casa.

¿Iba a improvisar o a trabajar? Si quería trabajar, iba a necesitar veinte horas de preparación, diez veces más que si improvisaba y me salía con la mía. No fue una decisión fácil. Me sentí muy tentado a improvisar, pero al final decidí hacer el trabajo y lo hice por tres razones.

Primero, era un predicador novato y sabía que debía invertir mucho tiempo en preparar mis mensajes si quería desarrollar mis habilidades en esa área. Segundo, sabía que necesitaba estudiar y ampliar mis conocimientos y mi comprensión de los temas que abordaba para ser más maduro y tener más experiencia en aplicarlos a mi propia vida antes de transmitirlos a los demás. Por último, creía que las personas de mi iglesia merecían recibir lo mejor de mí los domingos, no algo que improvisara.

Tomé esa decisión hace cincuenta y cuatro años y nunca me he arrepentido. De hecho, al repasar mi trayectoria como comunicador, reconozco que fue una de las decisiones más importantes que he tomado. Con el beneficio de la edad, sé que si improvisas, el éxito es improbable. Si te esfuerzas, el éxito es inevitable.

¿PREPARACIÓN O ENTREGA?

A menudo me preguntan qué prefiero: la preparación para enseñar o el momento mismo de la enseñanza. Mi respuesta es que me encantan ambos. Cuando estoy preparando una lección, eso es lo que más me gusta. El proceso de pensar y escribir me resulta muy satisfactorio. Sin embargo, cuando comunico, eso es lo que más me gusta. Cuando estoy frente a la gente, pienso: «¡Nací para hacer esto!». Hacer ambas cosas me produce una gran satisfacción. Y la conclusión es que una buena preparación me ayuda tanto a comunicar bien como a que la audiencia disfrute el mensaje.

Una de las razones por las que la preparación me resulta tan valiosa y agradable es que necesito hablarme a mí mismo antes de hablarle a mi audiencia. Cualquier mensaje que quiera transmitir, primero debe tener sentido para mi propia vida antes de compartirlo con los demás. Si no me ha ayudado a mí, *no* ayudará a los demás. Si no he aprendido de él, tampoco lo hará mi audiencia. Si no me lleva a actuar, ¿cómo puedo esperar que inspire a otros a actuar cuando me escuchen?

> Cualquier mensaje que quiera transmitir, primero debe tener sentido para mi propia vida antes de compartirlo con los demás. Si no me ha ayudado a mí, *no* ayudará a los demás.

Yo soy mi primera audiencia. Tu primera audiencia tienes que ser tú. Si lo que preparas te habla, te enseña y te inspira a actuar, entonces es posible que esté listo para tu segunda audiencia. No intentes dar lo que no tienes.

DOS MENSAJES EN UNO

Como comunicador, cuando me preparo para una audiencia, siempre trabajo en dos mensajes al mismo tiempo. El primer mensaje es específico para ellos y la situación. Lo considero «mi mejor mensaje» porque quiero ofrecer el mejor contenido posible. Es lo que toda audiencia merece. Este es el mensaje que preparo en papel para compartirlo con mi audiencia. Es el mensaje que *quieren* y vinieron a escuchar. Está creado específicamente para satisfacer su necesidad actual y pretende mejorar sus vidas.

El otro mensaje es algo que intento transmitir siempre, en todas partes y a todo el mundo. Lo considero «mi gran mensaje», y siempre es el mismo. Mientras que «mi mejor mensaje» lo preparo en papel, «mi gran mensaje» lo preparo en mi corazón. Es lo que la gente *necesita* escuchar. Es más grande que el contenido porque está pensado para desarrollar a las personas. Responde cuatro preguntas que he aprendido a plantearme como comunicador porque enmarcan mis pensamientos e influyen en mi forma de hablar:

1. ¿Qué quiero que la gente *vea*?
2. ¿Qué quiero que la gente *sepa*?
3. ¿Qué quiero que la gente *sienta*?
4. ¿Qué quiero que la gente *haga*?

Estas preguntas pueden parecer sencillas, pero me costó años descifrarlas. Las trabajé y reelaboré, las cambié y afiné, hasta que mi alma quedó satisfecha. Durante treinta años, me he asegurado de que cada mensaje que comparto responda estas preguntas.

1. ¿Qué quiero que vean? ¡Sus posibilidades!

Nuestra manera de *ver* las cosas determina cómo las *hacemos*. Cuando las personas ven sus posibilidades, su mundo se expande. Quiero ayudar a la gente a pasar de preguntarse «¿Podré?» a «¿Cómo puedo?». *¿Podré?* está lleno de dudas. *¿Cómo puedo?* es positivo y rotundo. Está lleno de posibilidades y anima a buscar soluciones a los problemas y a actuar. Stephen R. Covey escribió sobre la diferencia entre estos dos tipos de pensamiento en *Los 7 hábitos de la gente altamente efectiva* [The 7 Habits of Highly Effective People]:

La mayor parte de las personas tienen profundamente grabado en su interior el guion de lo que yo denomino «mentalidad de escasez». Ven la vida como si solo tuviera una porción determinada, como si hubiera solamente un pastel. Y si alguien obtiene un trozo grande, necesariamente otro se quedará con menos… La mentalidad de abundancia, por otro lado, surge de una profunda sensación interior de autoestima y seguridad personal. Se trata del paradigma de que en el mundo hay suficiente como para que nadie se quede sin lo suyo. El resultado es que se comparten el prestigio, el reconocimiento, las ganancias y la toma de decisiones. Se generan posibilidades, opciones, alternativas y creatividad.[42]

Yo tengo una mentalidad de abundancia y cada mensaje que comparto procede de esa perspectiva. Creo firmemente que todos tienen mayores posibilidades y quiero ayudarlos a verlas.

Cuando estábamos escribiendo el programa de valores para estudiantes de secundaria que la Fundación Maxwell Leadership iba a usar en Centroamérica y Sudamérica, nos pareció importante enseñarles a los niños una mentalidad de abundancia. Erin Miller, quien me ayudó a escribir el

> Nuestra manera de *ver* las cosas determina cómo las *hacemos*.

programa, dijo: «Demasiados niños crecen en un entorno negativo y de escasez, donde nunca han visto sus posibilidades. Enseñémosles y mostrémosles lo que pueden llegar a ser si desarrollan su potencial». Es una meta valiosa para cualquier maestro o comunicador.

Cuando te preparas para comunicar, ¿piensas en las posibilidades de las personas? Pero, sobre todo, ¿*las* ayudas a ver sus posibilidades?

2. ¿Qué quiero que sepan? ¡Cuánto valen!

Muchas personas han sido maltratadas y desanimadas por otros. Como resultado, no reconocen su propio valor. Se sienten como Charlie Brown, a quien Lucy molestaba constantemente. En una de las historietas, ella le gritaba:

> Charlie Brown, ¡eres como una pelota de faul en los batazos de la vida! Estás a la sombra de tu propia portería… Eres una pifia… Eres como tres golpes en el hoyo dieciocho… Eres como un *split* siete-diez en el décimo tiro… ¡como un set en cero! Has dejado caer la caña de pescar y el carrete en el lago de la vida… ¡Eres como un tiro libre fallado, como un golpe de golf desviado y un tercer *strike* sin abanicar la pelota! ¿Entiendes mi punto? ¿He sido clara?[43]

La actitud de Lucy es como la de demasiados comunicadores. Sus palabras estaban llenas de crítica. Los buenos comunicadores alientan a las personas. Creen en su audiencia, ven lo mejor en ellos y los animan porque ven su valor.

Como nunca quiero perder esto de vista, les digo todo el tiempo que los valoro. Los escépticos me preguntan: «¿Cómo puedes decir eso si ni siquiera me conoces?».

Mi respuesta nace de mi fe: «Te valoro porque Dios te valora. ¡Él no comete errores!».

Valorar a los demás comienza por ver valor en ti mismo. El escritor y orador Brian Tracy dice: «Cuanto más te quieras y respetes a ti mismo, más querrás y respetarás a los demás. Cuanto más te consideres una persona valiosa, más considerarás que los demás también lo son». ¿Cómo te sientes contigo mismo? ¿Crees que eres valioso? ¿Crees que tienes algo que ofrecerles a los demás? ¿Estás dispuesto a creer que los demás son valiosos? ¿Estás dispuesto a expresarlo? Si puedes responder afirmativamente estas preguntas y centrarte en el valor de las personas mientras preparas tu mensaje y lo transmites, transformarás tu comunicación.

> El objetivo de la comunicación no es *impresionar* a tu audiencia, sino *empoderarla*.

3. ¿Cómo quiero que se sientan? ¡Empoderados!

El objetivo de la comunicación no es *impresionar* a tu audiencia, sino *empoderarla*. De nada sirve que la gente se vaya diciendo: «¡Guau! Es increíble. ¡Ha hecho cosas grandiosas!». Quieres que digan: «¡Guau! Esto es increíble. ¡Puedo hacer cosas grandiosas!».

¿Cómo puedes empoderar a la gente? Tanto si hablas con dos personas como si te diriges a una audiencia numerosa, haz estas cinco cosas:

- **Abraza el potencial de las personas.** Yo veo a todos como un diez sobre diez, y se los digo. Tú también puedes.
- **Dales permiso para tener éxito.** Trato de «abrirles la puerta» para que entren en territorio nuevo. Tú también puedes.
- **Fomenta la colaboración.** Esto significa trabajar juntos con empuje, a diferencia de la *cooperación*, que solo significa trabajar juntos en armonía. Es más probable que las

personas alcancen su potencial cuando trabajan con otros. Promuevo la colaboración. Tú también puedes.

- **Promueve el sentido de apropiación.** Por más que quiera que la gente tenga éxito, ellos son los únicos que pueden pasar a la acción y conseguirlo. Los animo a que lo hagan. Tú también puedes.
- **Pídeles que asuman su responsabilidad.** Las personas aprovechan sus posibilidades cuando se responsabilizan de los resultados. Yo los ayudo a entender que alcanzar resultados alimenta un ciclo de motivación. Tú también puedes.

El empoderamiento es un regalo increíble para darle a otra persona. No solo le ayuda a creer que tiene la libertad de triunfar, sino que le ayuda a saber que otros *quieren* que tenga éxito y creen que *puede* tenerlo.

4. ¿Qué quiero que hagan? ¡Que apliquen y multipliquen!

El desafío de un comunicador es llevar a una audiencia del *saber* al *hacer*. Quieres ayudarlos a aplicar lo que aprendan y a compartirlo con otros. Lo aprendí porque tuve el privilegio de que, a una edad temprana, me invitaran a hablar con comunicadores experimentados en seminarios sobre el éxito. Disfrutaba escucharlos, me inspiraban y, junto con los miles de asistentes, me ponía de pie para

> El desafío de un comunicador es llevar a una audiencia del *saber* al *hacer.*

aplaudirles. Aprendí mucho viéndolos: admiré su gran entrega, sus historias increíbles, sus citas inolvidables y su gran sentido del humor. Sin embargo, tras un par de años en ese circuito, poco a poco me di cuenta de que la mayoría de los discursos terminaban con una ovación de pie y nada más. La gente se marchaba sintiéndose bien, pero al día siguiente no hacía nada de lo que había escuchado.

Al observar esto, tomé una decisión. No quería ser un orador motivacional. Por el contrario, me iba a convertir en un *maestro motivacional*. Quería que las personas hicieran algo más que sentirse bien. Quería que se fueran a casa lo suficientemente informadas e inspiradas como para actuar y mejorar sus vidas. Hoy en día, sigo queriendo que lo hagan. No solo eso, sino que quiero que compartan con otros lo que han aprendido para que apliquen y multipliquen lo que les he dado. No quiero que sean nunca como el granjero al que su vecino le preguntó: «¿Vas a asistir a la clase del nuevo agente del condado?».

«No», le contestó el granjero, «ya sé mucho más de agricultura de lo que estoy haciendo». ¿De qué sirve tener conocimientos más allá de tu disposición a actuar?

Si puedo mostrarle a la gente posibilidades que amplíen su habilidad y capacidad, indicarle un camino claro hacia esas posibilidades, ayudarle a creer en sí misma e inspirarla a actuar, puedo ayudar de verdad. Y en eso consiste la comunicación.

EL VALOR DE LA PREPARACIÓN

A principios del siglo xx, Fielding Yost entrenó al equipo de fútbol americano de la Universidad de Míchigan, con un récord de 165 victorias, 29 derrotas y 10 empates durante los veinticinco años que estuvo en el cargo.[44] Fue el segundo que más partidos ganó en la historia de Míchigan. A menudo hablaba de la importancia de la preparación en contraste con la voluntad de ganar. Sus palabras han hecho eco en otros entrenadores influyentes como Vince Lombardi, Bobby Knight y John Wooden. Yost decía:

La preparación es la clave. Está bien que se hable de esta «voluntad de ganar», pero te diré que no vale de mucho, a menos que tengas la voluntad de prepararte, ya sea para el juego que está por delante, para el negocio que vas a emprender o para la profesión que ejercerás. Un hombre con un caballo de fuerza no puede hacer mucho para alcanzar grandes resultados. Debe desarrollarse a través de la preparación para que, cuando llegue la prueba, tenga algo en lo que pueda sostenerse y sea capaz de aprovecharlo.[45]

La voluntad de prepararse es igual de importante en la comunicación. Te diré por qué:

Jugamos conforme al nivel de nuestra preparación

Una actuación espectacular siempre está precedida de una preparación espectacular. Una vez le pregunté a John Wooden —el entrenador de básquetbol de los Bruins de UCLA que ganó diez campeonatos nacionales— qué extrañaba después de retirarse como entrenador. «Las prácticas», me respondió sin dudarlo. «Los grandes equipos se forman con grandes prácticas». Después me explicó que estaba muy relajado en la banca durante los juegos. ¿Por qué? Porque el trabajo duro ya lo habían hecho en la preparación para el juego. El nivel de práctica de sus jugadores determinaba el nivel de su juego.

> Una actuación espectacular siempre está precedida de una preparación espectacular.

La forma en que inviertas tu tiempo para prepararte es más importante que *cuánto tiempo* dediques a prepararte. Cuando me preparo para dar una conferencia, sigo cinco pasos para asegurarme de que estaré listo a la «hora del partido»:

1. Hago preguntas exploratorias

Siempre solicito una reunión previa con la organización o el anfitrión del evento en el que voy a hablar. Mi meta es agregarles valor a ellos y a las personas a las que me dirigiré. Así que, como mínimo, hago estas preguntas:

- ¿De qué es el evento?
- ¿Tienen alguna temática?
- ¿Por qué me eligieron como orador?
- ¿Cuál es el contexto?
- ¿Cuál es el tema?
- ¿Hay algo específico de lo que quieren que hable?
- ¿Qué considerarían una victoria?
- ¿Hay algo más que pueda hacer para agregarles valor?

Puedes crear un gran discurso y darlo con destreza, pero si es el mensaje equivocado para las personas, no tendrá éxito ni ayudará a nadie.

2. Preparo mi tema

Una vez que conozco los detalles sobre mi audiencia y el contexto, estoy listo para trabajar en mi mensaje. *Siempre* hago un boceto de mi mensaje (a menos que me pidan hablar improvisadamente en el momento). Escribo una introducción, pero cuando hablo, a menudo parto del contexto de lo que esté ocurriendo antes de subir al escenario. ¿Por qué? Porque conectar es aún más importante que presentar mi tema. Explicaré esto en detalle en la Ley de la Conexión (capítulo 7).

La forma en que inviertas tu tiempo para prepararte es más importante que *cuánto tiempo* dediques a prepararte.

Para el cuerpo de mi mensaje, enumero primero las ideas fundamentales o las más importantes. Escribo estos puntos de manera que la redacción sea memorable. Si puedo crear un ritmo, patrón o gancho para que construyan y «canten», lo hago. Después, agrego citas, historias y ejemplos a estos puntos para darles vida y hacerlos significativos y divertidos. Termino mis notas con un llamado a la acción que los anime.

Durante todo el tiempo que estoy preparando mi boceto, me hago tres preguntas:

¿Cómo puedo hacer que sea especial? Reflexiono mucho sobre esto con anticipación. Personalizo mis mensajes y me centro en agregar valor, y eso los hace especiales. Si escribo un mensaje desde cero, suelo decírselo a la gente: «Desarrollé esta lección solo para ustedes» o «Nunca había hablado de esto antes».

¿Cómo puedo hacer que sea personal? La mejor forma que conozco de hacerlo es asociar lo que *saben* con lo que *no* saben. Lo que saben se basa en su cultura organizacional, su experiencia personal y su país de origen. Lo que no saben es lo que intento comunicarles. Esto sitúa mi mensaje en su contexto.

¿Cómo puedo hacer que sea práctico? Nunca olvido que mi meta es ayudar a mi audiencia. Incluyo eso en mis notas. Y, si es posible, hago una sesión de preguntas y respuestas para ayudarlos a aplicar la lección.

Cuando me siento satisfecho de haber hecho estas cosas, mis notas están listas.

3. Me preparo

Antes de comunicar, quiero prepararme a nivel mental, emocional y de experiencia. De nuevo, me hago preguntas para asegurarme de que estoy listo. Me pregunto:

- *¿Sé* lo que estoy enseñando? Necesito dedicarle suficiente tiempo a mis notas para saber bien lo que estoy haciendo y hacia dónde voy. Suelo hacerlo varias horas antes de comunicar.
- *¿Siento* lo que estoy enseñando? La buena comunicación nace del corazón y toca el corazón de los demás.
- *¿Vivo* lo que estoy enseñando? Cuando tenía veinte años, decidí que nunca compartiría un mensaje que no fuera verdad para mí. No iba a exponer teorías que no hubiese probado y vivido.

Cuando puedo responder afirmativamente estas preguntas con integridad, estoy listo para comunicar.

4. Evalúo mi efectividad mientras hablo

Cuando subo al escenario para comunicar, ¡empieza el partido! Pero también es una práctica. ¿Por qué lo digo? Porque cuando más he crecido como comunicador ha sido durante mis conferencias. La repetición es importante. ¿Cómo mejoras como comunicador? Comunicando y prestando atención a lo que funciona y a lo que no. Cuando era un joven comunicador, a veces me costaba evaluar mi comunicación *mientras* presentaba el tema. Por eso, con frecuencia pedía a miembros del equipo que evaluaran mi mensaje y me dieran su opinión. Sin embargo, a medida que he ido madurando como comunicador, mi autoconciencia sobre cómo presento ha mejorado. Incluso mientras transmito mi mensaje, me pregunto:

- *¿Me siento cómodo y confiado?*
- *¿Mi audiencia está atenta?*
- *¿Cuándo conecto con mi audiencia?*
- *¿Cuándo no conecto?*

- *¿Mi audiencia mantiene el interés?*
- *¿Parecen contentos de escucharme hablar?*

Hago ajustes todo el tiempo para asegurarme de mantener la conexión y de que mi mensaje siga encontrando su destino. Si es necesario, cambio por completo el rumbo si percibo que no estoy presentando el mensaje como debería.

Lo que siempre intento es superar las expectativas de mi audiencia. Eso puede ser difícil porque las expectativas de la gente siguen aumentando cada vez que doy un discurso magistral. Por esa razón, no dejo de subirme la vara. Tú deberías hacerlo también. La consultora y exvicepresidenta ejecutiva y directora general de marketing de First Republic Bank, Dianne Snedaker, dijo:

> Pon el listón alto y mantenlo así. Si te interesa el éxito, es fácil fijar tus estándares en función de los logros de los demás, y luego dejar que te midan según esos estándares. Pero los estándares que te pones a ti mismo son siempre los más importantes. Deben ser más elevados que los estándares que cualquier otra persona te impondría, porque al final tienes que vivir contigo mismo, juzgarte y sentirte bien contigo mismo. Y la mejor manera de hacerlo es vivir al máximo de tu potencial. Así que pon el listón alto y mantenlo así, incluso si crees que nadie te está viendo. *Siempre* habrá alguien que se dé cuenta, aunque solo seas tú.[46]

Si te exiges mucho cuando comunicas, comenzarás a mejorar.

5. *Reflexiono sobre cómo prepararme para la próxima vez*

Incluso cuando termino de comunicar, mi preparación no ha terminado. Toda experiencia de comunicación es una oportunidad para aprender por medio de la autoevaluación. Lo hago —sí, adivinaste— haciéndome preguntas:

- *¿Mi «gran mensaje» cumplió su objetivo?*
- *¿La audiencia vio sus posibilidades?*
- *¿Conoce su valor?*
- *¿Se siente ahora empoderada?*
- *¿Mi «mejor mensaje» cumplió su objetivo?*
- *¿Los ayudé?*
- *¿Es probable que actúen?*
- *¿Hay alguna forma de mejorar mi mensaje?*
- *¿Cómo puedo mejorar mis notas?*

Llevo más de cincuenta años comunicándome con la gente y es una lección de humildad reconocer lo mucho que me queda por aprender. Por eso siempre reflexiono sobre cada presentación después de darla y por eso actualizo mis notas después de cada presentación. Aprendo constantemente. Soy una obra en construcción.

La preparación impulsa el desarrollo personal

Después de más de cinco décadas escribiendo mensajes, he llegado a la conclusión de que una de las razones principales por las que sigo creciendo y desarrollándome a mis setenta y cinco años es que escribo, medito y aplico cada lección a mi vida antes de enseñarla. Hacer ese trabajo todo el tiempo significa que sigo aprendiendo, mejorando, creando, descubriendo, desarrollando y creciendo. Es una de las disciplinas más importantes de mi vida.

> «Practicar no es lo que haces una vez que eres bueno. Es lo que haces que te permite ser bueno».
> —Malcolm Gladwell

Cuando tomé la decisión de *trabajar* en lugar de *improvisar* como comunicador, entendí que la preparación se convertiría en algo continuo en mi vida. Cuando decidí escribir libros, sabía que sería el mismo tipo de decisión. Pero las recompensas han sido enormes porque me ayudan a seguir mejorando. Como señaló el escritor Malcolm Gladwell: «Practicar no es lo que haces una vez que eres bueno. Es lo que haces que te permite ser bueno».[47]

La preparación multiplica el talento

¿Cuál es la diferencia entre talento y habilidad? La preparación. El talento es un don; es algo con lo que naces. Mientras más grande es el talento natural, mayor es el potencial de una persona en esa área. Pero el talento no se convierte en una habilidad de alto nivel sin preparación y práctica. Funciona así:

Poco talento + Poca preparación = Cero habilidad
Poco talento + Mucha preparación = Habilidad promedio
Mucho talento + Poca preparación = Habilidad limitada
Mucho talento + Mucha preparación = Gran habilidad
Mucho talento + Mucha preparación constante = Habilidad
  ilimitada

Cuanto mayor sea tu talento innato, mejor serás cuando empieces y más tentado estarás a confiar solo en ese talento. Pero si quieres alcanzar tu potencial, tendrás que esforzarte.

La preparación continua genera mejora continua

¿Cuánto talento innato tienes para la comunicación? ¿Tu don es grande, pequeño o intermedio? ¿Cómo saberlo? Ralph Waldo Emerson dijo: «Todos los grandes comunicadores fueron malos al principio».[48] Yo les digo a mis coaches nuevos: «Nadie es bueno la primera vez». Si has hablado en público una o dos veces, eso no te dice nada. La única forma de averiguarlo es hablar ante una audiencia y seguir haciéndolo. La frecuencia es la clave para saber. Hasta que hables con frecuencia, no podrás hacer una evaluación precisa. Me han dicho que los matemáticos descartan cualquier estadística que carezca de la frecuencia necesaria. Por ejemplo, si lanzas una moneda al aire diez veces, rara vez tendrás un resultado 50-50 entre ambas caras de la moneda. Sin embargo, si lanzas una moneda cien veces, el resultado suele ser bastante parejo.

Lo mismo ocurre al comunicar. No puedes hacerlo una, dos o una docena de veces y saber si tienes talento. Es imposible medir tu potencial en esa etapa. Tienes que hacer tus repeticiones. Yo solía decir: «Bien está todo lo que bien se empieza». Ahora, en lo que respecta a la comunicación, les digo a las personas: «¡Bien está todo lo que se empieza!». Si te da miedo hablar en público, tienes que empezar a hacerlo y tienes que seguir haciéndolo. Necesitas practicar. La única manera de alcanzar la excelencia en cualquier área es hacerlo suficientes veces para ponerlo a prueba. La sabiduría llegará como resultado de hacer algo las suficientes veces como para poder ver el panorama completo y desarrollar entendimiento. Me encanta la forma en que James Clear expresa la importancia de la frecuencia en su libro *Hábitos atómicos*:

> No importa si han pasado veintiún días, treinta o trescientos. Lo que importa es el ritmo al que realizas el comportamiento. Puedes hacer algo dos veces en treinta días o hacerlo doscientas veces. La frecuencia es lo que marca la diferencia.[49]

Soy muy afortunado. Comencé mi carrera como pastor principal, lo que significaba que en promedio comunicaba tres veces por semana durante cincuenta semanas al año. En los tres años que ocupé mi primer puesto, hice más de cuatrocientas repeticiones. Esas prácticas iniciales fueron en realidad un fracaso controlado. Yo intentaba cosas nuevas, asumía riesgos y experimentaba. La historia de aquellos primeros días era: fracasa pronto, fracasa a menudo, fracasa positivamente. Esa preparación sentó las bases para posteriores oportunidades de comunicación.

Hoy calculo que he hablado en público más de trece mil veces y puedo decirte cuáles son los ingredientes de la salsa secreta de la comunicación: frecuencia y constancia. La frecuencia te permite avanzar a corto plazo. Si comunicas con frecuencia, empezarás a «entenderlo». La constancia te permite avanzar a largo plazo. Si comunicas de manera constante, serás capaz de mantenerlo. Y la preparación y la práctica nunca cesarán si quieres estar en tu máximo nivel. Basta con preguntar a cualquier atleta de elite, concertista de piano, orador muy cotizado o persona altamente productiva de cualquier profesión. Mientras más alto es tu nivel de competencia y de aceptación pública, mayor es la necesidad de practicar. La excelencia es el resultado de mucha práctica. Así que si tienes un don para la comunicación e improvisas, puede que estés dentro del cincuenta por ciento de los mejores comunicadores. Pero si tienes un don y lo trabajas con frecuencia y constancia, puedes estar dentro del cinco por ciento de los mejores.

> Puedo decirte cuáles son los ingredientes de la salsa secreta de la comunicación: frecuencia y constancia.

PAGA EL PRECIO DE LA PREPARACIÓN

Algo que me produce mucha alegría es jugar golf. Me encanta todo, menos mis resultados. No soy tan bueno como me gustaría ser. Así que hace poco fui a ver a mi instructor de golf,

Warren Bottke, y le dije que quería mejorar mi hándicap. «Quiero bajar mi hándicap de quince a un solo dígito», le comenté. «Claro que puedes hacerlo», me contestó, lo que me animó mucho. Estaba emocionado y listo para que me dijera qué hacer. «Para alcanzar esa meta, tendrás que practicar treinta horas a la semana».

«¡Guau!», le respondí. «Eso es mucha práctica». Esto me recordó una ocasión en la que estaba ofreciendo una conferencia de liderazgo con más de mil asistentes. Fue un día maravilloso lleno de risas, aprendizaje, interacción y crecimiento. Durante el receso de la tarde, un joven se me acercó y me dijo: «¡Me siento inspirado! He decidido que quiero hacer lo que tú haces». Yo solo sonreí. «Permíteme hacerte una pregunta», le contesté. «¿Te gustaría hacer lo que *hice* para poder hacer lo que *hago*?». Él no tenía la menor idea de lo que me tomó ser capaz de hacer lo que hice en el escenario. Como dice mi amigo Brian Tracy: «El éxito que tengas en tu carrera será directamente proporcional a lo que hagas después de haber hecho lo que se esperaba que hicieras».

Después de reflexionarlo, miré a mi instructor de golf y le dije: «Cambié de parecer».

Decidí vivir con el hándicap como estaba y jugar al golf cuando quisiera con poca práctica. Me encanta el golf, pero no es mi llamado. *Deseaba* un hándicap de un dígito, pero mi deseo y mi voluntad de preparme eran polos opuestos. La gente que improvisa acaba con muchos deseos que no se cumplen. Las personas que trabajan obtienen resultados.

En tu camino para convertirte en un mejor orador, una vez que hayas pasado algún tiempo comunicando,

> «El éxito que tengas en tu carrera será directamente proporcional a lo que hagas después de haber hecho lo que se esperaba que hicieras». —*Brian Tracy*

tendrás que evaluar tu nivel de talento y tu nivel de compromiso. Si te preparas y practicas, puedes llegar a ser bueno. Puede que incluso llegues a ser excelente. Pero recuerda que no puedes entregar lo que no has desarrollado. Esa es la Ley de la Preparación.

5

La Ley de la Colaboración

Algunas de tus mejores ideas las desarrollarás con otros

Los aspirantes a comunicadores a menudo me preguntan: «¿Qué consejo me darías si quiero empezar a comunicar?». Mi primer consejo es: «*Empieza* a comunicar». La mejor manera de aprender y mejorar como comunicador es practicar, algo que acabamos de ver en la Ley de la Preparación (capítulo 4). ¿Cuál es el segundo consejo? Consigue la ayuda de otras personas.

Esto es algo que no entendía al inicio de mi carrera como comunicador. Empecé como el Llanero Solitario. Cuando tenía veintidós años, empecé mi carrera profesional como orador y como líder al mismo tiempo. En ese entonces, creía que si pedía ayuda, las personas que me escuchaban y me seguían pensarían que era débil y dejarían de seguirme y escucharme. Así que intenté hacer por mi cuenta todas las tareas relacionadas con liderazgo y comunicación. Si tenía un problema, trataba de encontrarle una solución yo solo. Cuando tenía una idea, pensaba: «Trabajaré en ella hasta que sea muy buena. Así, cuando la comparta con los demás, todos pensarán que soy brillante». ¡Qué gran error!

Me tomó una década entender lo que se convertiría en la Ley de lo Trascendental, que dice que uno es demasiado pequeño como para pretender hacer grandes cosas. Lo mismo aplica para la comunicación. Uno es demasiado pequeño como para pretender alcanzar la excelencia.

Depender al cien por ciento de mí mismo al principio de mi carrera me generó dos problemas evidentes. Primero, a menudo enseñaba con base en suposiciones. Daba por sentado que sabía lo que la gente necesitaba, pero, por supuesto, no era así. Por eso, con frecuencia hablaba sobre temas que nadie quería escuchar y daba soluciones que nadie buscaba. Gracias a Dios, mi audiencia era misericordiosa y tenía en cuenta mi edad e inexperiencia. El segundo problema era que todo lo que comunicaba provenía de mi propia y limitada experiencia personal y perspectiva. De nuevo, eso me llevaba a pasar por alto muchas cosas y, a menudo, a no hacer conexión con las personas. Como mencionó el periodista y escritor William H. Whyte: «El gran enemigo de la comunicación… es la ilusión de ella».[50] Pensaba que me comunicaba y conectaba, pero a menudo solo me hablaba a mí mismo. En ese entonces, no conocía la Ley de la Colaboración, que dice que algunas de tus mejores ideas las desarrollarás con otros.

EL VALOR DE LA COLABORACIÓN

El filántropo multimillonario Andrew Carnegie dijo: «Darás un gran paso en tu desarrollo cuando entiendas que otras personas pueden ayudarte a hacer un mejor trabajo del que podrías hacer tú solo». Ese fue un paso que di en mi comunicación y es uno que espero que tú des también. Hace varios años, James Surowiecki escribió un libro llamado *Cien mejor que uno* [The Wisdom of Crowds]. En sus páginas, describe cómo grupos de personas suelen resolver problemas y llegar a conclusiones más precisas que los individuos solos, incluso cuando algunos de ellos son expertos en la materia. Surowiecki comienza el libro con un ejemplo cautivante que sucedió en Gran Bretaña hace más de cien años. En 1906, el científico Francis Galton asistía a una feria rural llamada West of England Fat Stock and Poultry Exhibition (Exposición avícola y de ganado de engorda del oeste de Inglaterra), donde los granjeros locales y la gente del pueblo se reunían para mostrar sus reses, ovejas, caballos, gallinas y cerdos. Galton, experto en factores hereditarios y estadística, asistió porque estaba interesado en los efectos de la cría en las cualidades físicas y mentales del ganado, pero también en la genética humana.

Uno de los eventos de la feria fue una competencia en la que los asistentes podían pagar seis centavos para adivinar cuánto pesaría un buey vivo de la exhibición después de sacrificarlo y faenarlo, una tarea difícil. Las personas que más se acercaran al peso recibirían premios. Al ver eso, Galton tuvo una idea. Se preguntó si la gente sería capaz de adivinar algo así. Unos pocos podrían tener experiencia en ganadería o carnicería, pero no la mayoría. Galton, un viejo cascarrabias de ochenta y cinco años con una opinión negativa de las personas, esperaba que la gente se equivocara. Posteriormente escribió:

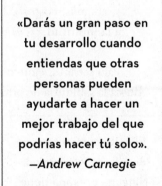

«Darás un gran paso en tu desarrollo cuando entiendas que otras personas pueden ayudarte a hacer un mejor trabajo del que podrías hacer tú solo».

—*Andrew Carnegie*

«Muchos no expertos compitieron, como esos vendedores y otros sin experiencia en caballos, pero que apuestan en las carreras guiados por los periódicos, los amigos y sus propias fantasías».

Galton les preguntó a los organizadores si podía tomar prestadas las boletas de inscripción del concurso una vez que terminara. Cada papelito contenía el cálculo del participante y sus datos personales. Cuando las recibió, Galton hizo un análisis estadístico de las 787 boletas que examinó. Como puedes imaginar, nadie adivinó el peso exacto del buey sacrificado, que era de 1198 libras (543.4 kilos), ni siquiera los carniceros profesionales. Pero Galton quedó sorprendido al descubrir que al promediar *todos* los cálculos, el resultado era de 1197 libras (542.9 kilos), solo una libra menos que el peso real.[51] Surowiecki concluye:

> La mayoría de nosotros, ya sea como votantes, inversionistas, consumidores o gerentes, creemos que el conocimiento valioso se concentra en unas pocas manos... Suponemos que la clave para solucionar problemas o tomar buenas decisiones es encontrar a la persona adecuada que tenga la respuesta [o convertirse en esa persona]... El argumento de este libro es que ir tras un experto es un error y, además, costoso. Debemos dejar de cazar y preguntarle a la multitud.[52]

Para ser un mejor comunicador, eso es lo que tienes que hacer. Busca la sabiduría de otros, no de una multitud cualquiera, sino de un equipo o grupo confiable. Como señala Surowiecki: «Los grupos suelen ser más inteligentes que su integrante más inteligente».[53]

> El éxito comienza con *nosotros*, no *conmigo*. Ninguna persona tiene todas las respuestas.

Me llevó un tiempo aprender esta lección, pero ahora, siempre que me preparo para comunicar o liderar, mi primer pensamiento es: «¿Con quién necesito colaborar?» Entiendo que el éxito comienza con *nosotros*, no *conmigo*. Ninguna persona tiene todas las respuestas. Todo comunicador o líder tiene puntos ciegos y defectos. Ningún individuo es completamente cabal y equilibrado. Pero los equipos pueden serlo. Cuando le pido a mi equipo que me ayude, *siempre* me hacen mejor. Con razón el exentrenador de la NFL, Bill Parcells, solía recordarles a sus jugadores: «Los jugadores juegan el partido, pero los equipos ganan campeonatos».[54] Cuando me preparo para escribir un libro, suelo reunir a un grupo de personas para que me ayuden. Este libro no fue la excepción. Comencé con mi equipo de redacción, y juntos elaboramos una lista preliminar de leyes. Después, le envié la lista a un grupo de excelentes comunicadores para que dedicaran tiempo a estudiarlas, a reflexionar sobre ellas y a considerar formas de mejorarlas. Esos comunicadores, mi equipo y yo nos reunimos, y llevaron las ideas a otro nivel. El libro que estás leyendo es el resultado de esa colaboración.

Uno de los libros más populares que he escrito es *Cómo piensan las personas exitosas*. En el capítulo sobre pensamiento compartido, explico por qué valoro tanto el pensamiento colaborativo:

- El pensamiento compartido es más rápido que el pensamiento individual.
- El pensamiento compartido ofrece más madurez que el pensamiento individual.
- El pensamiento compartido es más creativo que el pensamiento individual.
- El pensamiento compartido es la única manera de pensar en grande.
- Los grandes pensamientos nacen de muchos buenos pensamientos.
- El pensamiento compartido aporta más valor que el pensamiento individual.[55]

Siempre que comparto mis pensamientos con un grupo de buenos pensadores, surgen ideas que a mí nunca se me habrían ocurrido. Puede que vaya a una reunión con una buena idea, pero salgo con otras mejores. La colaboración tiene un efecto multiplicador. Es como la diferencia entre 1 más 1, que es 2; y 1 al lado de 1, que es 11.

CARACTERÍSTICAS DE UN BUEN EQUIPO DE COLABORACIÓN

En los muchos años que llevo como comunicador y líder, he aprendido que el éxito o el fracaso no está determinado por el peso de lo que necesitas lograr ni por cuán pesada sea tu carga. Lo determina la gente con la que colaboras para que te ayude a realizar la tarea. Con eso en mente, quiero darte algunas pautas que te permitirán identificar los diferentes tipos de personas que querrás incorporar en tu equipo para que te ayuden a ser un mejor comunicador.

1. Los buenos colaboradores tienen una mentalidad abierta

Para que las personas te ayuden a mejorar en tu comunicación o en cualquier tarea, deben ser capaces de ver posibilidades. Tienen que ver posibilidades en ti, en tu potencial, en tu audiencia, en tu capacidad para influir en ella y en su capacidad para tomar lo que dices y ponerlo en práctica. Las personas negativas y de mente estrecha no te ayudarán. Solo las personas abiertas lo harán.

Cuando busco buenos colaboradores, busco personas que tengan dos cualidades. Primero, tienen que ser personas que piensen en términos de abundancia, no de escasez. Deben creer que siempre hay soluciones, no dudar de que algo sea posible.

Descubrí la importancia de esta diferencia de pensamiento a principios de mis treinta, cuando me pidieron ser parte de un equipo para escribir comentarios sobre cada libro de la Biblia. La invitación fue un honor, porque todos los demás escritores eran mayores, más experimentados y más exitosos que yo. Me pidieron que escribiera el comentario de Deuteronomio y, tan pronto comencé, supe que era demasiado para mí. Empecé a dudar de si podría lograr una tarea tan abrumadora. *¿Puedo hacer esto?* comencé a preguntarme. Esta pregunta empezó a socavar mis esfuerzos y mis dudas se multiplicaron. Comencé a poner excusas para no trabajar en ello. Mientras más evitaba la tarea, más grande me parecía y más razones encontraba para pensar que era imposible.

Afortunadamente, los demás escritores que estaban trabajando en sus comentarios al mismo tiempo me animaron. Me transmitieron sabiduría y me dieron consejos. Se convirtieron en mi equipo de apoyo y mi mentalidad comenzó a cambiar. Empecé a buscar soluciones. Estas soluciones me ayudaron a progresar. Cuando preguntas: «¿Puedo?», la respuesta puede ser no. Pero cuando preguntas: «¿Cómo puedo?», la respuesta casi siempre lleva a un sí. Me tomó un año, pero terminé la tarea. Y estoy muy orgulloso del trabajo que hice.

La segunda cualidad que busco en colaboradores potenciales es que tengan una mentalidad de opciones. Quiero que sean como el viejo granjero que criaba gallinas, cuya tierra se inundaba casi todas las primaveras. No quería vender la granja familiar y mudarse, pero se estaba cansando de tener que trasladar a cientos de gallinas cada año y perder muchas de ellas. Tras una inundación especialmente severa, se lamentaba con su esposa.

«Todos los años te quejas de lo mismo», le dijo ella. «Estoy cansada de escuchar ese tema».

«Bueno», replicó él, «¿qué crees que debería hacer?». Ella lo miró y contestó: «Comprar patos».

Sí, lo sé, es una historia vieja y cursi, pero muestra el tipo de mentalidad que quieres que tengan las personas

> Cuando preguntas: «¿Puedo?», la respuesta puede ser no. Pero cuando preguntas: «¿Cómo puedo?», la respuesta casi siempre lleva a un sí.

que te van a ayudar. Una mentalidad de opciones hace que la gente crea que un problema tiene muchas soluciones. Y cuando existe más de una manera, eso significa que siempre hay una manera mejor.

Cada vez que comunico, doy lo mejor de mí. Pero eso no significa que no pueda mejorar o que no pueda dar una *mejor* versión. No importa lo que haga, creo que puedo encontrar una forma de mejorar. El desafío es encontrarla.

2. Los buenos colaboradores hacen y responden preguntas

Woodrow Wilson dijo: «No solo debemos usar todo nuestro cerebro, sino todos los que podamos tomar prestados». Cuando los colaboradores hacen preguntas que me hacen pensar o responden a mis preguntas, es como tomar prestados sus cerebros. Su pensamiento mejora el mío.

Me encantan las preguntas. Aprendo mucho haciéndolas y escuchando las respuestas. Hace poco impartí una lección llamada «Qué preguntas hacer para desarrollar tu liderazgo» a un grupo de líderes de alto nivel, y después, durante la sesión de preguntas y respuestas, un líder preguntó: «¿Haces preguntas si intuyes que no te agradará la respuesta?». Expresaba lo que todos hemos sentido alguna vez: sospechar que tenemos un problema y no querer enfrentarlo.

«Sí», le contesté. «Hago la pregunta aunque no me agrade la respuesta. Aunque pueda ser doloroso, algunas de las respuestas que no me gustan pueden ser las que más me ayuden».

En tu camino para convertirte en un mejor comunicador, no debes evitar hacer preguntas difíciles cuya respuesta quizá te desagrade. Si quieres mejorar, debes ser valiente y honesto contigo mismo. Aquí tienes algunas preguntas que pueden ayudarte.

Preguntas para antes de comunicar

Si compartes tus notas con tu equipo antes de hablar, pueden hacerte estas cinco preguntas potencialmente difíciles para ayudar a prepararte:

1. *¿He visto que el orador vive este mensaje?*
2. *¿Cómo ha influido este tema en mi vida?*
3. *¿Qué desconozco sobre este tema que necesito saber?*
4. *¿Cuál es la parte más importante de este mensaje y por qué?*
5. *¿Qué es lo que yo haría para mejorar esta presentación?*

Si los miembros de tu equipo te comparten con honestidad sus respuestas a estas preguntas, podrán ayudarte. El mejor momento para mejorar tu comunicación es en el inicio, antes de que lo hagas. Obviamente, tu equipo podría hacerte muchas otras preguntas, pero estas están pensadas para ayudarte a mejorar *antes* de presentar un discurso.

Preguntas para después de comunicar
Tu equipo también puede ayudarte a mejorar *después* de que hables si responden estas preguntas:

1. ¿Cuál fue la respuesta de la audiencia en una escala del 1 (baja) al 5 (alta)?
2. ¿Cuáles fueron los cinco minutos más fuertes del mensaje?
3. ¿Cuáles fueron los cinco minutos más débiles del mensaje?
4. ¿Cómo se puede mejorar la lección?
5. ¿Cómo puede mejorar el comunicador?

Las respuestas de tu equipo a estas preguntas te ayudarán a ampliar lo mejor de tu mensaje, eliminar la parte más débil y mejorar tu conexión con la audiencia.

Un comentario más sobre las preguntas: lo que preguntas y cómo lo preguntas marca una diferencia. Se cree que Albert Einstein dijo: «Si tuviera una hora para resolver un problema y mi vida dependiera de esa solución, dedicaría los primeros cincuenta y cinco minutos a determinar la pregunta adecuada que debo hacer... pues una vez que tenga la pregunta correcta, podré resolver el problema en menos de cinco minutos».[56] Esto aborda la importancia de pensar en hacer la pregunta correcta. Mientras mejor pensadas estén las preguntas, mejores serán las respuestas. Y cuando las preguntas se formulen con ánimo de mejorar, no de criticar, más útiles serán.

3. Los buenos colaboradores generan ideas

Además de estar abiertos a hacer y responder preguntas, los buenos colaboradores también son capaces de aportar buenas ideas. Este puede que sea el valor más importante que aporte tu equipo, porque los grandes discursos contienen ideas que despiertan la imaginación de la audiencia.

Es importante recordar que una idea no tiene por qué ser tu idea para ser buena. Lo importante es que pongamos todas las ideas sobre la mesa para que gane la mejor. Cuando reúnas a un equipo colaborativo para que te ayude con las ideas, aquí tienes algunas cosas que debes hacer:

Pide a todos que conciban tantas ideas como sea posible

Siempre he visto que se cumple el principio de que a mayor *cantidad* de ideas, mayor *calidad* de ideas. Cuantas más ideas pruebes, más probabilidades tendrás de encontrar buenas ideas que funcionen. Esto es lo que sé por experiencia:

- Las únicas malas ideas son las que mueren sin dar a luz otra idea.
- Las mejores ideas del equipo sumadas deben ayudarte a lograr un avance.
- Las ideas son como conejos. Consigue un par y se multiplican.

Como dijo el artista de origen rumano Albert Szent-Györgyi: «La creatividad es ver lo que todos han visto y pensar lo que nadie ha pensado».[57] Tu equipo y tú pueden descubrir una idea y llevarla en una dirección completamente nueva.

Hoy tengo fama de ser un excelente comunicador, pero como muchas personas, empecé siendo un conferencista promedio.

> **A mayor cantidad de ideas, mayor calidad de ideas.**

Pero como expliqué en la Ley de la Preparación (capítulo 4), practiqué mucho. Durante esos primeros años, probé muchas ideas. Muchas no funcionaron. Viví el ciclo del éxito del comunicador: comunicar – fracasar – aprender – desarrollar – conectar. Lo bueno es que aprendí mucho. La malo es que si hubiera tenido un equipo que me ayudara a generar ideas *y mejorarlas*, podría haber probado muchas de esas ideas antes de pararme frente a una audiencia y mi comunicación habría mejorado más rápido.

Adapta las ideas de otros

Al inicio de mi carrera, puede que no tuviera un equipo que me ayudara a generar buenas ideas, pero sí tenía acceso a libros y casetes. Pasé muchas horas leyendo y escuchando en busca de buenas ideas. Si encontraba una cita o idea que me cautivara, la guardaba. Ese fue el inicio de la Ley de la Colaboración para mí. Algunas de mis mejores ideas vinieron de otras personas. A menudo, simplemente las citaba. Pero mientras más ideas descubría y asimilaba, más ideas propias generaba a partir de las ideas de los demás.

He desarrollado un estilo de vida en el que busco y escucho buenas ideas, lo que me ha llevado a algunos de mis mejores trabajos. Estos son algunos ejemplos:

- Una noche, estaba cenando en Chicago con Robert Kiyosaki, el autor de *Padre rico, padre pobre*. Durante nuestra conversación dijo: «A veces se gana y a veces se aprende». Eso me llamó la atención. Me encantó esa afirmación. Así que le pregunté si podía usar esas palabras para el título de un libro. Dijo que sí, y se convirtió en el título de *A veces se gana, a veces se aprende*.

- Estaba jugando golf con Victor Oliver, mi editor en ese momento, y me comentó sobre un libro de *marketing* que había leído. Más tarde me lo mostró: *Las 22 leyes inmutables del marketing*. «John», me dijo, «deberías escribir un libro sobre las leyes del liderazgo». Esa idea me dio el ímpetu para escribir *Las 21 leyes irrefutables del liderazgo*, que ahora es el libro de liderazgo más vendido de la historia.

- Cuando estaba escribiendo *El poder de las relaciones*, mi equipo de redacción me convenció para que publicara el libro en línea, un capítulo a la vez. Al publicar los capítulos en mi blog, les pedimos a los lectores que hicieran comentarios que nos ayudaran a mejorar el libro. Recibimos cientos de respuestas; las mejores ideas se incluyeron en el libro, y dimos el crédito a los autores.

Son incontables las veces en las que mi equipo y otros pensadores me han ayudado a ser mejor comunicador, escritor y líder.

Las ideas se *conciben* durante los momentos de colaboración.
Las ideas se *prueban* durante los momentos de acción.
Las ideas se *mejoran* durante los momentos de reflexión.

Si quieres más y mejores ideas, aprende a colaborar con otros. Ahí es donde comienza el proceso. Pronto las usarás para crear tus propias ideas.

Aprovecha toda buena idea

La mayoría de los comunicadores escriben un mensaje y pasan horas, días o semanas buscando ideas, citas, historias y anécdotas que incluir. Piensan: «Eso lo leí en alguna parte. ¿En qué libro estaba?», y empiezan a hurgar en su biblioteca. O comienzan a buscar en internet. Cuando me siento a escribir un mensaje, le dedico solo unos minutos a recopilar material de primera. ¿Cómo es posible? Llevo casi sesenta años buscando material, he recopilado lo mejor y lo he archivado de manera que puedo encontrarlo literalmente en cuestión de segundos.

Como ya lo mencioné, desde los dieciocho años supe que quería ser orador. Desde entonces, comencé a buscar ideas. Mi padre fue quien me animó a apuntarlas para poder usarlas. Me decía: «La principal forma de perder el tiempo es buscar cosas perdidas. No perderás cosas si tienes un lugar donde ponerlas». Eso fue lo que me impulsó a desarrollar mi sistema de archivo.

Cuando leo un libro, si encuentro una cita que me gusta, hago una pausa y la marco en la página entre corchetes. Y me pregunto: «¿En qué tema debería archivarla?». Cuando sé la respuesta, escribo la palabra junto al pasaje. Después, paso a la portada interior del libro y escribo el número de página donde vi la cita y el tema. A medida que sigo leyendo, si encuentro otras citas, hago lo mismo. Cuando termino el libro, se lo doy a mi asistente, y ella fotocopia cada cita y la pone en un archivo sobre ese tema.

> «La principal forma de perder el tiempo es buscar cosas perdidas. No perderás cosas si tienes un lugar donde ponerlas».
> —Melvin Maxwell

Si estoy leyendo una revista o un periódico y veo una cita o historia que me gusta, la marco, decido a qué tema pertenece y recorto la página para guardarla. Luego, la archivo bajo ese tema.

Si estoy escuchando un pódcast o un audio y escucho algo que quiero conservar, transcribo todo el mensaje y marco los pasajes que quiero guardar. Y, adivinaste, los archivo según el tema. Así es como tengo tantas ideas, citas y anécdotas a la mano y listas para usar. Cuando estoy escribiendo una lección y necesito una cita o idea, giro la silla, busco entre mis archivos el tema en cuestión y siempre encuentro algo que me sirve. Todos los días preparo material para escribir y comunicar porque nunca dejo de buscarlo. Y nunca pierdo tiempo buscándolo.

Y esto es lo mejor de todo: mi equipo también me ayuda a recopilar ideas, citas y anécdotas. Cuando mi compañero escritor, Charlie Wetzel, comenzó a trabajar conmigo hace casi treinta años, no se le daba bien encontrar el tipo de material que yo quería. Venía de un entorno académico, por lo que buscaba ideas que fueran inteligentes o ingeniosas. Tuve que enseñarle mi criterio. Cualquier elemento que yo use debe estar en una de estas categorías:

- **Corazón.** Llega a las personas a nivel emocional.
- **Ayuda.** Da a la gente algo que puede pensar o hacer para mejorar su vida.
- **Humor.** Los hace reír.
- **Esperanza.** Los inspira y les ayuda a creer en un futuro mejor para sí mismos o los demás.

Todas estas son formas de agregarle valor a la vida de las personas. Charlie aún escribe conmigo y recopila ideas, pero el caballo de batalla para esto en los últimos años ha sido Erin Miller. Ella está todo el tiempo buscando material que me pueda ayudar en mi comunicación verbal y en mis libros. Y detrás de ella está un integrante más nuevo de nuestro equipo, Jared Cagle. Él también está aprendiendo los detalles y contribuyendo.

Quizá ya tienes un equipo de personas que te ayudan a generar buenas ideas; si no, te animo a crear uno. Pero incluso antes de eso, puedes comenzar a recopilar ideas por tu cuenta. Todos los días, puedes leer y escuchar para encontrar y archivar material para el futuro. Si desarrollas esa disciplina, tendrás buen material a la mano cuando lo necesites.

4. Los buenos colaboradores dan retroalimentación sincera

La última cualidad que busco en los buenos colaboradores es la disposición y la capacidad para dar un buen *feedback*. Esto es importante porque los buenos comunicadores nunca dejan de intentar mejorar. Hace casi cinco décadas que comunico, doy unas doscientas cincuenta charlas al año y sigo trabajando para mejorar.

Después de comunicar, la primera persona a la que le pido su opinión es a mi anfitrión. Superar sus expectativas es mi primer objetivo. Pero incluso cuando lo consigo, eso no me basta. Quiero mejorar, así que pido comentarios de los miembros de confianza de mi equipo. Estas son las razones por las que soy tan fanático de los comentarios:

- **No me veo como los demás me ven.** La retroalimentación aumenta mi autoconciencia y me ayuda a eliminar mis puntos ciegos.
- **No veo las cosas como las ven los demás.** Sus comentarios me dan una perspectiva más amplia que si solo me basara en mi propia experiencia limitada.

> La mejor manera de concebir *grandes* ideas es reunir muchas *buenas* ideas.

- **Como no lo veo todo, me pregunto:** «¿Qué estoy pasando por alto?». Siempre asumo que algo me falta, pero si no les

pido deliberadamente a las personas que lo señalen, quizá no lo hagan.
- **Esto le demuestra a mi equipo que valoro su opinión.** Quiero hacerle ver a mi equipo que los valoro y que me importa lo que piensan. Todos se sienten halagados cuando les pides su opinión.
- **Es un catalizador para mejorar.** No puedo recibir respuesta a una pregunta que no hago. Si pregunto, aprendo y puedo hacer cambios.
- **Es la mejor manera de descubrir la mejor idea.** De nuevo, la mejor manera de concebir *grandes* ideas es reunir muchas *buenas* ideas.

Cualquiera puede darte opiniones valiosas. Mientras más diferentes a ti sean las personas, mayor valor tendrá su opinión, porque pueden ver cosas que tú no ves. Sin embargo, he descubierto que los comentarios más valiosos provienen de otros comunicadores exitosos. Si bien es posible que los que no son comunicadores puedan saber cuándo fallaste en conectar con tu audiencia, los comunicadores experimentados pueden decirte qué ocasionó esa falla y por qué. Así que busca sobre todo la opinión de ellos.

Uno de los comunicadores que admiro desde hace muchos años es Chuck Swindoll. Cuando me mudé a California a mis treinta y tantos, él ya era un autor y comunicador exitoso, y tuvo la amabilidad de acogerme bajo su ala. Me sentí muy agradecido. Es alguien que entiende el valor de la colaboración. Hace años escribió un artículo llamado «No Place for Islands» (No hay lugar para las islas). Me encanta porque ilustra la importancia de trabajar con otras personas. En parte dice:

Nadie es una cadena en sí mismo. Cada uno es un eslabón. Pero si quitas un eslabón, la cadena se rompe.

Nadie es un equipo en sí mismo. Cada uno es un jugador. Pero si falta un jugador, el partido se pierde. Nadie es una orquesta en sí mismo. Cada uno es un músico. Pero si falta un músico, la sinfonía suena incompleta. Nadie es una obra en sí mismo. Cada uno es un actor. Pero si falta un actor, la función se resiente. Nadie es un hospital en sí mismo. Cada uno es parte del personal. Pero si falta alguno, los pacientes no tardan mucho en notarlo.

Lo adivinaste. Nos necesitamos mutuamente. Necesitas a alguien y alguien te necesita a ti. No somos islas aisladas. Para que esto que llamamos vida funcione, debemos apoyarnos y apoyar; relacionarnos y responder; dar y recibir; confesar y perdonar; tender la mano y abrazar; y soltar y confiar.

Como ninguno de nosotros es un ser completo, independiente, autosuficiente, supercapaz y todopoderoso, dejemos de actuar como si lo fuéramos. La vida ya es suficientemente solitaria sin que representemos ese papel absurdo.

Se acabó el juego. Unámonos.[58]

Si quieres convertirte en el mejor comunicador posible, no trates de hacerlo solo. Busca a otros que te ayuden. Forma un equipo. Pide ayuda. Trabajen juntos. Nunca te arrepentirás. ¿Por qué? Porque algunas de tus mejores ideas las desarrollarás con otros. Esa es la Ley de la Colaboración.

6

LA LEY DEL CONTENIDO

*Cuando tienes algo que vale la pena decir,
las personas empiezan a escuchar*

EN ENERO DE 1996, BILL GATES, COFUNDADOR DE MICROSOFT, escribió un ensayo sobre el futuro de internet. El título de su artículo era «Content Is King» (El contenido es el rey).[59] Consideraba que el incipiente mundo en línea de las décadas de los 90 y 2000 tomaría un rumbo similar al que habían seguido hasta entonces los medios de comunicación, en el que las personas que creaban contenidos serían las influyentes, no los tecnólogos. Ahora, más de veinticinco años después, su afirmación ha demostrado ser cierta, y su comentario sobre el contenido ha sido repetida miles de veces por creadores de contenido, ejecutivos de negocios, profesionales del *marketing* y magnates de los medios de comunicación.

Si el contenido es el rey, la comunicación es la reina. Gobiernan juntos y no pueden separarse. ¿Qué valor tiene el contenido si no se comunica a nadie? ¿Y qué valor tiene la comunicación si no hay contenido?

Uno de los mayores desafíos que enfrentan los comunicadores es el hecho de que la persona promedio escucha miles de mensajes cada día. En este entorno, los comunicadores compiten por la atención de la gente. En un mundo en el que tienes acceso instantáneo a contenido sobre casi cualquier tema, ¿cómo logras que tu contenido y tu mensaje destaquen? ¿Cómo puedes captar la atención de las personas y mantenerla el suficiente tiempo para tener un impacto positivo en ellas? ¿Cómo? Trabajando en ello. Y esto es lo mejor de todo: cuando tienes algo que vale la pena decir, las personas empiezan a escuchar. Esa es la Ley del Contenido.

CADA MENSAJE ES UN ROMPECABEZAS

Un mensaje es como un rompecabezas. Tu meta como comunicador es mostrar una imagen y facilitar que tu audiencia la vea y entienda. Crear el contenido de tu conferencia y planificarla es como diseñar un rompecabezas. Expones tus ideas, que son las piezas de tu mensaje, y te aseguras de que todas las piezas encajen para crear una imagen cautivadora. Pero el desafío es que las personas que te escuchen cuando presentes el mensaje sean las que armen el rompecabezas desde cero para crear una imagen significativa en los cinco, quince o sesenta minutos que tengas para comunicar. Si no logran armarlo y disfrutar el proceso, has fallado como comunicador.

Comencé a pensar en este proceso como si fuera el diseño de un rompecabezas después de leer la descripción de «rompecabezas como modelo de gestión» del consultor de negocios y liderazgo Peter Meyers. Compara liderar personas con armar un rompecabezas y dice: «La tarea del propietario o del gerente general es hacer que la imagen en la caja sea clara».[60] También habla de la presión que siente la gente cuando debe armar un rompecabezas en un plazo reducido, de su frustración cuando faltan piezas o de su enfado si se han añadido piezas que no corresponden.

La mayoría de los comunicadores tienen más cosas que decir que tiempo para decirlas. Eso significa que debes ser selectivo. No puedes dar a la gente un rompecabezas de mil piezas y tiempo para armarlo como si fuera de cien. Si tratas de incluir más de unas pocas ideas principales en tu mensaje, tienes demasiadas. Piensa en la imagen que quieres mostrar. ¿Qué hay en la «tapa de tu caja»? Tu meta debe ser incluir todas las piezas necesarias para completar la imagen sin que haya piezas extras que puedan distraer o confundir a tu audiencia.

Como sabes, no todo el que comunica es tan selectivo como debiera ser. Por ejemplo, Felix Frankfurter, célebre profesor de la Facultad de Derecho de Harvard, se desempeñó como magistrado auxiliar del Tribunal Supremo de los Estados Unidos de 1939 a 1962. Aunque su carrera le obligaba a hablar en público con frecuencia, no era conocido por hacer que sus mensajes fueran sencillos de entender para la gente. Su esposa, Marion, que era escritora y editora, a menudo señalaba sus limitaciones como comunicador. «Solo hay dos cosas que fallan en los discursos de Felix: divaga y vuelve sobre el tema», explicaba.[61]

ARMEMOS EL ROMPECABEZAS DEL CONTENIDO

Si no quieres que la gente de tu audiencia se frustre cuando te desvíes del tema y cuando vuelvas a él, tienes que convertirte en un experto a la hora de diseñar el rompecabezas de tu mensaje. Quieres que las personas sean capaces de seguir tu pensamiento y ver la imagen que intentas crear. Aquí tienes nueve pasos que puedes seguir al crear tu contenido.

1. Empieza por tu audiencia

El primer paso para crear un gran contenido es entender a tu audiencia. En la Ley de la Preparación (capítulo 4), expliqué la llamada previa que hago a la organización, antes de comunicar, para hacer preguntas sobre la organización, la audiencia y el evento. Es esencial ver más allá de su jerga de *marketing* y publicidad para saber quiénes son, entender qué los motiva y determinar qué necesitan.

Cuando no conoces a tu audiencia o no elaboras tu contenido para que se adapte a ella, corres el riesgo de perderla, como el padre del niño de cuatro años que estaba comiendo una manzana en el asiento trasero del auto. Tras darle un mordisco y sostener la manzana unos cuantos minutos, el niño dijo: «¿Papá?».

«Dime».

«¿Por qué mi manzana se está poniendo marrón?».

«Bueno —explicó su padre—, después de comerte la cáscara, la pulpa de la manzana entró en contacto con el aire, lo que hizo que se oxidara. Esto cambió su estructura molecular y, por tanto, su color».

Después de un largo silencio, el niño preguntó en voz baja: «Papá, ¿me estás hablando a mí?».[62]

Me gusta lo que dijo la escritora y experta en comunicación Nancy Duarte sobre la audiencia de un comunicador: «La audiencia es el héroe que determinará el destino de tu idea, así que es importante conocerla a fondo. Ponte en los zapatos de tu audiencia y observa con atención su vida».[63]

> El primer paso para crear un gran contenido es entender a tu audiencia.

Aunque es vital para *todo* comunicador ponerse en los zapatos de su audiencia, es aún más importante hacerlo si la audiencia considera que el orador es más exitoso que ellos, porque en su mente existe una brecha de éxito. Los grandes comunicadores cierran esta brecha.

Hace poco estaba hablando con mi amigo Chris Hodges, que organiza un gran evento anual para pastores llamado GrowLeader. Estaba preparando su mensaje para una audiencia de cinco mil personas y me pidió un consejo para su mensaje de apertura. Chris es una persona con los pies en la tierra y con gran humildad, pero también es el fundador y líder de una de las iglesias más grandes

LA LEY DEL CONTENIDO

e influyentes del mundo. Sabía que su audiencia iba a percibir una brecha de éxito, así que mi consejo fue sencillo. Le sugerí que empezara su charla hablando de sus inicios como pastor: «Diles que no sabías qué hacer y que las cosas que intentabas no siempre funcionaban. Diles que al principio tenías más preguntas que respuestas y que nunca pensaste que tu iglesia sería una de las más influyentes del mundo».

¿Por qué le di ese consejo? Quería que las personas de su audiencia lo vieran como se veían a sí mismas. No había un camino claro desde donde ellas estaban hasta su nivel de éxito. Tenía que ponerse en sus zapatos, volver a sus inicios y compartirles a todos que una vez estuvo en el mismo lugar que ellos. Cuando Chris hizo esto, los pastores supieron que él los entendía. Sentirse comprendidos los acercó a su mensaje.

Cuando prepares un mensaje, siempre empieza por averiguar quién es tu audiencia y considera tu tema desde su punto de vista.

2. Permanece en tus áreas de fortaleza

Cuando sabes quién es tu audiencia, empiezas a percibir qué necesita. ¿Qué intentarás darles? El peligro es tratar de darles algo que necesitan y que tú no tienes. Como comunicador, eso puede resultar desastroso. Mi consejo para evitar ese problema es que permanezcas en la zona de tus fortalezas.

Cuando comunico, hablo y escribo solo sobre las áreas de mis fortalezas. Me apego a los ocho temas que conozco bien y que puedo abordar con excelencia:

- Comunicación
- Liderazgo
- Preparación
- Actitud

- Relaciones
- Éxito
- Trascendencia
- Fe

Estos son los temas que conozco y de los que puedo hablar. Mis áreas de fortaleza me permiten tener no solo conocimientos, sino autoridad moral, porque he demostrado mi competencia en esas áreas.

¿Cuáles son tus áreas de fortaleza? ¿Qué es lo que haces mejor? ¿En qué posees una gran destreza y habilidad natural? ¿En qué demuestras tener una fuerte intuición? ¿Cómo has podido ayudar mejor a las personas y agregarles valor a sus vidas? Estas son las áreas en las que eres eficaz y puedes ser efectivo con los demás. Tus éxitos pasados darán credibilidad a tus palabras.

3. Desarrolla tu tesis

Robert Frost dijo: «La mitad del mundo se compone de gente que tiene algo que decir y no puede, y la otra mitad, de gente que no tiene nada que decir y sigue diciéndolo».[64] Para ayudarte a evitar cualquiera de estos destinos, debes desarrollar una tesis para tu mensaje.

> **Mis áreas de fortaleza me permiten tener no solo conocimiento, sino autoridad moral.**

Tu tesis es el pensamiento principal, expresado en un único enunciado, que contiene la esencia de tu mensaje. Cada vez que pretendas comunicarte de forma oral o escrita, debes identificar tu tesis. Las personas más difíciles de seguir son los comunicadores que buscan su idea central mientras presentan su mensaje. Si no sabes cuál es tu idea principal, ¿cómo la sabrán los demás? Tu tesis es la tapa de la caja del rompecabezas. Describe cómo se verá el rompecabezas cuando todas las piezas estén en su lugar. Por ejemplo, esta es la tesis de este libro: *si aprendes y pones en práctica las leyes de la comunicación, te convertirás en un mejor comunicador.*

A veces sé mi tesis antes de comenzar a escribir. Saber quién es mi audiencia, qué necesita y qué puedo ofrecerle me lleva a mi tesis. Otras veces, sigo mi intuición. Empiezo a investigar y puede que incluso empiece a escribir mi bosquejo antes de estar seguro de mi tesis. En cualquier caso, cuando termino de escribir mi mensaje, sé cuál es mi tesis. Te recomiendo que sepas cuál es la tuya.

4. Investiga

Los dos pasos siguientes son investigar y crear un bosquejo. Se pueden hacer en cualquier orden, pero yo casi siempre empiezo por investigar, porque estimula mi pensamiento y enciende la llama de mi creatividad. Además, trabajo más rápido cuando empiezo por algo en lugar de intentar crear mi propio bosquejo desde cero.

Empiezo mi investigación reuniendo material que respalde mi tesis. Busco historias, citas, pensamientos, ideas e ilustraciones. Al inicio de mi carrera, fue algo laborioso. Por eso comencé a usar mi sistema de archivo. Todos los días leo, encuentro y guardo buen contenido. Cuando estoy listo para escribir un mensaje, ya tengo material seleccionado esperándome. Hoy en día, no hay límite para la cantidad de material al que puedes acceder en segundos gracias a internet, así que tienes un desafío diferente. No se trata de encontrar material, sino el material *adecuado* que no solo se adapte a tu mensaje, sino también a ti.

> La calidad de tu investigación determinará la calidad de tu contenido.

Te animo no solo a que investigues para charlas concretas que pienses dar, sino también a que busques continuamente material excelente que concuerde con tus valores y estilo. Recopila y registra el material usando carpetas de archivos o un sistema electrónico. La calidad de tu investigación determinará la calidad de tu contenido.

5. Escribe tu bosquejo

La otra parte esencial del proceso de escribir el mensaje es tu bosquejo. Esto actúa como la columna vertebral de tu discurso. (Lo mismo ocurre si escribes un libro). Un buen bosquejo da solidez y cohesión a tu mensaje. Por ejemplo, la columna vertebral de este libro son las dieciséis leyes. Ellas son la estructura que sostiene la esencia del libro. Como lector, puedes echarle un vistazo al índice de un libro, que es su columna vertebral, y determinar si quieres leerlo o no. Pero cuando das una charla, las personas no pueden ver esa columna vertebral (a menos que les des un folleto o lo proyectes en una pantalla), así que tu bosquejo debe ser fácil de escuchar y seguir. Esa es una de las razones por las que siempre enumero mis puntos. También intento que el bosquejo tenga continuidad y ritmo para que las personas experimenten una sensación de satisfacción mientras lo transmito y una sensación de finalización cuando lo termino.

Aquí tienes algunos ejemplos. Hace treinta años, desarrollé un mensaje relacionado con la fe llamado «Cinco cosas que sé de la gente». Cuando escribí el discurso, hice *juegos de palabras* para darle continuidad y hacerlo divertido. Algunos puntos son un poco largos, pero funcionaron:

1. Todo el mundo quiere ser alguien.
2. Nadie fue creado para ser un don nadie.
3. Todos podemos ayudar a cualquiera a convertirse en alguien.

4. Quien ayuda a alguien se convierte en alguien.
5. Dios nos ama a todos y hace que cada uno de nosotros sea alguien.

Este es otro ejemplo. Fue una lección que escribí sobre el éxito, en la que creé una rima con los puntos para hacerla memorable. Enseñé que el éxito es:

- conocer tu propósito en la vida;
- crecer a tu máximo potencial;
- sembrar semillas que beneficien a los demás.

Ese bosquejo se convirtió más tarde en la base de mi libro *El mapa para alcanzar el éxito*. Otras veces, uso acrósticos para que mis puntos sean memorables. Este es el bosquejo de un mensaje que creé usando la expresión **PLANIFICA** (originalmente «PLAN AHEAD» en inglés):

Predetermina un plan de acción.
Lista tus metas.
Ajusta tus prioridades.
Notifica a las personas clave.
Incluye un tiempo para la aceptación.
Fomenta la acción.
Invariablemente espera problemas.
Céntrate siempre en los éxitos.
Analiza tu plan a diario.

Creé ese mensaje hace más de cuarenta años y aún puedo recordar y recitar todos los puntos gracias a este acróstico.

Al trabajar en tu bosquejo, no lo veas como un conjunto de puntos desconectados entre sí. Hazlo memorable. Un buen bosquejo funciona por sí solo y tiene fluidez. Un gran bosquejo tiene un gancho que lo cohesiona y crea un sentido de expectación en los oyentes, que no solo les hace saber a dónde vas, sino también les da algunas sorpresas con ideas o frases por el camino. Es todo un arte, pero puedes dominarlo si trabajas continuamente en ello y tratas de mejorar con cada mensaje que escribes.

6. Agrégale sustancia a la columna vertebral

En su libro *Un experimento de crítica literaria*, el novelista, profesor y crítico C. S. Lewis escribió: «La primera exigencia que nos plantea cualquier obra de cualquier arte es la rendición. Observa, escucha, recibe. Quítate de en medio».[65] Aunque él escribía sobre examinar obras literarias, su perspectiva también aplica a crearlas. Cuando nos acercamos a la elaboración de un mensaje, debemos permanecer abiertos a las posibilidades que tiene a la hora de presentarlo. Para ello, abordo cualquier mensaje con este razonamiento de tres pasos:

1. **Sentir**: ¿cómo me ha afectado este contenido?
2. **Rendir**: este contenido no se trata de mí; se trata de los demás.
3. **Compartir**: ¿cómo puede este contenido afectar positivamente a otras personas?

Con esas ideas en mente, estoy listo para el trabajo duro de preparar el cuerpo del mensaje.

Observo mi bosquejo y empiezo a darle sustancia, a incorporar lo que he investigado. Ilustro cada punto con historias, citas, anécdotas e información. Agrego historias personales. Cambio las cosas según sea necesario. Reformulo. Mi objetivo es crear una experiencia memorable y emocionante para mi audiencia. B. Joseph Pine II y James H. Gilmore, autores de *La economía de la experiencia*, describen la forma en que las personas procesan las experiencias en función de si son pasivas o activas, y de si «absorben» la experiencia o están inmersas en ella. Describen lo que denominan los cuatro dominios de la experiencia: entretenimiento, educación, escapismo y estética.[66] (Consulta el siguiente diagrama de Pine y Gilmore).

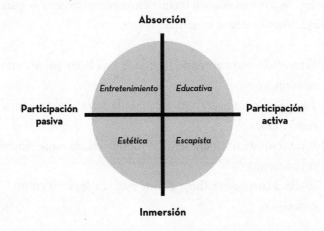

El entretenimiento ocurre cuando las personas absorben la experiencia de forma pasiva, como ver un concierto o leer un libro. Una experiencia educativa también se centra en absorber información, pero además, los participantes están involucrados activamente en mente, cuerpo o ambos. Las personas que aprenden habilidades en un salón de clases o que aprenden a jugar fútbol en una cancha tienen esta experiencia. Una experiencia escapista es tanto inmersiva como activa, por ejemplo, cuando la gente va a un parque de diversiones, apuesta en un casino o utiliza juegos de computadora. En las experiencias estéticas, las personas están inmersas en un suceso o entorno, pero no ejercen ningún efecto sobre él. Algunos ejemplos pueden ser contemplar el Gran Cañón o ver una exposición de arte. La gente busca una experiencia educativa para *aprender*, una experiencia escapista para *hacer*, una experiencia de entretenimiento para *sentir* y una experiencia estética para *estar ahí*. Sin embargo, Pine y Gilmore afirman: «Las experiencias más ricas abarcan aspectos de los cuatro dominios. Se centran en el "punto óptimo" en medio del cuadrante».[67] Lo mismo ocurre con las experiencias más enriquecedoras para una audiencia. Por eso, cuando escribo mis bosquejos, busco maneras de incluir estos cuatro dominios para la audiencia. Veamos cómo lo aplico:

- Educación (para aprender): ¿dónde está la enseñanza en mi contenido?
- Escapista (para hacer): ¿dónde está la interacción en mi contenido?
- Entretenimiento (para sentir): ¿dónde está la emoción en mi contenido?
- Estética (para estar ahí): ¿dónde está la conexión en mi contenido?

Mientras más puedas sumar a la experiencia de tu audiencia, mejor será su experiencia, tendrá mayor impacto y será más memorable.

7. Crea pistas de aterrizaje y despegue para tus ideas

Todo mensaje es como un vuelo en avión. Para llegar a algún lugar, debe despegar y aterrizar. El éxito de tu comunicación depende de estas dos cosas. Si no puede despegar, nunca volará con la audiencia. Si no puede aterrizar, al final se estrellará. De cualquier forma, habrás perdido a tu audiencia, y todo tu trabajo para crear tu contenido habrá sido en vano.

Hay muchas formas de crear un buen despegue. Me gusta construir mi pista usando este tipo de elementos:

- Una pregunta
- Una cita
- Una predicción
- Un acontecimiento actual
- Una referencia histórica
- Una promesa de mejora
- Una conexión con el corazón
- Una apelación al interés de la audiencia

Mi deseo es incluir al menos cuatro de estos elementos en los primeros cinco minutos de mi mensaje. Los que utilizo siempre son crear una conexión con el corazón y apelar al interés de la audiencia. Una de las razones por las que digo tan a menudo: «Mi nombre es John y soy tu amigo» es que quiero conectar con el corazón de las personas. Quiero que sepan que estoy a su lado y que me importan. Para apelar a su interés personal, puede que diga algo como esto: «Esta mañana he estado pensando en ustedes y en cómo agregarles valor hoy». De nuevo, quiero que sepan que mi meta es ayudarlos y hacer que se alegren de haber asistido.

Así como necesitas una pista para despegar con fuerza, también necesitas una para lograr un aterrizaje suave. He visto a muchos oradores hacer un mal trabajo a la hora de «aterrizar el avión». Algunos se detienen como si se hubieran quedado sin combustible. Otros parece que practican lo que los

> La primera regla para cualquier guía turístico es: no pierdas al grupo. Esto también es aplicable a los comunicadores.

119

pilotos llaman «tocar y despegar»: cuando todo indica que están a punto de aterrizar, vuelven a despegar. Dan la vuelta, preparan el aterrizaje y despegan de nuevo. Mientras más lo hacen, su audiencia se siente más agotada, confundida y frustrada.

Mi consejo es que prepares, la mejor aproximación, sepas exactamente dónde aterrizar, te concentres y termines. Puedes hacer esto al:

- revisar y resumir tu presentación;
- ofrecerle a la gente un plan de acción;
- empoderarla para que actúe.

Si las personas tienen claro lo que dijiste, saben qué hacer y se sienten inspiradas a hacerlo, habrás agregado valor a sus vidas y se marcharán sintiéndose ayudadas y empoderadas.

8. Planifica tus transiciones

Hace poco, un amigo me envió una foto de un guía turístico que estaba caminando con un cartel en alto para que su grupo pudiera seguirlo y no quedarse atrás, pero en la foto no lo seguía nadie. ¡Ni una persona! La primera regla para cualquier guía turístico es: no pierdas al grupo. Esto también es aplicable a los comunicadores. Y la forma más rápida de perder a una audiencia es con malas transiciones.

> «La diferencia entre la palabra *casi correcta* y la *correcta* es la misma que entre la luciérnaga y el relámpago».
> —*Mark Twain*

Yo digo que una transición es como el trapecio de una charla, porque pasar sutilmente de una idea a otra es como soltar una barra del trapecio y tener que agarrar la siguiente. He descubierto que, en una presentación de cuarenta y cinco minutos, debo realizar entre cuatro y seis cambios de trapecio, en los que tengo que dejar atrás donde estoy para llegar con éxito a donde quiero ir.

Lo que más me ayuda a hacer bien las transiciones es que los puntos principales de mis presentaciones están numerados, por lo que pasar de un número al siguiente hace que la transición sea obvia y fácil de entender para mi audiencia. Sin embargo, con frecuencia también uso pausas. Como la pausa es la transición más entendida en una conversación, es muy efectiva en los discursos. Entonces, ¿por qué muchos comunicadores fallan a la hora de usarlas? Evitan el silencio porque creen que renuncian al control de la audiencia. Pero las pausas pueden usarse con eficacia. Examinaré a fondo las pausas en la Ley del Cambio (capítulo 14), por lo que no diré mucho sobre ellas aquí, aparte de animarte a usarlas.

En el escenario, uso muchas otras técnicas de transición, pero no están escritas en mi contenido. Me muevo de un lugar a otro. Uso expresiones faciales. Cambio el ritmo de mi discurso. Me levanto o me siento. Las mejores transiciones son el resultado de estar conectado con los integrantes de tu audiencia e interactuar con ellos. Si no tienes mucha experiencia comunicando, busca espacios en tu contenido donde puedas incluir señales para hacer transiciones físicas.

9. Usa expresiones que generen eco

La última pieza del rompecabezas puede ser una de las más difíciles de crear, pero a menudo la más impactante: usar expresiones que generen eco en la mente y el corazón de la gente. Citando a Mark Twain: «La diferencia entre la palabra *casi correcta* y la *correcta* es la misma que entre la luciérnaga y el relámpago».[68]

Cuando preparo contenido, me esfuerzo por crear frases memorables. Sé que las personas no recordarán cada palabra de mi discurso, pero si uso las palabras *correctas*, recordarán una oración o frase y se hará *portátil*. La llevarán consigo después de la experiencia y la repetirán a otros.

Esta es una característica de los grandes comunicadores. No recuerdo todo de ninguno de los discursos que dio John F. Kennedy, pero sí recuerdo esta frase: «No preguntes qué puede hacer tu país por ti, sino qué puedes hacer tú por tu país».[69] Podría haber dicho: «¿Qué puedes hacer por los Estados Unidos?», pero en cambio, hizo que sus palabras fueran memorables.

El novelista Joseph Conrad señaló: «Hay palabras que han puesto en marcha naciones enteras y levantado la tierra seca y dura sobre la que descansa nuestro tejido social. Dame una palabra correcta y el acento correcto, y moveré al mundo».[70] Un ejemplo extraordinario de esto ocurrió en el discurso que Franklin D. Roosevelt pronunció el 8 de diciembre de 1941. El día anterior, cerca del mediodía, el presidente se había enterado del ataque japonés a Pearl Harbor, y durante el resto de la tarde, él y su equipo recibieron informes fragmentados sobre la destrucción y sus consecuencias. Al anochecer, había decidido que iría al Congreso al día siguiente para pedirles una declaración de guerra.

Los discursos de Roosevelt solían elaborarse en un plazo de tres a diez días y el proceso involucraba a varios redactores. Pero en esta ocasión, el presidente llamó a su secretaria, Grace Tully, y le dijo: «Siéntese, Grace. Mañana voy a comparecer ante el Congreso y quisiera dictarle mi mensaje. Será breve».

Empezó así: «Ayer, 7 de diciembre de 1941, una fecha que perdurará en la historia del mundo, los Estados Unidos fueron atacados simultánea y deliberadamente por fuerzas navales y aéreas del Imperio de Japón». Continuó dictando sin dudas ni revisiones hasta completar un mensaje de unas quinientas palabras.

Cuando Roosevelt recibió la copia mecanografiada, no le cambió mucho. El cambio más significativo fue tachar «una fecha que perdurará en la historia del mundo» y reformularlo como «una fecha que perdurará en la *infamia*». Hizo otros cambios menores, pero aquellas palabras crearon un eco. Ese discurso ahora se conoce como el «Discurso del día de la infamia», y millones de estadounidenses que ni siquiera habían nacido cuando Roosevelt pronunció esas palabras pueden citar la frase.[71]

Otro gran ejemplo es el discurso «Tengo un sueño» de Martin Luther King Jr. En él, usó la repetición comenzando sus oraciones con la frase «Tengo un sueño» ocho veces distintas. Hoy puedes decir solo esas tres palabras y la gente sabrá que te estás refiriendo al discurso que ilustró cómo sería un mundo mejor con igualdad racial y reconciliación. King, como todo buen profesor que conoce la importancia de la repetición en el aprendizaje, repitió la frase sin que pareciera repetitiva, gracias a su creatividad y pasión al pronunciarla. Si estudias a grandes comunicadores, encontrarás expresiones que han cobrado vida propia por la forma creativa y poderosa en que redactaron sus mensajes.

Durante años, me he propuesto usar en mi comunicación frases que generen eco. Me encanta cuando a una frase tan conocida como «A veces se gana, a veces se pierde» se le da un giro creativo para convertirla en «A veces se gana, a veces se aprende». Siempre trato de hacer que mis frases sean pegajosas, por lo que en lugar de decir: «El éxito requiere esfuerzo», diré: «Paga ahora, diviértete después» o «Para subir, tienes que soltar». Un día estaba hablando con el escritor, director y productor Tyler Perry y, mientras me contaba que seguía trabajando duro cuando ya no lo necesitaba, le dije: «Cuando puedes darte el lujo de renunciar, no puedes darte el lujo de renunciar». Se me quedó grabado y luego me sirvió de inspiración cuando me dirigí a una empresa que acababa de tener un año récord. Les dije: «No llegaron tan lejos solo para llegar tan lejos».

En cualquier presentación, decimos muchas palabras. La mayoría se oyen y pronto se olvidan. Sin embargo, si trabajas intencionalmente para crear afirmaciones que generen eco en tu comunicación, tu audiencia sentirá tu discurso además de escucharlo y recordará partes de él mucho después de que hayas terminado de hablar.

Cuando termino de crear contenido, todavía no he terminado. Le echo un vistazo a mis notas, trato de evaluar el mensaje completo y me hago tres preguntas:

- *¿Cómo me ha afectado lo que estoy comunicando?* Si no me ha conmovido, a mi audiencia tampoco la conmoverá.
- *¿Cómo puedo hacer que sea único y diferente?* Muy pocos comunicadores o discursos son recordados. Tenemos que *hacerlos* memorables.
- *¿Cómo puedo mejorarlo?* Si puedo hacer algo para mejorarlo antes de presentarlo, lo hago.

Si trabajas duro en tu contenido y haces que cada mensaje sea lo mejor posible, la Ley del Contenido comenzará a actuar. Dirás algo que valga la pena y la gente empezará a escuchar. Eso será muy satisfactorio. Pero no dejes que eso te impida seguir esforzándote, aprendiendo y creciendo.

Para mantener la relevancia y la cercanía, aprende algo nuevo cada día. Sigue investigando y explorando. Sigue haciendo preguntas. Vive experiencias nuevas. Lee y archiva contenido a diario. Ama lo que haces. Y actualiza siempre cualquier lección que pretendas enseñar más de una vez. Tu contenido seguirá mejorando solo si *tú* sigues mejorando. Si creces constantemente, *nunca* te quedarás sin contenido y *siempre* tendrás algo que valga la pena decir.

CÓMO
SE
DICE

7

LA LEY DE LA CONEXIÓN

*Los comunicadores saben que todo
se trata de los demás*

AL MOMENTO DE ESCRIBIR, EL AUTOR SABE QUE ALGUNAS PARTES del libro son más importantes que otras. No todas las ideas tienen el mismo peso. Algunas tienen mucho más valor que otras. Muchas veces, dejamos que tú, el lector, descubras esas ideas más importantes por tu cuenta y tomes nota de ellas sin que nosotros les demos un tratamiento especial.

Esta no es una de esas veces, así que seré lo más claro posible: *La Ley de la Conexión es, con mucho, la idea más importante de este libro.*

¿Por qué? Porque la comunicación se trata de los demás. Hay demasiados comunicadores que enfatizan el contenido. Creen que el contenido tiene más valor que la conexión. Eso no es verdad. Aunque tanto el contenido como la conexión son importantes, los buenos comunicadores saben que la conexión es más importante que el contenido. Por eso digo que los comunicadores saben que todo se trata de los demás. Esa es la Ley de la Conexión.

¿HARÁS ESA CONEXIÓN?

Cuando escuchas a alguien hablar a los demás, enseguida reconoces qué valora: a sí mismo, a su contenido o a su audiencia.

Las personas que se enfocan en sí mismas
buscan llamar la atención.
Los comunicadores que se enfocan en el contenido
dan información.
Los comunicadores que se enfocan en los demás
crean una conexión.

Hasta que no conectes con la gente, habrá una barrera entre ellos y tú. Por muy bueno que sea tu contenido, las personas no lo recibirán tan bien como lo harían si conectaras primero. Sin conexión, pueden mostrar *interés*, pero no se sentirán *inspiradas*. La gente recibirá más de un comunicador con un contenido *ordinario* que *conecta* con ellos que de un comunicador con un *gran* contenido que *nunca conecta*. Esta es la razón: a las personas no les interesa cuánto sabes hasta que saben cuánto te interesas en ellas. Si quieres que te escuchen, debes conectar. Si eres capaz de conectar *y* tienes un gran contenido, ¡será un éxito!

> La gente recibirá más de un comunicador con un contenido *ordinario* que *conecta* con ellos que de un comunicador con un *gran* contenido que *nunca conecta*.

Si piensas en la naturaleza humana, esto tiene todo el sentido del mundo. Si es cierto que casi todo en lo que nos convertimos y lo que logramos en la vida sucede con otras personas y a través de ellas, entonces la capacidad de conectar y crear un buen rapport con otros es la habilidad más importante que podemos aprender. Los cónyuges que conectan entre sí son más propensos a seguir casados. Los padres que conectan con sus hijos son más propensos a mantener una relación positiva con ellos. Los líderes que conectan con los miembros de su equipo son más propensos a crear equipos productivos. Y los comunicadores que conectan con su audiencia son más propensos a llegar a ella y agregarle valor cuando hablan.

La capacidad de conectar es aún más importante ahora que nos comunicamos de manera virtual con más frecuencia. Es muy fácil que la gente se distraiga, divague o deje de prestar atención durante una videollamada. Soy muy consciente de esto cuando me comunico en directo usando tecnología. Los espectadores se vuelven pasivos, como observadores desapasionados que te ven a través de una ventana. Hago lo posible por *entrar* en sus habitaciones y tratar de estar con ellos para que se sientan vistos y conectados.

Por ejemplo, hace poco organicé una llamada de mentoría por Zoom con un grupo de mamás jóvenes emprendedoras. Una madre tenía a su hijo pequeño en el regazo mientras me escuchaba enseñar, y el niño comenzó a inquietarse y a llorar. Me di cuenta de que estaba avergonzada. En lugar de ignorar la distracción o intentar hablar más alto para que no se escuchara, dejé de enseñar y hablé con ella. Le pregunté el nombre y la edad del niño. Le pregunté si tenía otros hijos. Después, hablé durante tres minutos sobre cuánto admiraba su deseo de ser una buena madre y también de aprender y crecer en su carrera. Enseguida, las otras mamás usaron el chat de Zoom para decirle cuánto la admiraban también. Más tarde me comentó que había pasado de sentirse avergonzada a sentirse aceptada y que estaba muy agradecida.

Cuando te comunicas de manera virtual, tienes que crear una conexión como puedas. Durante la pandemia de COVID-19, un amigo director general me compartió su frustración porque ya no podía comunicarse en persona con los empleados de su gran empresa. Estaba acostumbrado a escuchar sus comentarios mientras les hablaba. Sentía que no se estaba comunicando a través de la pantalla, así que me pidió un consejo. «Diles que extrañas sus comentarios», le sugerí. «Dales tu número de teléfono y pídeles que te manden un mensaje». Lo probó y dijo que la comunicación virtual ya no le parecía un aislamiento, y que de nuevo sintió inclusión y conexión con sus empleados.

Conectar con las personas, especialmente al comunicar, es muy satisfactorio para mí. Es algo en lo que me centro antes, durante y después de hablar. Antes de comunicar, la primera pregunta que me hago es: «¿Cómo conectaré con mi audiencia?». La pregunta que me hago mientras comunico es: «¿Estoy conectando con mi audiencia?». Y cuando termino, la pregunta que me hago es: «¿He conectado con mi audiencia?». Si no puedo contestar afirmativamente esas preguntas, no he tenido éxito como comunicador. No me he comunicado de verdad.

CÓMO APRENDÍ A CREAR CONEXIÓN

He sido comunicador durante cincuenta y siete años, pero solo he sido un comunicador que conecta durante cuarenta y siete de esos años. Tuve que aprender a conectar con las personas, ¡y tú también puedes hacerlo! Aunque tardé diez años en descubrir cómo crear conexión mientras comunicaba, los cimientos ya estaban puestos desde antes. Quiero compartirte lo que aprendí a través de los años, para que no te lleve tanto tiempo como a mí aprender la Ley de la Conexión.

En mis años de la primaria, aprendí el valor de crear conexión

Mi profesora de tercer grado, la Sra. Stein, era buena enseñando, pero no conectando. Nunca tendió ese puente hacia nosotros como estudiantes. Como resultado, aprendíamos nuestras lecciones, pero no queríamos a nuestra profesora.

El siguiente año escolar, todo cambió. Mi profesora fue la Sra. Tacy, quien resultó ser mi favorita. No solo enseñaba bien, sino que conectaba con nosotros. Sí, aprendíamos nuestras lecciones, pero también la queríamos. El cuarto grado fue mi favorito, no porque aprendiera más, sino por la conexión que sentía con ella.

Cuando pasé de la primaria a la secundaria, por primera vez tuve varios profesores que me enseñaron distintas materias. Como a la mayoría de los estudiantes, algunas clases me gustaban más que otras. Pero rara vez la diferencia estaba en el tema de la clase. Casi siempre, lo que determinaba que quisiera tomar una clase o que me fastidiara era el profesor. Cuando el profesor conectaba con nosotros, nosotros conectábamos con la clase.

Más adelante, en la universidad, teníamos más control sobre las clases que elegíamos. La mayoría de los semestres, mis amigos y yo nos reuníamos para hablar de qué clases tomaríamos, y siempre organizábamos nuestros horarios en función de los profesores que nos gustaban y de los que queríamos evitar. Los mejores profesores sacaban lo mejor de mí. Durante aquellos años, comencé a pensar que quería ser como esos profesores que me encantaban, los que conectaban con sus estudiantes.

Piensa en los mejores y peores profesores que hayas tenido. ¿Qué hacía que los mejores fueran geniales? Apuesto a que era mucho más que lo que sabían o cuánto les importaba la materia. ¡Era cuánto se interesaban en ti! Piensa en lo que los hacía tan especiales. Aprende de ellos y aplícalo a tu comunicación. El interés genuino crea conexión.

> **El interés genuino crea conexión.**

Mi padre me enseñó que poner a los demás en primer lugar era la clave del éxito

Cuando estaba en primer año de lo que ahora es Ohio Christian University, mi padre, quien entonces era el presidente de la universidad, nos llevó de viaje a cuatro amigos y a mí. La primera noche en nuestro destino, mi papá nos presentó dos opciones de actividades para hacer al día siguiente. Después de explicárnoslas, hicimos una votación y yo perdí. Durante el resto del fin de semana, me dediqué a quejarme de lo infeliz que me sentía por no hacer lo que yo quería. Como resultado de mi actitud y egoísmo, me sentí miserable y afecté negativamente el viaje de todos los demás.

La noche que regresamos a casa, mi papá se sentó conmigo y tuvimos una larga conversación en la que me enseñó cuatro verdades:

1. No se trata de ti; se trata de los demás, así que ¡no seas egoísta!
2. Las personas inmaduras solo ven las cosas desde su perspectiva.
3. Las personas maduras ven las cosas desde la perspectiva de los demás.
4. Las personas inmaduras rara vez son exitosas y nunca trascienden.

> Crear una conexión es la tarea número uno, tanto si conversas con una persona como si le hablas a un grupo o te comunicas con una multitud.

Para hacer hincapié en esta lección y asegurarse de que la entendiera, mi papá me castigó por un mes. Y como aún vivía en la casa, pudo darme una tarea diaria. Me pidió que le agregara valor a alguien y que le diera un informe al respecto cada noche durante la cena de ese mes. Y funcionó. Durante treinta días, practiqué cómo crear conexiones con los demás y aprendí por qué era tan importante.

¿Cómo estás en esta área? ¿Necesitas dejar de pensar solo en ti, como lo hice yo? ¿Te has dado cuenta de que todo se trata de los demás? ¿Te esfuerzas por ver las cosas desde la perspectiva de los demás? ¿Y pones eso en práctica mientras te comunicas con otras personas?

CLAVES PARA CONECTAR CON LOS DEMÁS

Si deseas comunicarte con los demás, debes aprender a crear conexiones. Crear una conexión es la tarea número uno, tanto si conversas con una persona como si le hablas a un grupo o te comunicas con una multitud. Podrás lograrlo si tienes presentes estas cinco prácticas:

1. Date cuenta de que no eres la atracción principal

En lo que respecta a la oratoria pública, ¡he sido muy bendecido en mi vida! En el transcurso de mi carrera, he tenido la oportunidad de viajar por el mundo y hablar frente a millones de personas. He comunicado frente a estadios de setenta y cinco mil personas. He recibido el premio más importante de Toastmasters, el Golden Gavel. Y me han incluido en el Salón de la Fama de la Asociación Nacional de Oradores. Hasta donde sé, soy una de solo ocho personas que han recibido ambos honores. He visto mi foto en el lateral de un edificio de seis pisos en el que estaba previsto que me presentara. Gracias a mi capacidad como comunicador, me invitaron a reunirme con el presidente de los Estados Unidos en la Oficina Oval. Y más de cien veces al año, me eligen para ser el orador principal en eventos importantes. Pero sé que, vaya donde vaya o haga lo que haga, no soy la atracción principal. ¡Es la gente! Se trata de los demás.

Jerry Seinfeld, uno de los mejores comediantes del mundo y uno de mis favoritos, lo entiende. Millones de personas han visto *Seinfeld* en la televisión. Y no tengo la menor idea de cuántas personas han pagado por asistir a sus espectáculos en vivo. Aunque

> El Principio de la Perspectiva: toda la población del mundo, con una pequeña excepción, está compuesta por los demás seres humanos.

muchas veces lo han presentado como la atracción principal, él sabe que no lo es. Esto es lo que dice sobre la comedia: «Si lo haces por ellos, te irá bien. Si lo haces por ti, en un momento dado podría ser un problema porque se darán cuenta. Lo percibirán y no les gustará».[72] En otras palabras, no se trata de ti. Se trata de ellos. ¡Deja de pensar en ti! Como digo en el Principio de la Perspectiva de mi libro *Cómo ganarse a la gente*, toda la población del mundo, con una pequeña excepción, está compuesta por los demás seres humanos.

Como sabes, soy una persona de fe. Comencé como pastor que predicaba todos los domingos. Considero que mis mensajes son importantes. Pero por muy importante que sea mi mensaje o el tuyo, debemos tener una perspectiva correcta de quiénes somos. Para ayudarte a entender este punto, compartiré uno de mis ejemplos favoritos que usé en un sermón.

Era el primer Domingo de Ramos. Jesús se acercaba a Jerusalén montando un burro. Grandes multitudes comenzaron a gritar: «¡Hosanna! ¡Hosanna!». Algunos arrojaron sus túnicas al camino. Otros colocaron hojas de palma.

El burro paró sus orejas. «Bueno», dijo mientras se quitaba una mosca del lomo sarnoso. «¡No tenía idea de que me tuvieran en tan alta estima!».[73]

¿A qué me refiero con esto? Siempre que alguien se me acerca después de haber hablado en público y me dice: «¡Guau! ¡Ha sido increíble!», en realidad no me está diciendo «hosanna». Necesito recordarme a mí mismo que solo soy el burro que llevaba a Jesús.

Por muy bueno que seas o por muy importante que sea tu mensaje, debes recordarte a ti mismo que no eres la atracción principal. Esa comprensión te abre la puerta para crear una conexión con la gente. No estás ahí para impresionarlos ni para enaltecerte aumentando la distancia entre ellos y tú. Tu meta debe ser cerrar esa brecha.

2. Haz que tu primera impresión sea tu mejor impresión

Los psicólogos afirman que las personas tardan unos siete segundos en evaluar a alguien y decidir si les agrada.[74] Esto no solo ocurre cuando alguien te conoce en persona, sino también cuando das un paso al frente para comunicar. Considéralo la prueba de los siete segundos. Esos primeros segundos son cruciales, porque una vez que alguien te etiqueta en su mente como agradable o desagradable, todo lo que hagas pasará por ese filtro. Cuando les caes bien a las personas, buscarán lo mejor de ti; pero cuando no, ocurre lo contrario.

Cuando interactúo con alguien cara a cara, trato de practicar la regla de los treinta segundos, sobre la que escribí en mi libro *25 maneras de ganarse a la gente*. En los primeros treinta segundos de una conversación, intento decirle algo alentador a la persona con la que estoy interactuando. Cuando mi hija Elizabeth era una jovencita, me dijo una vez: «Papá, me encanta cómo miras a las personas a los ojos y dices algo positivo cuando las conoces». Escuchar sus palabras me alegró el corazón.

La mayoría de la gente se centra en sí misma cuando conoce a los demás. Se preocupan por su aspecto o por cómo los percibe la otra persona. Irónicamente, eso es exactamente lo contrario de lo que deberías hacer. En lugar de eso, deberías enfocarte en los

> «Un chismoso es el que te habla de los demás; un aburrido es el que te habla de sí mismo; un conversador brillante es el que te habla de ti». —*Lisa Kirk*

demás. No es de extrañar que la actriz Lisa Kirk dijera: «Un chismoso es el que te habla de los demás; un aburrido es el que te habla de sí mismo; un conversador brillante es el que te habla de ti».[75]

Hace unos años, me invitaron a hablar ante una audiencia numerosa de empresarios en Moldavia. Antes del evento, tuve la oportunidad de conocer a los cien líderes que se habían encargado de organizar el evento y traer a los asistentes. Nos reunimos en un salón cercano y, aunque sabían que teníamos menos de media hora antes de que empezara el evento, me pidieron que les compartiera algo. Mi mayor deseo era agradecerles, pero al ver sus rostros y su interés, sentí que había una mejor forma de hacerlo que hablar durante veinticinco minutos.

«Gracias por hacer posible este evento», les dije. «Me han pedido que les hable, ¿pero les parece bien que les comparta algo solo cinco minutos? Porque lo que de verdad quisiera es tomarme una foto con cada uno de ustedes». Saltaron de sus asientos y aplaudieron. En ese momento, quise que supieran que *yo sabía* que no era la atracción principal. ¡Eran ellos! Eso creó una gran primera impresión y conectamos.

3. Sé intencional para tratar de comprender su mundo

Cuando comunicas y no logras conectar con las personas, puedes ver en sus rostros que están pensando: «¿Y qué?». Pero cuando conectas bien, puedes ver que piensan: «¡Yo también!». ¿Cómo inspiras algo así? Intentando ver desde su perspectiva y comprender su mundo.

Cuando mi amigo Jim Rohn hablaba sobre liderazgo, solía decir: «Comienza por donde está la gente antes de llevarla a donde quiere ir». En lo que respecta a la comunicación, creo que tienes que encontrar a las personas antes de conectar con ellas. Ser intencional a la hora de *encontrar* a las personas significa esforzarte por entender su mundo

> «Comienza por donde está la gente antes de llevarla a donde quiere ir». —*Jim Rohn*

para encontrar un terreno en común, y luego ir a donde ellos están para hacer posible la conexión.

En *Cómo ganarse a la gente*, escribí sobre el Principio del Intercambio, que dice que en vez de poner a otros en su lugar, debemos ponernos nosotros en el lugar de ellos. Este es un concepto esencial para crear conexión, ya sea con un individuo o con un grupo. Yo lo hago de varias formas antes de comunicar. Intento averiguar todo lo que puedo sobre mi audiencia y trato de ponerme en su lugar mental y emocionalmente. Procuro anticipar cuáles son sus sueños y esperanzas para poder dirigirme directamente a ellos. También me pongo en su lugar físicamente. Si puedo, salgo a la sala antes de que entre la audiencia y me siento en una de las sillas que pronto alguien ocupará. Miro al escenario y me recuerdo a mí mismo que las personas pueden estar mirándome, pero que no se trata de mí. Se trata de ellos. Si es posible, prefiero sentarme con ellos y subir al escenario desde la audiencia, no desde los bastidores. Si me siento emocionalmente conectado con ellos, estoy listo para hablar.

En 2019, me informaron que recibiría el Premio Horatio Alger y que sería admitido como miembro de la Asociación Horatio Alger. Conocía a Alger, el escritor, porque mi padre me presentó sus libros cuando era niño. Me encantaban las historias de emprendimiento —desde la pobreza hasta la riqueza— que personificaban sus héroes. Pero me emocionaba más estar en contacto con la Asociación Horatio Alger. Esta organización sin fines de lucro se fundó en 1947 para reconocer logros y ayudar a jóvenes prometedores en circunstancias difíciles. Desde 1984, la asociación ha concedido más de 245 millones de dólares en becas universitarias a más de treinta y cinco mil estudiantes necesitados.[76] La noche de la ceremonia de premiación, los otros once galardonados y yo debíamos pronunciar un breve discurso de agradecimiento ante los miembros de la asociación y sus invitados. Todo lo relacionado con el evento era formal, desde el código de vestimenta hasta el lugar —el Tribunal Supremo de los Estados Unidos— y el programa. Incluso nuestros discursos de agradecimiento estaban guionizados y ensayados. Pero al escuchar los otros discursos en el camerino, mis pensamientos se enfocaron en los jóvenes que recibirían las becas de ese año. Todos provenían de situaciones difíciles y habían enfrentado grandes adversidades; sin embargo, habían trabajado duro, habían tenido éxito en los estudios y estaban recibiendo becas universitarias para cumplir sus sueños.

Cuando llegó mi turno de hablar y subí al escenario, decidí que no iba a pronunciar el discurso que había ensayado. En su lugar, miré a esos jóvenes de preparatoria que estaban sentados en el palco. Me tomé un momento para agradecer a la asociación por el premio, pero después dije: «Esta noche se trata en realidad de los estudiantes y, si me permiten, quisiera dedicar unos minutos a hablarles a ellos».

Durante los diez minutos siguientes, me dirigí a esos chicos. Les dije lo orgulloso que estaba de ellos y lo mucho que creía en ellos. Los elogié por la forma en que superaron los obstáculos de su vida y sobresalieron en la escuela. Les dije que sabía que llevaban ventaja para triunfar, porque ya habían aprendido que la vida no era fácil y habían logrado mucho a pesar de ello. Y los animé a que vivieran la mejor versión de su vida. Cuando terminé, los aplaudí. En respuesta, todas las personas de la audiencia se levantaron de sus asientos, voltearon a ver a esos jóvenes sonriendo en el palco y les dedicaron una gran ovación de cinco minutos. ¡Fue hermoso!

Cuando la audiencia miró de nuevo al escenario, yo ya me había ido. Aproveché el momento para escabullirme. Al principio, todos se sorprendieron, pero luego lo entendieron. La velada era de los jóvenes, y volvieron a aplaudir.

Cuando acabaron los discursos y finalizó la ceremonia, subí al palco y pasé un rato con aquellos estudiantes. Nos reímos y tomamos unas fotos juntos. Fue una noche que nunca olvidaré.

La misma palabra *comunicación* alude a la importancia de encontrar un terreno en común al hablar con los demás. *Comunicar* proviene del latín *communicare*, que significa «compartir, intercambiar algo» o literalmente «poner en común».[77] Para conectar, debemos establecer puntos en común. Mientras más puntos en común haya, mayor será el potencial de una comunicación eficaz.

4. Sé agradable

Las tres primeras prácticas para conectar con las personas te ayudarán a desviar la atención de ti mismo y ponerla en los demás, que es donde debe estar. Cuando te das cuenta de que no eres la atracción principal y te enfocas en los demás para causar una buena impresión, esforzándote por entender a la gente, estableces las bases para la conexión. Las dos prácticas siguientes te ayudarán a enfocarte en las cosas que puedes hacer para *mejorarte a ti mismo* por el bien de los demás.

Comienza por hacer lo que esté en tus manos para estar emocional, intelectual y físicamente disponible para las personas. La comunicación consiste en derribar barreras. Por ejemplo, cuando estoy comunicando en el escenario, me siento en un banco y coloco mis notas en una mesa alta o en un atril. Me pongo cómodo para que las personas se sientan a gusto y seguras mientras me escuchan. Sé quién soy y me siento bien con ello. Estar a gusto contigo mismo ayuda a que los demás se sientan a gusto contigo, lo que llamo

> **El Principio de la Accesibilidad: estar a gusto contigo mismo ayuda a que los demás se sientan a gusto contigo.**

el Principio de la Accesibilidad en *Cómo ganarse a la gente*. Si te sientes incómodo al comunicar, la audiencia lo nota, se distrae y se pierde tu mensaje. Si estás nervioso al comunicar, no lo digas. Cuando lo haces, la audiencia se siente obligada a preocuparse por ti. Los presentadores que generan preocupación no inspiran mucha confianza. Para ser agradable, tienes que aprender a sentirte cómodo con quien eres.

Cuando estoy comunicando y digo: «Mi nombre es John y soy tu amigo», les estoy diciendo a todos que mi presentación será informal y amena. A veces, voy un paso más allá y digo: «A la cuenta de tres, díganme su nombre». Toda la audiencia grita su nombre a la vez, y yo contesto: «Gusto en conocerlos». ¿Qué estoy haciendo? Intento ser agradable para eliminar barreras. Quiero que me vean como un amigo, no como «el orador». Mientras escuchan, quiero que sientan que estoy hablando *con* ellos y *a* ellos, y no que los estoy sermoneando.

También me esfuerzo para que mis palabras sean inclusivas y atractivas. Uso *nosotros* y *nuestro*. Nunca utilizo jerga técnica ni comercial, ni ningún lenguaje que indique que no estamos en el mismo nivel y juntos en la conversación. Soy intencionalmente abierto y auténtico.

A veces, ser agradable y auténtico puede dar un giro divertido. Hace unos años, durante una conferencia en Baltimore, caminaba por el escenario y decidí sentarme en un barandal a un lado del escenario mientras compartía con la audiencia. En ese momento, me deslicé un par de centímetros y sentí que se me rasgaban los pantalones. Me levanté y comprobé discretamente con la mano ¡y sentí una rotura de unos doce centímetros!

«¡Uy!», dije en voz alta mientras me sentaba de nuevo en el barandal. «Se me acaba de romper el pantalón», le dije a mi audiencia, «y necesito uno nuevo. ¿Quién me puede ayudar? Soy talla cuarenta de cintura y treinta y uno de tiro. El color es azul. Si alguien me va a comprar uno, yo se lo pago y le regalo un montón de mis libros».

Una señora se puso de pie y gritó: «Yo lo haré», y se marchó entre los aplausos de la audiencia. Luego, me puse de pie y continué enseñando, moviéndome de lado a lado por el escenario para no dar nunca la espalda a la audiencia. Con cada movimiento exagerado que hacía, la gente se moría de la risa. Esa actitud agradable nos ayudó a conectar aún más.

5. Desarrolla carisma

La última acción que puedes llevar a cabo para conectar con la gente es desarrollar carisma. Quizá te estés preguntando si eso es posible, sobre todo si sientes que te falta. Pero te tengo excelentes noticias: ¡el carisma es una elección! La persona que me ayudó a entender esto fue mi amigo Dan Reiland. Yo pensaba que el carisma era un rasgo de la personalidad con el que se puede nacer o no. Dan me ayudó a entender que el carisma está presente en las personas que se enfocan primero en los demás. Fue entonces cuando comencé a enseñar el Principio del Carisma: la gente se interesa en la persona que se interesa en ellos.

Puedes desarrollar carisma cuando te enfocas en los demás estando presente, proyectando confianza y creando una sensación de calidez.

Los comunicadores carismáticos están plenamente presentes

Cuando entras en una habitación y saludas, ¿qué frase expresa mejor tu pensamiento: «aquí estoy» o «ahí estás»? Las personas que ponen toda su atención en los demás irradian carisma. Hacen que

> «El carisma está presente en las personas que se enfocan primero en los demás». —*Dan Reiland*

los demás se sientan como si fueran la única otra persona del mundo. Están presentes. Interesarse por los demás es irresistible.

Antes mencioné que pude conocer a un presidente de los EE. UU. en la Oficina Oval. Se trataba de Bill Clinton. Como nadie con quien yo haya hablado, él estaba totalmente presente mientras conversábamos. Mantenía el contacto visual todo el tiempo, incluso cuando levantaba un vaso para beber agua. Mientras platicábamos, dos veces entró en el despacho un miembro del Servicio Secreto para recordarle que era hora de partir a Camp David. Tras una segunda interrupción, me llevó a una sala contigua para poder conversar otros treinta minutos sin que nadie nos molestara. Ahí estaba el presidente de los Estados Unidos *haciéndome* sentir importante.

Cuando hablo cara a cara con alguien, me esfuerzo por *estar ahí de manera consciente*. Busco formas de agregarle valor intencionalmente a la gente con la que estoy. Cuando estoy con una persona, tiene toda mi atención. Nunca tomo mi teléfono mientras hablamos, a menos que sea para tomar notas, y si lo hago, les digo que estoy tomando notas, no leyendo ni enviando un mensaje.

Cuando hablo ante una audiencia, demuestro que estoy completamente presente de cuatro formas. Me enfoco en lo que llamo mis cuatro puntos para crear consciencia al comunicar: qué sienten, qué he sentido, qué he descubierto, qué encontrar.

1. Trato de percibir qué *siente* mi audiencia y reconocer y validar sus sentimientos.
2. Les comparto cómo me he *sentido* yo también de la misma forma.

3. Les comparto qué he *descubierto* que me ha ayudado.
4. Les ofrezco apoyo para *encontrar* ayuda para su vida.

En realidad, se trata de comprender su mundo y agregarles valor allí donde están. Piensa que es carisma práctico.

Los comunicadores carismáticos proyectan confianza

El predicador abolicionista Henry Ward Beecher dijo: «¿Alguna vez has visto a una persona que al entrar en una habitación pareciera que llevara una lámpara consigo?... Su vida es tan radiante, tan cordial, tan amable, tan agradable, que instintivamente sientes que su presencia te hace bien».[78] Creo que lo que Beecher describía era la confianza carismática. Ese tipo de confianza es contagiosa.

Para los comunicadores, ¿de dónde procede esa confianza? Proviene de sentirse seguros de su mensaje y de confiar en que el tiempo que pasen con su audiencia tendrá un impacto positivo en su vida. La confianza es el resultado de:

- creer lo mejor de las personas;
- saber que el contenido de tu mensaje te ha ayudado;
- saber que les ayudará a ellos;
- creer que su respuesta será positiva.

Cuando sientes confianza en esas áreas, es más fácil conectar... y es más fácil comunicar. Si recuerdas que no estás defendiendo tu tema, sino construyendo una relación para ayudar a las personas, puedes marcar una diferencia.

Varias veces al año, la organización Maxwell Leadership organiza un evento de capacitación llamado International Maxwell Conference (IMC) para certificar a nuevos coaches y oradores. En cada IMC, tengo la oportunidad de hablar durante noventa minutos sobre el ADN que quiero que tengan nuestros líderes. Me aseguro de que todos sepan que:

Somos personas de valor,
que valoramos a las personas
y les agregamos valor.

Les comunico a todos los oradores y coaches que quiero que tengan estos valores. Pero también les infundo confianza para que sean eficaces. ¿Por qué?

Para ser personas de valor, debemos confiar en nosotros mismos.
Para valorar a las personas, debemos confiar en los demás.
Para agregarles valor a las personas, debemos confiar en el servicio.

Si tienes confianza en ti mismo y en los demás, y esa confianza se enfoca en agregar valor a las personas, atraerás a los demás.

Los comunicadores carismáticos crean una sensación de calidez
La gente sabe cuándo te cae bien y le gusta caerte bien. Cuando están contigo, sienten calidez y están a gusto. Se sienten aceptadas, valoradas, apreciadas, importantes, especiales. La calidez crea conexión. Crea un entorno en el que la gente siente que pueden suceder cosas buenas.

Si te enfocas en los demás y en agregarles valor, al mismo tiempo que confías en ti y en tu capacidad para ayudarlos, serás capaz de conectar. No tienes que ser perfecto para comunicar. De hecho, tratar de ser demasiado perfecto y refinado puede jugarte en contra. Hay algo entrañable en las presentaciones y los presentadores que no son perfectos. Cuando el orador se siente cómodo con sus imperfecciones, las personas se sienten atraídas por la experiencia. Así que aprovecha tu parte más humana.

Si eres aficionado a la NFL, piensa en John Madden. Es un gran ejemplo de un comunicador que conecta. Con frecuencia tenía un aspecto desaliñado. Era un hombre imponente, pero, como dijo la analista Christine Brennan, era amable, gentil, inteligente y «un ser humano encantador».[79] Su lenguaje era peculiar. A veces parecía más un aficionado que un comentarista profesional. No era perfecto y se reía de sí mismo. Pero amaba el fútbol americano, a los jugadores y a los aficionados. La gente lo percibía, se identificaba con él y lo quería. Como sabía que no se trataba de él, conectaba.

Si quieres ser un gran comunicador, tienes que enfocarte en las personas de tu audiencia y darles lo mejor de ti cada vez que presentes un mensaje. Y nunca lo olvides: los comunicadores saben que todo se trata de los demás. Esa es la Ley de la Conexión.

8

La Ley de la Palanca

*Los buenos comunicadores lideran basándose
en sus fortalezas y las utilizan con frecuencia*

UNA DE LAS ALEGRÍAS DE MI VIDA ES SER MENTOR DE LÍDERES Y
comunicadores. Es algo que he hecho durante más de un cuarto
de siglo, y he tenido el privilegio de ayudar a personas fantásticas
a mejorar su comunicación y liderazgo. Una de las personas de
las que comencé a ser mentor a finales de los noventa es Kevin
Myers, fundador de 12Stone Church. Conocí a Kevin cuando era
un jovencito que acababa de empezar su carrera, pero en el tiempo
en que comencé a ser su mentor, tenía unos treinta años y ya era un
gran comunicador.

Una de las enseñanzas que Kevin desarrolló durante ese tiempo
se llamaba: «Una vida como de jonrón». En ella, usaba las bases
en un partido de béisbol como metáfora para vivir una vida exitosa. Era un mensaje maravilloso que tenía el potencial de ayudar
a mucha gente, así que lo invité a ser orador en dos eventos que
organizaba mi empresa. Primero, quería que compartiera el mensaje en una conferencia sobre liderazgo en El Paso (Texas). Después,
quería que fuera uno de los oradores principales de una conferencia
que acabábamos de empezar, llamada Catalyst, que más tarde se
convirtió en uno de nuestros mayores eventos, con más de doce mil

asistentes. Pero la experiencia de Kevin resultó ser muy diferente de lo que él y yo esperábamos. Y dio origen a la Ley de la Palanca.

CUALQUIERA PUEDE TENER
UN MOMENTO TIPO «EL PASO»

Para que puedas apreciar plenamente la experiencia de Kevin y el poder de la Ley de la Palanca, tienes que escuchar su historia en primera persona, así que le he pedido a Kevin que la cuente él mismo:

> Fue un gran privilegio que John me pidiera que hablara. Estaba por cumplir cuarenta años, John era mi mentor y la vida iba bien. La invitación de John para hablar con él en su conferencia sobre liderazgo en El Paso y en Catalyst hizo que la vida fuera todavía mejor. Me sentía lleno de humildad, honrado, impresionado y entusiasmado. Para mí fue como si me llamaran de las ligas menores a las mayores. En el fondo, sabía que la primera victoria sería para el equipo, pero también creía que definiría mi carrera. Llevaba dieciocho años comunicando de manera profesional cada semana, pero sabía que ese sería el mensaje más importante de toda mi trayectoria.
>
> Llegó el día de la conferencia, y volé a El Paso con John y el equipo. Estaba previsto que yo fuera el segundo o tercer orador y estaba entusiasmado. Cuando John me presentó con sus afirmaciones positivas habituales, me acerqué al escenario para compartir mi mensaje.
>
> Aunque ya había compartido este mensaje antes, me preparé a fondo. Mi plan era cautivar a mi audiencia con humor: cinco minutos inspirados en una rutina del comediante Brian Regan sobre ser pésimo en las ligas menores. Después, vendría una transición inteligente hacia la idea de que todos

quieren batear un jonrón en la vida. Luego los sorprendería con mi contenido transformador. Estaba seguro de que sería increíble.

Solo que no fue así.

A los cinco minutos de mi presentación, solo se escuchaban grillos en la sala. No solo no estaba conectando, sino que toda la experiencia estaba muerta para mi audiencia *y* para mí.

Comencé a perder el rumbo. Probé otro enfoque, pero fue otro intento fallido. Empecé a entrar en pánico. Estaba sudando. Seguro que parecía un luchador de MMA al que le estaban dando una paliza en el octágono. Me sentía como si me tragara un agujero negro en el espacio.

A esas alturas de mi carrera, aunque había compartido miles de mensajes, nunca había perdido el rumbo en el escenario. *Nunca* me había pasado. Era tan desorientador que dejé de comunicar.

«Lo siento» —le dije a la audiencia y sobre todo a John—, «pero esto no está funcionando. Se está grabando y no estoy logrando serles útil. ¿Me permitirían comenzar de nuevo? Reiniciemos las cámaras y solo les compartiré la parte medular del material». No les miento, fue así de malo.

Así que decidí improvisar. Llevaba casi dos décadas siendo comunicador. Había tenido éxito en un equipo de debate. Había actuado en el escenario en el bachillerato. Tenía muy buenos instintos, así que presentaría sobre la marcha.

Solo que no marchó muy bien. Choqué y me quemé durante los siguientes treinta minutos. Cuando por fin terminé, salí del escenario entre aplausos de lástima.

Fue la peor experiencia de comunicación de mi vida y, por primera vez, entendí por qué suele decirse que hablar en público es el principal miedo de la gente. Incluso mientras escribo esto, me estremezco. Siento náuseas, vuelve el pánico y comienzo a sudar. Le había fallado a John, no había ayudado a mi audiencia y había echado a perder una gran oportunidad. Mi confianza se desmoronó por completo.

En el vuelo de regreso a Atlanta, John se mostró amable y curioso.

«Mmm, Kevin. Nunca habías estado en un agujero negro en el escenario, ¿verdad?», preguntó. «¿Nunca habías vivido un fracaso total como este al comunicar?».

Le confesé que no, pero ni siquiera podía procesarlo y mucho menos mirarlo a él ni a nadie a los ojos mientras pensaba en ello. No sabía cómo seguir adelante. Por suerte, John comenzó a enseñarme lo que ahora llama la Ley de la Palanca: los buenos comunicadores lideran basándose en sus fortalezas y las utilizan con frecuencia. Como nos reuníamos con regularidad, me lo explicó con lujo de detalles. Empecé a usarla cada semana en mi comunicación y pude ver su impacto de inmediato. Pero tanto él como yo teníamos en mente que faltaba poco para Catalyst y ese iba a ser un escenario más grande con una audiencia más numerosa que la de El Paso.

Un día, durante el almuerzo, John me dijo: «Kevin, no sé qué hacer con respecto a Catalyst. Aunque eres un comunicador talentoso y tus conceptos son sólidos, no podemos darnos el lujo de otro El Paso». El equipo de John no quería arriesgarse a que repitiera mi fracaso. John tampoco lo quería. ¡Ni yo!

«Bueno, John» —respondí—, «he tenido algo de tiempo para procesarlo y para aplicar la Ley de la Palanca. Por un lado, espero que me quites de la lista de comunicadores. Eso me aliviaría. Pero por otro, espero que me mantengas en ella porque creo que puedo batear un doble, un triple o, quién sabe, incluso un jonrón milagroso. Obviamente es tu decisión. Y estaré a gusto con una u otra».

No puedo explicarte por qué John decidió dejarme hablar de nuevo en algo tan importante como Catalyst. Era un riesgo enorme. En retrospectiva, si yo fuera John, hubiera dicho que no. Sin embargo, él me dio luz verde.

Todos pueden tener un momento tipo «Catalyst»
El día de Catalyst, me presentaron y me paré frente a miles de personas en la audiencia, y creo que John y su equipo contuvieron la respiración. Mientras me preparaba para pronunciar mi mensaje, intenté que el recuerdo de El Paso no me paralizara.

Esta vez, en lugar de comenzar con la fuerza y el humor de otra persona, me dejé llevar por mi corazón. Hablé de mis primeras luchas en el liderazgo, de mis años de derrota absoluta y de mi deseo de renunciar. Compartí cómo había decidido cerrar mi organización y alejarme de ella. Incluso había vuelto a ver a mi exjefe en Míchigan para pedirle mi antiguo trabajo, pero me dijo que regresara a Atlanta y siguiera intentando. *Sabía* que la mayoría de los presentes podían identificarse con mi experiencia. Habían pasado por lo mismo o estaban allí en ese momento. Y después enseñé la solución, cómo vivir una vida como de jonrón.

Lo que sucedió aquel día es lo que los maratonistas llaman «euforia del corredor» y los atletas profesionales «estar en la zona». La conexión funcionó, la sala me siguió y ¡mi mensaje fue un jonrón! Bajé del escenario en medio de una ovación de pie. Ese día experimenté el poder de la Ley de la Palanca.

ENCUENTRA TU VOZ

La Ley de la Palanca llevó la comunicación de Kevin a otro nivel. Les enseña a los comunicadores a descubrir sus fortalezas y usarlas con frecuencia para *dar* siempre lo mejor *de* sí mismos. Cuando descubres tus fortalezas, encuentras tu voz. De ahí en adelante, tu comunicación se ajusta a quien eres. Se vuelve natural. La novelista Doris Mortman dijo: «Hasta que hagas las paces con quien eres, no estarás contento con lo que tienes».[80] Si quieres crecer como comunicador, debes conocer tus principales fortalezas naturales y usarlas a la hora de comunicar.

> **Cuando descubres tus fortalezas, encuentras tu voz.**

Creo que todos sabemos que debemos enfocarnos en nuestras fortalezas en otros ámbitos de la vida, pero a menudo olvidamos aplicar esta verdad a nuestra comunicación. Eso me ocurrió cuando era un comunicador joven. Como ya he explicado, empecé imitando a otros oradores sin lograrlo. Veía a esos comunicadores y me preguntaba: «¿Qué tienen ellos que yo quiero?». En lugar de eso, debería haberme enfocado en mi audiencia y preguntarme: «¿Qué tengo yo que ellos quieren?». Solo cuando dejé de emular a otros y descubrí mi propia voz, mi mensaje empezó a tener peso y a crecer en influencia.

¿Qué sucede cuando no aprovechamos nuestras fortalezas para tener éxito? Terminamos intentando mejorar nuestras debilidades. Pero, en definitiva, es una causa perdida. Una fábula escrita en 1940 por George H. Reavis, que por aquel entonces era el superintendente de escuelas públicas de Cincinnati (Ohio), lo ilustra de maravilla. La llamó «La escuela de los animales»:

Había una vez…

Unos animales que decidieron que debían hacer algo heroico para resolver los problemas de un «nuevo mundo». Así que organizaron una escuela. Adoptaron un programa de actividades que consistía en correr, escalar, nadar y volar. Para facilitar la administración del programa, todos los animales cursaron todas las asignaturas. El pato era excelente nadando; de hecho, mejor que el instructor. Pero apenas aprobaba las clases de vuelo y corría muy mal.

Como corría despacio, tuvo que tomar clases extracurriculares y dejar de nadar para practicar la carrera. Así continuó hasta que sus patas palmeadas se desgastaron tanto que solo era un nadador mediocre. Pero como el nivel medio era aceptable en la escuela, nadie se preocupó por eso, excepto el pato.

El conejo comenzó siendo el mejor de la clase a la hora de correr, pero tuvo un colapso nervioso por todo el trabajo extra que tuvo que hacer en natación.

La ardilla era excelente en escalada hasta que se frustró en la clase de vuelo, cuando su profesor la hizo empezar desde el suelo hacia arriba en vez de desde la copa del árbol hacia abajo.

También le dio un calambre por agotamiento y luego sacó una calificación de C en escalada y una D en carrera.

El águila había sido problemática de niña, por lo que la habían disciplinado severamente. En la clase de escalada, llegaba primero que todos a la copa del árbol, pero insistía en hacerlo a su manera.[81]

> Solo cuando dejé de emular a otros y descubrí mi propia voz, mi mensaje empezó a tener peso y a crecer en influencia.

Reavis termina la historia contando cómo una anguila común y corriente se convirtió en la estrella de la escuela porque no hacía nada tan mal como los animales que trabajaban en sus debilidades.

En el mundo real, sabemos que las personas no desean cosas de nivel intermedio. Nadie quiere contratar a un comunicador mediocre ni le entusiasma seguir a un líder poco inspirador. Nadie quiere aprender de alguien que apenas sea adecuado. ¡La gente quiere estar comprometida, inspirada, instruida y entretenida! Para convertirte en la mejor versión de ti mismo como comunicador, debes comenzar por tus fortalezas, usar tu talento y añadir habilidades, conocimiento y práctica a la mezcla. Esos factores multiplicarán tu comunicación.

USA TUS FORTALEZAS PARA COMUNICAR

¿Cómo puedes usar tus fortalezas para convertirte en un mejor comunicador? Primero, tienes que saber cuáles son. Si eres una persona consciente de ti misma, ya tienes una ventaja. Si no estás seguro, te sugiero que empieces por examinar tu habilidad en tres áreas.

1. Aprovecha la fortaleza que más te ayuda a conectar

El mejor lugar para comenzar a aprovechar tus fortalezas —y aquí es donde empecé con Kevin— es considerar los cuatro puntos de conexión principales de la comunicación: corazón, ayuda, humor y esperanza. En El Paso, Kevin intentó conectar a través del humor. ¿Kevin tiene un buen sentido del humor? Sí. ¿Lo usa cuando comunica? Sí. ¿Lo hace con éxito? De nuevo, sí. ¿Es su fortaleza principal para conectar? No. Es el corazón. Kevin da lo mejor de sí cuando comparte desde el corazón. Mi consejo es que el noventa y nueve por ciento de las veces *comiences* con tu mayor fortaleza para conectar y que recurras a ella a menudo durante tu comunicación.

Corazón

¿Qué es el corazón? Es una conexión emocional. La comunicación sincera es auténtica y personal; es vulnerable y abierta; viene del corazón y apela al corazón de los demás; además, nace de la empatía y no de la manipulación. Si intentas aprovecharte de las emociones de la gente siendo falso, no funcionará. Las personas se darán cuenta. Pero si eres genuino, sin posar ni fingir, las atraes y creas un vínculo de confianza. El corazón anima a los demás.

Después de que Kevin y yo habláramos de su experiencia en El Paso, entendió que usar el corazón era su mejor forma de conectar. Así que cambió su apertura y el énfasis de su mensaje en Catalyst. Habló abiertamente de su pasado quebrantado, del fracaso de su liderazgo, de su casi quiebra financiera y de sus tensiones en el matrimonio. Fue honesto sobre las dificultades que había tenido en la vida. ¿También recurrió al humor? Por supuesto. Su audiencia necesitaba momentos de risa para aliviar la tensión emocional. ¿Ayudó a la gente? Sí. Ese era el núcleo de su mensaje. ¿Inspiró esperanza? ¡Sí! Cuando terminó, la gente creía que si aplicaba lo que él había enseñado, también sería capaz de batear un jonrón en la vida. Pero él se dejó llevar por el corazón y apeló a él varias veces durante su mensaje.

Ayuda

Ayudar es agregar valor a las personas a través de herramientas prácticas que mejoren sus vidas. Significa preparar a las personas para que cambien lo que ven, lo que piensan y lo que hacen. Es dar a la gente *manijas* concretas, sobre todo cuando presentas ideas intangibles. Cuando das ayuda a tu audiencia, las personas lo agradecen porque se llevan algo que les permite cambiar, crecer y mejorar. La ayuda instruye.

La mayoría de mis bosquejos están llenos de ayudas prácticas. Esto nace de mi deseo de ser un *maestro* motivador, no un *orador* motivador. Hace muchos años, leí que la mayoría de la gente sale entusiasmada de un seminario o conferencia, pero no recuerda lo que ha aprendido ni cómo aplicarlo. Cuando analicé mi propia comunicación, me di cuenta de que me enfocaba demasiado en inspirar y motivar. Fue entonces cuando comencé a añadir más aplicaciones prácticas a todo lo que enseñaba y convertí mi *deseo* de ayudar a otros en *formas* de ayudarlos.

Humor

De las cuatro fortalezas para conectar, el humor es quizá la más difícil, a menos que seas gracioso por naturaleza. El humor significa ver el lado divertido o absurdo de la vida. Es usar un giro inesperado para hacer reír a la gente. Cuando lo consigues, el vínculo con la audiencia se afianza. Cuando tu fortaleza es el humor, puedes usarlo como ruta alternativa para llegar a la gente con eficacia. El humor entretiene.

Mi amigo Steve Harvey les dice a los comunicadores que no traten de usar el humor si no son graciosos por naturaleza. Pienso que es un buen consejo. Lo que creo que realmente está diciendo es que si el humor no es tu fortaleza, nunca intentes iniciar tu mensaje con un chiste ni forzar la risa. Pero aunque no tengas el don de Steve, puedes incluir algunos elementos de humor en tu comunicación. Algunos comunicadores cuentan chistes; otros bromean con su audiencia. Algunos son geniales para las frases ocurrentes; otros usan diapositivas con imágenes o caricaturas graciosas. Hay muchos caminos hacia el humor.

Yo puedo ser bastante rápido con una frase que haga reír a la gente, sobre todo si es autocrítica. Pero mis dos fuentes principales de humor son contar historias divertidas que he recopilado y usar expresiones faciales o el lenguaje corporal. Cuando incorpores el humor en tu comunicación, experimenta para ver qué te funciona.

Esperanza

La cuarta forma de conectar con las personas es dándoles esperanza, infundiéndoles vida y ayudándolas a ver que hoy puede ser mejor, que el futuro puede ser mejor y que *ellas* pueden ser mejores. Se trata de mostrarles sus posibilidades, inspirarlas a creer en esas posibilidades y ayudarlas a alcanzarlas.

Me siento muy cómodo usando los cuatro métodos para conectar, pero creo que la esperanza es quizá la mayor de mis fortalezas. Veo grandes posibilidades en las personas y para las personas. Creo que pueden tener una vida mejor y estoy convencido de que lo que comparto con ellas puede ayudarlas a conseguirlo. Mi esperanza en las personas es grande y quiero compartirla con ellas, así que todo lo que les enseño está lleno de esperanza.

¿Cuál de las cuatro es tu mejor fortaleza para conectar? Tal vez, al leer sobre ellas, lo sabes. Si no, ¿cómo puedes descubrirla? Hazte estas preguntas:

- ¿Cuál de las cuatro me sale más natural?
- ¿Cuál de las cuatro me da más tracción a la hora de comunicar?
- ¿Cuál de las cuatro afirma más la gente después de que hablo?
- ¿Cuál de las cuatro uso cuando tengo «momentos mágicos» en el escenario?

Si aún no estás seguro, graba tus presentaciones y míralas o escúchalas. O pídeles a tus amigos que te den su opinión después de compartir y pregúntales: «¿Con qué partes de la presentación se sintieron más identificados? ¿Qué partes recuerdan más? ¿Qué parte disfrutaron más?». Todos estos son indicios de tu fortaleza para conectar. Una vez que sepas cuál es, comienza con ella y recurre a ella a menudo para asegurarte de aprovecharla.

2. Aprovecha los talentos naturales que te ayudan a tener éxito

Aunque tu fortaleza motivadora para conectar es una pieza clave para mejorar tu comunicación, no es la única. Necesitas usar todos los demás talentos naturales que puedas para convertirte en un mejor comunicador.

En *Descubre tus fortalezas 2.0*, Tom Rath explica que todo ser humano tiene talentos esperando ser descubiertos. Si usamos estos puntos fuertes, podemos ser exitosos. Como él señala: «**No puedes** ser todo lo que quieras ser, pero **puedes** ser mucho más de lo que ya eres».[82] Su fórmula para el éxito es esta:

Talento (una forma natural de pensar, sentir o comportarse)

×

Inversión (tiempo dedicado a practicar, desarrollar tus
    habilidades y ampliar tu base de conocimientos)

=

Fortaleza (la habilidad de ofrecer constantemente un
    desempeño casi perfecto)[83]

Descubre tus fortalezas me ayudó a entender mejor mis talentos específicos y a usarlos de manera intencional cada vez que comunico. Mis cinco fortalezas principales son: elaborar estrategias, maximizar, atraer, activar y lograr. ¿Cómo uso estas fortalezas al comunicar?

Elaborar estrategias
El «gran mensaje» sobre el que escribí en la Ley de la Preparación (capítulo 4) demuestra mi fortaleza para elaborar estrategias.

A modo de recordatorio, estos son los componentes de mi «gran mensaje». Siempre que comunico, pienso en mi audiencia y me pregunto:

- ¿Qué quiero que vean? Sus posibilidades.
- ¿Qué quiero que sepan? Cuánto valen.
- ¿Cómo quiero que se sientan? Empoderados.
- ¿Qué quiero que hagan? Que apliquen y multipliquen.

Aplico mi talento estratégico a la forma en que elaboro un mensaje y cómo quiero que mi audiencia responda.

Maximizar

Quienes maximizan siempre quieren dar lo mejor de sí y quieren ayudar a otros a dar lo mejor de sí mismos. Esto es una gran motivación para mi comunicación. Quiero animar a las personas a que aspiren al éxito y mostrarles el mejor camino para lograrlo.

Atraer

Las personas que *atraen* tienen una habilidad natural para ganarse a los demás. Aunque cualquiera puede encontrar la forma de conectar con los demás, alguien que atrae puede hacerlo más rápido y con más facilidad. Yo lo aprovecho cada vez que comunico. Cuanto más rápido pueda conectar, más pronto podré ayudar a la gente.

Activar

Los activadores tienden a la acción. Les gusta hacer cosas y ayudan a los demás a hacerlas. Y, por supuesto, sin acción, las personas no van a ninguna parte. Puesto que la activación es un talento, siempre termino mis presentaciones invitando a las personas a actuar. Las

> «No puedes ser todo
> lo que quieras ser,
> pero puedes ser
> mucho más de lo que
> ya eres». —*Tom Rath*

animo a aplicar y multiplicar: aplicar lo que acaban de aprender y multiplicar su esfuerzo ayudando a otros a hacer lo mismo.

Lograr

Las personas que alcanzan sus objetivos no necesitan que nadie las motive para ponerse en marcha. Tienen una motivación natural y les encantan los logros. Como persona que logra sus objetivos, comienzo cada día preguntándome: «¿Qué lograré hoy?». Y lo termino preguntándome: «¿Qué logré hoy?». Esta actitud me impulsa a obtener resultados positivos cada vez que comunico. Es lo que me ha llevado a escribir este libro.

¿Qué talentos naturales posees que te pueden ayudar a ser un mejor comunicador? Toda fortaleza puede convertirse en un instrumento de comunicación si la aprovechas en beneficio de tu audiencia. Si no te conoces, estúdiate. Lee *Descubre tus fortalezas 2.0* y haz la evaluación. También puedes usar la evaluación Right Path o estudiar el Eneagrama. Cualquier herramienta que te ayude a entenderte mejor puede ser útil. Después, averigua cómo aprovechar tus talentos al comunicar.

3. Aprovecha tus habilidades para ayudar a los demás a alcanzar el éxito

En la Ley de la Expectación (capítulo 9), leerás sobre cómo descubrí CLEAR: Comunicación, Liderazgo, Equipar, Actitud y Relaciones. Creo que estas cinco áreas son mis habilidades más desarrolladas. Casi todos los temas sobre los que comunico entran en una de estas categorías.

¿Cuáles son las tuyas? ¿Cuáles son las áreas de tu vida en las que has desarrollado conocimiento, experiencia, habilidades y éxito? Si estás al inicio de tu carrera, quizás aún no sabes cuáles son. Si tienes experiencia, deberías saberlo. Recurre a estas áreas que dominas cada vez que comuniques, porque cada una de ellas te ofrece algo que puedes dar a los demás para ayudarlos a tener éxito. Haz un inventario y empieza a sacarles provecho.

Ahora que entiendes la Ley de la Palanca, verás que los buenos comunicadores lideran basándose en sus fortalezas y las utilizan con frecuencia. Alguien como mi amigo Steve Harvey obviamente usa el humor cuando comunica porque es una fortaleza. Pero más allá de eso, también posee una inteligencia emocional extraordinaria. Es intuitivo y usa ese talento para conectar con las personas. Suele hacer reír, pero a menudo comparte su sabiduría para enseñar.

Pienso en alguien como Don Yaeger, escritor y editor de *Sports Illustrated* que se convirtió en comunicador. Don es uno de los mejores narradores que conozco. Sí, sabe de deportes y usa ese conocimiento en sus discursos, pero siempre conecta usando el corazón. Cuando habla, sabes que te hará reír y muy probablemente te hará llorar.

El expresidente Barack Obama usó la esperanza como su mayor herramienta de conexión. Siempre la mencionaba y recurría a ella con frecuencia. *La esperanza* fue un tema importante de su campaña y aparecía en carteles con su imagen. Inspiró a la gente a creer que el país y el mundo podían ser un lugar mejor, y por ello votaron por él.

Y un transformador del mundo como Mahatma Gandhi usó la ayuda en su comunicación. Aprovechó su comprensión de la gente, su formación como abogado, su trabajo con los pobres y su conocimiento del Imperio británico para lograr la independencia del pueblo de la India.

Puedes y deberías aprovechar cualquier fortaleza que poseas para mejorar tu comunicación, siempre que la uses en beneficio de los miembros de tu audiencia y no para manipularlos en tu propio beneficio. Cuando pienses en tus fortalezas, espero que las descubras y te apoyes en ellas. Conviértete en un buen comunicador. Guíate por tus fortalezas y úsalas con frecuencia. Esa es la Ley de la Palanca.

9

La Ley de la Expectación

Cuando no puedes esperar para decirlo,
ellos no pueden esperar para escucharlo

¿Cuándo fue la última vez que te entusiasmó escuchar a un orador que no estaba entusiasmado con su mensaje? ¿Lo recuerdas? Apuesto que no. ¡Porque probablemente nunca te ha pasado! ¿Por qué? Si el orador no se entusiasma con su tema, tampoco lo hará su audiencia. Lo opuesto también es cierto: si el orador muestra un gran entusiasmo, también lo hará su audiencia. Por eso digo que cuando no puedes esperar para decirlo, ellos no pueden esperar para escucharlo. Esa es la Ley de la Expectación.

¡NO PUEDO ESPERAR!

Expectación es una de mis palabras favoritas, probablemente porque ha sido una constante en mi vida. Cuando era niño, siempre me despertaba temprano y me levantaba inmediatamente porque temía perderme algo si dormía más tiempo. Mi sensación de expectación siempre era extrema. Y aún lo es. Me encanta experimentar la emoción de creer que algo maravilloso está por suceder y me encanta transmitir esa sensación a los demás.

Piensa en los momentos de tu vida en los que has experimentado una expectación positiva. Quizá fue un cumpleaños especial, una primera cita, unas vacaciones de ensueño o la Navidad. Sé que cuando era niño, en cuanto terminaba la cena del Día de Acción de Gracias, comenzaba la cuenta regresiva para que Santa Claus llegara a nuestra casa. Esa sensación de expectación era el ingrediente secreto de la Navidad. También es el ingrediente secreto de la comunicación.

> La expectación es el ingrediente secreto de la comunicación.

Antes de que te pongas de pie y comiences a hablar, las personas de tu audiencia poseen una mentalidad. Tienen expectativas basadas en su historia personal, su actitud hacia el tema a tratar, sus motivos para asistir, información sobre ti y sus circunstancias previas a ese momento. Puede que sientan distintas emociones:

- Temor: expectativas negativas sobre ti o tu mensaje.
- Indiferencia: expectativas neutrales respecto a ti o tu mensaje.
- Curiosidad: expectativas inciertas sobre ti o tu mensaje.
- Expectación: expectativas positivas sobre ti o tu mensaje.

Como comunicadores, nos encantaría que todos sintieran una gran expectación antes de nuestra intervención, pero eso no es realista. Así que nuestro trabajo al comunicar es hacer lo posible para crear una sensación de expectación y, después, entregar lo prometido. Si lo conseguimos y si trabajamos para mantener esa sensación de expectación, podemos mantener a la gente al filo de sus asientos y llevarla con nosotros en cada paso del camino.

Claro que, a veces, eso no sucede.

Uno de mis mayores desastres como comunicador ocurrió hace varios años, cuando me pidieron reemplazar a otro orador. Una mañana estaba trabajando en casa cuando me llamaron los organizadores de un gran evento de un solo día para decirme que Christopher Reeve, quien sería su último orador, estaba enfermo. Querían saber si podía tomar un avión, volar a Boston y hablar en su lugar esa misma tarde. Era una petición inusual, pero el organizador era amigo mío y quería ayudarlo, así que acepté. Esto fue antes del 11 de septiembre, por lo que era más fácil subirse a un avión con poca anticipación.

Como puedes imaginar, fue una locura para hacer la reserva, vestirme, empacar y decidir el tema que iba a compartir. Afortunadamente, llegué a tiempo. El último de los oradores del día estaba terminando su presentación cuando mi taxi del aeropuerto se detuvo detrás del estadio. Alguien me llevó corriendo tras bastidores para ponerme el micrófono. Mientras esperaba a un lado del escenario, vi al anfitrión subir para presentarme. Las primeras palabras que salieron de su boca fueron que Christopher Reeve estaba enfermo y que no iba a presentarse. Me sorprendió que la audiencia no hubiera sabido hasta *ese instante* que Reeve no asistiría. Estaban al filo de sus asientos esperando a Supermán. Pero en lugar de ver a una estrella de cine alta, atractiva y de cabello negro que había vivido una vida inspiradora tras un trágico accidente, me verían a mí, un orador de mediana edad, con sobrepeso y del que muchos nunca habían oído hablar.

Subí al escenario y pude ver la decepción en los rostros de todos mientras unos pocos me aplaudían por cortesía. Muchos se levantaron de sus asientos, me dieron la espalda y se retiraron. Al pensar en ese día, recuerdo una historia que una vez oí sobre la actriz Helen Hayes. Cuando cocinó su primer pavo para el Día de Acción de Gracias, les dijo a su esposo y a su hijo: «Este es el primer pavo que cocino. Si no tiene buen sabor, no quiero que nadie diga una sola palabra. Nos levantaremos de la mesa, sin hacer comentarios, y nos iremos a comer a un restaurante». Cuando regresó de la cocina con el pavo, su esposo e hijo estaban sentados a la mesa con los abrigos y los sombreros puestos. ¡Ese fue mi punto de partida como orador ese día! Me esforcé al máximo para ganarme a aquella audiencia, pero me quedo corto al decir que tuve que empezar con un gran déficit de expectación. Mi mayor victoria fue que nadie más se marchó mientras hablaba.

CREAR EXPECTACIÓN

Como me encanta la sensación de expectación y reconozco cuán beneficiosa puede ser en la comunicación, desde el inicio de mi carrera empecé a buscar formas de generar entusiasmo y, a partir de ahí, no solo de satisfacer las expectativas de las personas cuando hablaba, sino de superarlas. Probé a usar distintas técnicas de comunicación y algunas funcionaron. Te las compartiré más adelante en el capítulo. Pero lo que descubrí fue que crear expectación en una audiencia era algo que nacía primero en mi manera de pensar. Si quería que la gente se entusiasmara, *yo* tenía que entusiasmarme. Necesitaba tener una mentalidad de mejora continua, en la que todos los días me apasionara por aprender más, tuviera la ética de trabajo necesaria para llegar a ser más y me entusiasmara compartir más con los demás. Estas cosas mantendrían alto mi nivel de expectación cada vez que comunicara, y mi audiencia *percibiría* esa sensación de expectación.

Mi consejo para ti como comunicador es que adoptes una mentalidad de crecimiento. Nunca dejes de crecer y nunca intentes posicionarte como «el experto». Sigue elevando las expectativas de ti mismo. A medida que aumente tu sensación de expectación y tu habilidad, la respuesta de tu audiencia también aumentará. Con el tiempo y con cada comunicación, la sensación de expectación de tu audiencia irá creciendo. Cuando seas bueno, la expectación de la gente será buena. Cuando seas increíble, su expectación será aún mayor porque esperarán escuchar a alguien increíble.

PERSPECTIVA: HACEMOS LAS COSAS EN FUNCIÓN DE CÓMO LAS VEMOS

Para ayudarte a cambiar tu sensación de expectación, tienes que cambiar tu perspectiva. Solo podemos convertirnos en aquello que creemos que podemos ser. Al leer las siguientes tres perspectivas sobre la comunicación, piensa en cómo te ves a ti mismo. Trabaja para asimilar y adoptar cada una de ellas, porque cuando cambiamos nuestra forma de ver las cosas, todo lo que vemos cambia.

1. Perspectiva personal: cree que puedes comunicar

Tu primera audiencia y la más importante eres tú mismo. Tus herramientas de comunicación más valiosas son las palabras que te dices *a* ti mismo, *sobre* ti, cuando estás *a solas*. ¿Qué te dices a ti mismo? Si te dices: «No creo que pueda comunicar», y luego te paras frente a

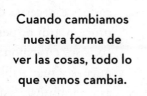

> Cuando cambiamos nuestra forma de ver las cosas, todo lo que vemos cambia.

una audiencia, la gente percibirá esa gran duda en ti. En lugar de pensar: «¡Esto será genial!» pensarán: «Espero que no sea demasiado malo» o «¿Cuánto durará?».

¿De dónde viene esa duda? Pensar «No creo que yo pueda» viene de creer «No creo que yo sea». Existe una conexión evidente entre la autoestima y el desempeño. Debes creer en ti mismo y en tu capacidad para comunicar con eficacia. Como dijo el psicólogo William James: «Lo único que garantizará la conclusión exitosa de un proyecto incierto es tener fe, desde un inicio, en que puedes llevarlo a cabo».[84]

¿Qué te dices sobre ti y tu capacidad de comunicar? Yo me digo repetidamente: «Soy una persona de valor, que valora a las personas y les agrega valor». Algunas personas dirían que esto es un *mantra*. Yo lo llamo una declaración diaria de autoestima. Describe mi forma de pensar sobre mí mismo y mis intenciones. Intento vivir según esa afirmación todos los días. Tienes que descubrir cuál es tu declaración y repetírtela.

Uno de los desafíos de ser un comunicador nuevo es no tener mucha experiencia en la cual basarse. Si te falta confianza porque no has hablado mucho o si la idea de hablar en público te aterra, Susan Cain, autora de *El poder de los introvertidos en un mundo incapaz de callarse*, nos ofrece un consejo útil:

> Los psicólogos han estudiado durante años el proceso para acabar con los miedos. Saben exactamente cómo hacerlo. Se necesita determinación y energía; puede ser un proceso arduo, pero no es mágico. El enfoque correcto consiste en exponerte a aquello que temes en dosis pequeñas y manejables... A partir de ahí, las personas van avanzando hacia situaciones más desafiantes. La idea es lograr victorias pequeñas y confiables que entrenen al cerebro en que la fuente de su miedo es más benigna de lo que pensaba. Los comunicadores que se estresan al hablar en público ven el estrado como el equivalente a cruzar un puente estrecho sobre un gran precipicio. Una vez que el cerebro aprende que al pararse frente al micrófono no sucede ninguna catástrofe, deja de enviar señales al cuerpo para que huya.[85]

La confianza es un gran factor de la expectación. Pequeñas victorias como las que describe Cain pueden aumentar la confianza y disminuir el miedo. Consigue esas victorias a través de pequeños éxitos en tu comunicación.

2. Perspectiva del discurso: cree que tienes algo que dar

Una de las particularidades de mi personalidad es que soy muy optimista y tiendo a ver lo mejor en todo. El lado negativo de esto es que crea puntos ciegos, sobre todo en mi forma de ver a las personas. Sin embargo, el lado positivo es que me entusiasman las cosas que me gusta hacer. Durante años, mis amigos y colegas más íntimos se han burlado de mí cuando les digo que el mensaje o el libro en el que estoy trabajando en ese momento es «el mejor que he escrito».

Ellos me dicen: «¿En serio? De más de cien libros, ¿este es el mejor?». Mi respuesta siempre es que sí. Como estoy constantemente creciendo y aprendiendo, creo que siempre tengo algo más y mejor que dar. Y cada vez que escribo, doy lo mejor de mí. Así que, por supuesto, creo que es lo mejor que he hecho hasta el momento. Lo mismo ocurre con mi comunicación.

Cuando empecé a comunicar, creía que todo lo que escribía y presentaba era lo mejor que había hecho en mi vida. Esa era la parte positiva. La negativa era que aún no era muy bueno. Me faltaba habilidad y confianza, y no tenía una expectativa optimista sobre mí mismo, mi discurso o mi audiencia. Mis esperanzas idealizadas contrastaban con la realidad de lo que podía dar. Pero poco a poco y con práctica, fui mejorando. A medida que mejoraba, mi sensación de expectación crecía a la par de la confianza de la audiencia, porque mis habilidades habían aumentado.

Una de las cosas que más me ayudó fue descubrir qué era lo que más quería enseñar. Quería ayudar a las personas a tener éxito y, tras varios años, llegué a la conclusión de que necesitaban aprender sobre cinco áreas concretas. Esto lo mencioné en la Ley de la Palanca (capítulo 8) y quiero explicarlo ahora.

Mi primer descubrimiento fue sobre el valor de la *actitud*. Lo aprendí de mis padres, que nos lo recalcaban a mis hermanos y a mí a diario. También, desde una edad muy temprana, comprendí la importancia de las *relaciones*. Experimenté el amor de mi mamá y mi papá, y vi cómo su manera de valorar a las personas potenciaba sus relaciones.

Pocos años después de iniciar mi carrera, me di cuenta de la importancia del *liderazgo* para tener éxito. Descubrí que todo surge y se desploma por el liderazgo. Me dediqué a mejorar mi propio liderazgo y no tardé en empezar a enseñar a otros a liderar. Fue entonces cuando reconocí el poder de *equipar*. Cuando comencé a equipar a otros para liderar, mi liderazgo, eficacia y éxito alcanzaron un nivel totalmente nuevo. La pieza final del rompecabezas era algo en lo que había estado trabajando desde el inicio de mi carrera: *la comunicación*. Lo que comenzó como una necesidad de mi profesión se convirtió en mi mayor habilidad y en algo que podía ayudar a los demás a mejorar.

Cuando me di cuenta de que las letras iniciales de estas cinco palabras formaban la palabra *clear* («claro» en español), comencé a usar ese acrónimo para representar las cinco categorías sobre las que más hablo: Comunicación, Liderazgo, Equipar, Actitud y Relaciones. Creo que son lo que la gente necesita para convertirse en un caso *claro* de éxito. Considero que si las personas aprenden y mejoran en esas cinco áreas, tendrán vidas más satisfactorias, serán más exitosas y más capaces de cumplir su propósito, lo que hará del mundo un lugar mejor.

¿Qué puedes enseñar que sabes que puede ayudar a otras personas? ¿Has empezado a averiguarlo? Charlie Wetzel, mi compañero escritor de toda la vida, ha observado que los comunicadores profesionales tienen ciertos temas clave que se sienten llamados a enseñar. Retoman estos tres a siete temas una y otra vez, expresándolos de formas diferentes o enseñando determinados aspectos dentro de cada uno. Mis temas están representados por el acrónimo CLEAR. Los temas de Kevin Myers son la conexión con Dios, el carácter, la comunidad y la competencia. Si examinas todos los mensajes de un comunicador a lo largo de su carrera, descubrirás que encajan dentro de sus *nichos* temáticos. Los mejores comunicadores tienen un don especial para encontrar formas creativas de presentar estas ideas de manera novedosa a lo largo de los años.

Intenta discernir cuáles son tus temas. Una vez que los descubras y escribas mensajes basados en tus convicciones, tu confianza y sentido de expectación aumentarán. Tu audiencia percibirá tu seguridad y compartirá tu expectación, porque tu nivel de entusiasmo determinará el suyo.

> Una cosa es comunicar a las personas porque uno tiene algo valioso que decir. Otra es comunicarte con las personas porque crees que *ellas* tienen valor.

3. Perspectiva de la audiencia: cree que la gente puede y quiere mejorar su vida

Una cosa es comunicar *a* las personas porque uno tiene algo valioso que decir. Otra es comunicarte *con* las personas porque crees que *ellas* tienen valor. Esa es la perspectiva de la audiencia que debes tener. Por pequeña que sea, no hay audiencia insignificante, solo comunicadores que piensan así. Mencioné esto en la Ley de la Conexión (capítulo 7), y hablaré de ello a profundidad en la Ley de Agregar Valor (capítulo 15), así que no diré mucho más aquí, salvo destacar que nuestra actitud hacia las personas determina cómo las tratamos.

El psicólogo y escritor Travis Bradberry indica que las investigaciones confirman esto. Escribe:

Cuando a los profesores de los estudios se les decía que ciertos niños (seleccionados al azar) eran inteligentes, esos niños tenían un mejor desempeño, no solo en clase, sino también en pruebas estándar de coeficiente intelectual.

Y es verdad, sacamos lo mejor de los demás cuando creemos en ellos. Las investigaciones señalan que esto sucede porque cuando creemos en alguien:

- lo tratamos mejor que a las personas que creemos que fracasarán;
- le damos más oportunidades de tener éxito que a los que creemos que fracasarán;
- le damos opiniones más precisas y útiles que a los demás;
- le enseñamos más porque creemos que es tiempo bien invertido.[86]

Cuando creemos que la audiencia merece nuestro esfuerzo y prevemos que se beneficiará, las personas lo perciben y responden de manera positiva. Cuando no lo creemos, su respuesta no es buena. Hace poco fui testigo de un evidente ejemplo de esto cuando viajé a Normandía con unos amigos para visitar varios campos de batalla de la Segunda Guerra Mundial. Nuestro guía en el museo carecía de toda noción de lo que significa tener perspectiva de la audiencia. Durante sesenta minutos, parecía que su único propósito era hacernos sentir

> **Nunca le hagas a la audiencia una pregunta que no pueda contestar solo para responderla tú y parecer inteligente. Eso crea una brecha entre las personas con las que estás hablando y tú.**

ignorantes y demostrar lo mucho que sabía. Al menos treinta veces nos hizo preguntas que sabía que no podíamos responder. El grupo pasó de estar entusiasmado y dispuesto a aprender a sentirse desanimado y desinteresado. *Vi* cómo mis amigos bajaban la cabeza y miraban hacia otro lado cada vez que el guía se disponía a hacer otra pregunta.

Cuando terminó el recorrido, reuní a mis amigos y aproveché nuestra experiencia para enseñarles una lección sobre comunicación: les pedí que analizaran la técnica de nuestro guía y cómo los había hecho reaccionar. Concluí diciendo: «Nunca le hagas a la audiencia una pregunta que no pueda contestar solo para responderla tú y parecer inteligente. Eso crea una brecha entre las personas con las que estás hablando y tú».

CÓMO CREAR UNA ATMÓSFERA DE EXPECTACIÓN

Una vez que tengas la *mentalidad* adecuada de expectación, puedes emplear *prácticas* que creen una atmósfera de expectación en tu audiencia. Aquí tienes cuatro que puedes comenzar a usar desde ahora.

1. Abre el grifo

Louis L'Amour, el prolífico autor *best seller* de novelas del Oeste, dio este consejo a los escritores: «Empieza a escribir, pase lo que pase. El agua no fluye hasta que abres el grifo».[87] Esto también es verdad para los comunicadores que quieren crear expectación. Desde que recibes una invitación hasta que te paras delante de la audiencia, pasando por el momento en que escribes tu mensaje y te preparas para compartirlo, tu sensa-

> «Empieza a escribir, pase lo que pase. El agua no fluye hasta que abres el grifo».
> —Louis L'Amour

ción de expectación debe estar fluyendo. Y nadie más que tú puede ponerla en marcha.

Cuando te piden comunicar, ¿cuál es tu reacción? ¿Emoción? ¿Miedo? ¿Nervios? Si puedes encender tu sensación de expectación, creyendo que *puedes* hacer un buen trabajo y que *puedes* ayudar a las personas, empezarás por un buen camino, porque la expectación es la clave de la autodisciplina. Si procrastinas, quizá sea porque no anticipas que vaya a ocurrir algo positivo. Pero si anticipas que el discurso que prepararás marcará una diferencia positiva en la gente, no podrás esperar para empezar a escribirlo.

Así es como me siento todo el tiempo. Todos los días, dedico tiempo a preparar mensajes o a escribir libros. ¡Todos los días! A las 5:30 de la mañana, suelo estar en mi escritorio trabajando en ellos. Si estoy de viaje, escribo siempre que puedo, esté donde esté. Mi grifo de la expectación siempre está *abierto*. Me entusiasma levantarme y prepararme porque creo que lo que escribo y digo marcará una diferencia positiva en la vida de las personas.

Cuando abres el grifo de la expectación, también fluye el agua de la creatividad y tienes más ideas mientras escribes tu mensaje. Eso hará que te entusiasmes aún más con tu mensaje. Como resultado, subirás al escenario emocionado y la comunicación fluirá. Y cuando la gente actúa en respuesta a tu mensaje, también fluyen las posibilidades. Todo empieza cuando abres el grifo. No esperes una oportunidad para comenzar a prepararte. Prepárate y después encuentra una oportunidad.

2. Prepara la mesa para que la gente sepa que habrá buena comida

Para las personas de tu audiencia, escuchar lo que estás comunicando debería ser como ir a un gran restaurante. Hace poco, mi esposa, Margaret, y yo tuvimos el privilegio de cenar con unos amigos en uno de los mejores restaurantes del mundo, Louis XV en Montecarlo. Estábamos expectantes ante esta experiencia, ya que el restaurante está dirigido por Alain Ducasse y ha recibido tres estrellas Michelin. Desde que entramos al comedor, quedamos fascinados. En las mesas había vajilla de porcelana fina y flores hermosas.

> No esperes una oportunidad para comenzar a prepararte. Prepárate y después encuentra una oportunidad.

De fondo, se escuchaba el suave sonido de un arpa. El *maître* nos recibió y explicó los fantásticos platos que íbamos a disfrutar, lo que elevó nuestras expectativas. Y todo el personal estaba listo para atender nuestras necesidades. Cuando llegó el primer plato, el camarero nos explicó lo que nos iban a servir y cómo se había preparado. Tenía un aspecto estupendo y un sabor delicioso. Y por mucho que lo disfrutáramos, nuestra conversación se tornó en expectación ya que nos preguntábamos cuál sería el siguiente plato. Esa sensación de emoción duró toda la cena. De verdad fue una experiencia memorable.

Como comunicador, eres el chef, el *maître* y el camarero en una misma persona. Conoces el menú y controlas el servicio. Puedes crear la atmósfera para tu audiencia y señalar lo que está por venir, lo que crea en la gente una sensación de expectación mientras esperan a que les sirvas su *platillo*.

No hay nada que disfrute más como comunicador que darles a las personas una idea de lo que está por venir a lo largo de mi presentación y despertar su interés por recibirlo. Esto lo hago a menudo usando frases como estas:

- Esta mañana me levanté con una gran expectación por este tiempo que pasaremos juntos.

- Les voy a compartir algo que nunca había compartido antes.
- He creado esta lección solo para ustedes. ¡Ustedes son los primeros en escuchar esto!
- Mira a la persona que está a tu lado y dile: «Hoy vas a aprender algo».
- Lo que estoy por compartirles puede ser transformador.
- Mi nivel de expectativa para esta lección es un *diez*. ¿Cuántos están tan entusiasmados como yo? Mira a tu vecino y dile: «¡Estoy entusiasmado por escuchar esta lección!».
- En unos minutos, voy a darles la «receta secreta» para su éxito.
- Pregúntate: «¿Qué es lo mejor que puede ocurrirme durante el tiempo que pasemos juntos?». A lo largo de esta presentación, trata de encontrarlo.

Frases como estas son como vajilla de porcelana, flores hermosas y un cálido recibimiento para la experiencia de tu audiencia. Crean una expectación positiva antes de que sirvas los platos y les des de comer a las personas. Te recomiendo que encuentres frases que encajen con tu personalidad y estilo, y que después las uses para crear expectación a tu manera.

3. Sé una fuente, no un desagüe

Recientemente, las personas han usado una gran frase para describir cómo tratar a los demás: «Sé una fuente, no un desagüe», un dicho acuñado por el jugador de béisbol Rex Hudler.[88] Esas palabras también expresan cómo deberíamos esforzarnos por tratar a los demás en nuestra comunicación. Mi amigo Tim Elmore, fundador y director ejecutivo de Growing Leaders, escribe sobre cómo podemos ser fuentes o desagües con las personas de nuestra vida:

Las fuentes y los desagües cumplen dos funciones opuestas: las fuentes desbordan agua, mientras que los desagües se llevan toda el agua. En las relaciones con los demás, la mayoría de la gente suele ser una fuente o un desagüe: o bien fluyen y se desbordan sobre los demás o simplemente les drenan la energía. Estoy seguro de que has conocido a ambos tipos de personas: quienes refrescan la vida o quienes la secan por completo.[89]

Cuando te prepares para hablar, tienes que verte como una fuente. Tienes que ser alguien que da a los demás. Todos sabemos que, en las relaciones, cada uno de nosotros suma o resta. Restar hace que la gente te evite. Sumar atrae a las personas hacia ti y crea en ellas una sensación de expectación. Si lo piensas, apuesto a que puedes nombrar algunas fuentes famosas del mundo. Estas son las que me vienen a la mente:

- la Fontana di Trevi en Roma;
- la Fuente Crown en Chicago;
- la Fuente Arcoíris del Puente Banpo en Seúl;
- el Jet d'Eau en Ginebra;
- la Fuente Mágica de Montjuïc en Barcelona;
- la Fuente de la Amistad de los Pueblos en Moscú;
- la Fuente del Rey Fahd en Yeda.

Pero apuesto a que no puedes nombrar ningún desagüe famoso, ¿verdad? ¿Por qué? ¡Porque no hay desagües famosos!

Para asegurarme de ser una fuente y no un desagüe, controlo mi actitud,

> **Tus expectativas, más que cualquier otra cosa en la vida, determinan tu realidad.**

porque he descubierto que cuando tengo una mala actitud, me convierto en un desagüe. Y solo hay una cosa más contagiosa que una buena actitud: una mala actitud. Si quieres crear expectación en tu audiencia, asegúrate de que tu actitud sea buena y de que estás dispuesto a desbordar positividad.

4. Vivir del lado del sí

Ya sabes que existe una relación entre lo que esperamos y lo que experimentamos. Tus expectativas, más que cualquier otra cosa en la vida, determinan tu realidad. Si esperas que todas las personas, desafíos y oportunidades de la vida te den un *no*, eso es lo que recibirás. Si siempre esperas que las respuestas de la vida sean *sí*, las recibirás. Y si puedes vivir del lado del *sí*, puedes experimentar una vida que cree en posibilidades prácticamente ilimitadas. ¿Por qué creo que esto es posible? Porque las investigaciones demuestran que las personas que creen en sí mismas usan más su cerebro. Tienen más capacidad intelectual para solucionar problemas porque los abordan desde distintos ángulos y adaptan sus planteamientos según sea necesario.[90]

> «Si tuviera que desear algo, no sería riqueza y poder, sino un apasionado sentido de lo potencial, el ojo que, siempre joven y ardiente, ve lo que es posible. El placer decepciona. Las posibilidades, nunca».
>
> —*Søren Kierkegaard*

Yo comunico del lado del *sí* porque ahí es donde vivo. Crecí leyendo libros como *El poder del pensamiento positivo* de Norman Vincent Peale, *La magia de pensar en grande* de David J. Schwartz y *Move Ahead with Possibility Thinking* (Avanza pensando en las posibilidades) de Robert Schuller. Todos ellos influyeron en mí para que tuviera una mentalidad de abundancia, una mentalidad de *sí*. Creo que sí, que todos podemos tener posibilidades, esperanza, perseverancia, respuestas, opciones y éxitos. Y como creo estas cosas, puedo comunicarlas. Además, todas ellas crean una expectación positiva.

Si te parece que estoy haciendo demasiado hincapié en ser positivo, en creer en ti mismo y en creer en tu audiencia, no es así. ¿Por qué lo digo? Porque es *imposible* exagerarlo. De hecho, crear expectación positiva en una audiencia es casi imposible sin ello. El filósofo Søren Kierkegaard dijo: «Si tuviera que desear algo, no sería riqueza y poder, sino un apasionante sentido de lo potencial, el ojo que, siempre joven y ardiente, ve lo que es posible. El placer decepciona. Las posibilidades, nunca».[91]

Eso es lo que deseo para ti. Deseo que veas posibilidades. Deseo que te entusiasme el hecho de dirigirte a los demás; que seas como el célebre arquitecto Frank Lloyd Wright, que, cuando le preguntaron cuál de sus obras consideraría su obra maestra, respondió: «La próxima».[92] Te deseo que cada vez que subas a un escenario a comunicar, tu sensación de expectación sea tan fuerte que se contagie a tu audiencia, y que la gente disfrute cada parte de la experiencia y se beneficie de ella. ¿Por qué? Porque cuando no puedes esperar para decirlo, ellos no pueden esperar para escucharlo. Esa es la Ley de la Expectación.

10

La Ley de la Simplicidad

*Los comunicadores toman algo complicado
y lo hacen sencillo*

Cuando Vince Lombardi era entrenador de los Green Bay Packers de la NFL, participó en una convención de entrenadores. Varios ponentes describieron con gran detalle sus elaborados esquemas ofensivos y defensivos, evidentemente orgullosos de sus complejos libros de jugadas. Cuando le preguntaron por su estrategia, Lombardi contestó: «Solo tengo dos estrategias. Mi estrategia ofensiva es sencilla: cuando tenemos la pelota, ¡buscamos derribar al otro equipo! Mi estrategia defensiva es similar: cuando el otro equipo tiene la pelota, ¡buscamos derribarlos a *todos*!».[93]

Cuando comunico, mi estrategia también es sencilla. Al subir al escenario, me siento en mi banca, trabajo para conectar con las personas y empiezo a hablar de mi contenido con la meta de que sea sencillo, natural y fácil de entender. ¿Por qué? Porque los comunicadores toman algo complicado y lo hacen sencillo. Esa es la Ley de la Simplicidad.

¿A QUIÉN QUIERES IMPRESIONAR?

Cuando inicié mi carrera como comunicador, no conocía ni entendía la Ley de la Simplicidad. Como joven teólogo universitario, tomé muchos cursos sobre oratoria, pero ninguno de mis profesores me enseñó el valor de mantener la sencillez en la comunicación. Warren Buffett dijo: «Las escuelas de negocios recompensan la complejidad dificultosa, pero la simplicidad es mejor».[94] La universidad a la que asistí hacía lo mismo. Al parecer, mucha gente en el sector educativo valora tomar algo simple y hacerlo complicado. Lo portan como una insignia de honor, esperando impresionarte por la dificultad de su tema, la complejidad de sus ideas y lo rebuscado de su vocabulario. Y recompensan a los estudiantes que los imitan.

Cuando estaba en la universidad, cada estudiante de último año tenía que hablar durante un servicio ante una audiencia llena de profesores y estudiantes. Todos temíamos el día que nos tocara intentar impresionar a los profesores con nuestras habilidades de comunicación. Mientras me preparaba para mi discurso, si de algo estaba seguro era de que tenía que alejarme de lo simple. Nos acercábamos a la graduación, y después de soportar dos años de estudios de griego, se esperaba que demostráramos nuestro conocimiento.

Cuando llegó ese temido día, pronuncié un mensaje titulado «La incompatibilidad del pecado y la condición de hijo». Me aventuré por la madriguera del conejo teológico en busca de problemas oscuros e ideas complejas. En mi último año de universidad, recibí el premio al «Orador del año» por mis esfuerzos. A los profesores les encantó, pero los estudiantes estaban muertos de aburrimiento.

Tristemente, esa formación me acompañó a mi primera congregación, una comunidad de granjeros del condado más pobre de Indiana. Durante todo aquel primer año, enseñé con un Nuevo Testamento en griego que había usado como libro de texto en la universidad. Al principio, no tenía la menor idea, pero poco a poco me di cuenta de que no conectaba con la congregación. Empecé a advertir que no querían escuchar estudios con palabras rebuscadas de un joven recién graduado. Querían lo que el legendario compositor Harlan Howard dijo sobre la música que amaba: «La música country son tres acordes y la verdad».[95] Querían escuchar algo útil, compartido con sencillez.

Sea cual sea tu audiencia —granjeros, empresarios, padres de familia, directivos, trabajadores del sector de servicios, técnicos, votantes, artistas o estudiantes—, todos quieren sentirse conectados. Quieren entenderte fácilmente y ser capaces de hacer algo positivo con lo que les digas. No trates de impresionar. Adopta la idea expresada por la novelista y dramaturga Clare Boothe Luce: «El mayor grado de sofisticación es la sencillez».[96] Yo aprendí esa lección cuando perdí a mi audiencia por tratar de impresionarla y la recuperé al simplificar mi mensaje y hacerlo práctico.

> «La música country son tres acordes y la verdad».
> —*Harlan Howard*

EL ENFOQUE SIMPLE

La simplicidad es un gran principio para cualquier ámbito de la vida, no solo para la comunicación. Cuando leí la biografía de Red Auerbach, quien entrenó a los grandes equipos de básquetbol de los Boston Celtics de 1950 a 1966, me impresionó su filosofía de mantener la sencillez. Al parecer, alguien le preguntó a Auerbach cuál era su fórmula mágica para ganar campeonatos. Él se rio y respondió: «Nuestro secreto para ser exitosos es lo que llamo "simplicidad efectiva". Nada complicado. De hecho, solo tenemos siete jugadas diferentes, y Bill Russell toca el balón en cada una». Desde luego, la simplicidad le funcionaba. Como entrenador de Boston, Auerbach ganó nueve campeonatos de la NBA.

La simplicidad es una manera maravillosa de abordar la vida. Yo intento implementar esta idea en cada aspecto de mi vida cotidiana al enfocar mi atención en solo cinco áreas:

- **Valores:** son mi fundamento. Me *sostienen* y los *defiendo*. Tomar decisiones es sencillo cuando conoces tus valores.
- **Principios:** son mi brújula, las creencias y lineamientos para dirigir mi vida.
- **Prioridades:** las tengo presentes para que lo principal siga siendo lo principal. Saber cuáles son las cosas más importantes y hacerlas todos los días garantiza que cada día sea efectivo.
- **Sistemas:** planifico, organizo y trabajo de una forma sistemática que me ayuda a alcanzar mis metas. Los sistemas son como autopistas que me permiten llegar rápido a mi destino y maximizar mi tiempo.
- **Intencionalidad:** es el puente que me permite pasar de las buenas intenciones a las buenas acciones diariamente. Me mantiene enfocado y aporta eficacia a lo que hago.

Me he pasado la vida trabajando para simplificar lo que creo y lo que hago. Y he descubierto que cuanto más viejo soy, menos cosas creo, pero las creo más profundamente. ¿Simplificar mi comunicación me llevó a simplificar mi vida o simplificar mi vida me llevó a simplificar mi comunicación? No lo sé. Pero sin duda se han potenciado entre sí y han mejorado mi vida de muchas formas.

COMUNICACIÓN SIMPLE

Cuando no valoras la simplicidad en la comunicación, te puedes encontrar en situaciones como las de las personas de una historia graciosa que escuché hace varios años. Un hombre en un globo aerostático se dio cuenta de que estaba perdido. Redujo la altura y vio a una mujer abajo. Descendió un poco más y gritó: «Disculpe, ¿me puede ayudar? Le prometí a un amigo que lo vería hace una hora, pero no sé dónde estoy». La mujer le respondió: «Usted está en un globo sobrevolando aproximadamente a diez metros del suelo. Está entre 40 y 41 grados de latitud norte, y entre 59 y 60 grados de longitud oeste».

«Usted debe ser ingeniera», dijo el aeronauta.

«Lo soy» —respondió la mujer—, «¿cómo lo supo?».

«Bueno» —le respondió el hombre—, «todo lo que me ha dicho es técnicamente correcto, pero no tengo idea de qué hacer con su información, y la verdad es que sigo perdido. Francamente, no me ha ayudado mucho. Por el contrario, ha retrasado mi viaje».

La mujer en tierra le respondió: «Seguramente usted trabaja en una gerencia».

«Así es» —respondió el aeronauta—, «cómo lo supo?».

«Bueno» —dijo la mujer—, «usted no sabe dónde está ni a dónde va. Se ha elevado hasta donde está gracias a una gran cantidad de aire caliente. Hizo una promesa que no tiene idea de cómo cumplir y espera que la gente que está por debajo de usted solucione sus problemas. La verdad es que está exactamente en la misma posición que antes de encontrarnos, pero ahora, de alguna forma, ha logrado que sea culpa mía».[97]

Mi amigo Kevin Myers, cuya historia leíste en la Ley de la Palanca (capítulo 8), ha estudiado comunicación durante muchos años y con frecuencia es mentor de comunicadores jóvenes para ayudarlos a mejorar. Además de la Ley de la Palanca, les enseña un concepto que me compartió sobre las diferencias entre ser simplista, complejo y simple, y quiero que lo conozcas.

1. Simplista: superficial y rápido

Una de las razones por las que algunos comunicadores evitan simplificar sus mensajes es que temen ser simplistas. Ser simplista es *ignorar* la complejidad genuina de un problema o una situación y ofrecer una solución demasiado fácil. Es lo que suele hacer la gente en una conversación cuando responde al problema de alguien. Una persona expone un problema difícil de liderazgo o una situación que altera la vida de alguien, y la otra responde: «Lo que debes hacer es…», y termina la frase con una idea poco meditada. Con frecuencia son frases trilladas y solo tienen razón a medias.

¿Alguna vez has escuchado a alguien decir: «Solo dame un título y un puesto, y será fácil liderar»? Está claro que esa persona no entiende la complejidad del liderazgo. He observado a muchas personas con títulos y en puestos de liderazgo que no saben liderar. O quizás has compartido algo desgarrador por lo que has pasado, y alguien te ha dicho: «La experiencia es el mejor maestro». Eso no solo no es útil, sino que no es cierto. Si la experiencia fuera el mejor maestro, toda persona sería mejor con el paso de los años. Pero no es así. La experiencia es el mejor maestro ¡solo si la evalúas, aprendes de ella y aplicas las lecciones a tu vida!

Ser simplista es adoptar las creencias populares, pero no las ideas probadas. *Ser simplista* es no hacer preguntas y dejar más de la mitad de un asunto sin atender. Es no buscar respuestas *reales*, solo respuestas fáciles. Ser simplista nunca es satisfactorio. Nunca me ha satisfecho a mí ni satisfará a mi audiencia. Solo los ingenuos y los inexpertos aceptan una respuesta simplista. Para comunicar con eficacia, hay que profundizar.

2. Complejo: profundo y lento

La mayoría de los temas son complejos, así como la mayoría de los problemas y sus soluciones. Seamos honestos: mientras que lo simplista es decepcionante, la complejidad puede ser abrumadora. Para profundizar en cualquier cosa que necesite solución, tienes que hacer preguntas. Necesitas descubrir datos que están ocultos. Debes tomar en cuenta desde un puñado hasta cientos de factores. Perderse en la complejidad es fácil y el proceso suele ser muy lento.

Entonces, ¿cómo puedes abordar la complejidad? Con pensamientos sostenidos. El proceso de enfrentar la complejidad con un pensamiento sostenido me parece desafiante y gratificante. Trabajar duro para ir más allá de lo simplista y lidiar con lo complejo requiere tiempo y energía, pero la recompensa es maravillosa. Tener un momento revelador en nuestro entendimiento es fantástico. Tomar esa revelación y expresarla de manera simple es aún más satisfactorio. Y si puedo tomar esa idea simple y hacerla memorable, ¡será un éxito!

3. Simple: profundo y rápido

La recompensa de profundizar en ideas y problemas complejos y emerger del otro lado con una forma simple de expresarlos es convertir una enseñanza confusa en una comunicación cristalina. Al físico Albert Einstein se le atribuye esta cita: «Si no puedes explicarlo de forma sencilla, es que no lo has entendido bien». No sé si a él se le ocurrió esa idea, pero de todos modos es cierta. Si examinas una idea en profundidad y eres capaz de comunicarla de manera rápida y simple, la gente querrá escuchar lo que dices.

Simplista	Complejo	Simple
Superficial y rápido	Profundo y lento	Profundo y rápido
No hace preguntas	Hace muchas preguntas	Responde muchas preguntas
Adopta las creencias populares	Adopta el pensamiento sostenido	Adopta las ideas probadas
Soluciones ineficaces	Soluciones complicadas	Soluciones elegantes

Quizá te preguntes: «¿Por qué no hay más personas que comuniquen de manera profunda y rápida como dice la Ley de la Simplicidad?». ¡Porque supone un esfuerzo enorme! El matemático y filósofo francés Blaise Pascal escribió una vez en una carta: «He hecho esto más largo de lo habitual porque no he tenido tiempo de hacerlo más corto».[98] La etapa de la complejidad requiere pensar y escribir de manera sostenida. Para comunicar rápido y con profundidad, debes trabajar duro y despacio. Escribir de manera concisa lleva su tiempo.

Muchas veces, cuando trabajo para simplificar un mensaje, debo escribir todo lo que puedo para determinar lo que realmente pienso y sé. Se convierte en un proceso de sintetización de ideas, pensamientos o experiencias previas. Trabajo para transformar estas ideas en un pensamiento más grande, pero más simple. Cuando puedo sintetizar muchas ideas simplistas en una sencilla, sé que esa idea es importante y puede comunicarse con eficacia.

> Si no puedes explicarlo de forma sencilla, es que no lo has entendido bien.

No todos entienden el trabajo que supone crear una comunicación simple. Durante una entrevista en una de mis giras editoriales, el anfitrión me dijo en tono despectivo: «He leído algunos de sus libros y son realmente simples».

«Sí», le respondí, «los principios son fáciles de entender, pero no son tan fáciles de aplicar».

El cofundador de Apple, Steve Jobs, dijo: «Se requiere de mucho esfuerzo para hacer algo sencillo, para entender de verdad los desafíos subyacentes y concebir soluciones elegantes». Jobs siempre se esforzó por aportar sencillez a todos los productos de Apple. «Era la visión original de Apple», dijo Jobs. «Eso es lo que intentamos hacer con la primera Mac. Eso es lo que hicimos con el iPod».[99] El biógrafo de Jobs, Walter Isaacson, escribió:

LA LEY DE LA SIMPLICIDAD

El diseño distintivo —limpio, sencillo y divertido— se convertiría en el sello de los productos de Apple bajo el liderazgo de Jobs… con una ingeniería y diseño estético que distinguieron a Apple de las demás empresas tecnológicas y que al final ayudaron a convertirla en la empresa más valorada del mundo. Su principio rector era la simplicidad, pero no solo la simplicidad superficial que se consigue con un diseño minimalista, sino la simplicidad profunda que se deriva de conocer la esencia de cada producto, la complejidad de su ingeniería y la función de cada componente.[100]

Jobs trasladó este deseo de simplicidad no solo al diseño estético de los productos Apple, sino también a su estilo de comunicación durante los eventos de lanzamiento. El trabajo que se requiere para hacer eso no es poca cosa, pero tiene una recompensa increíble.

> «Se requiere de mucho esfuerzo para hacer algo sencillo, para entender de verdad los desafíos subyacentes y concebir soluciones elegantes». —*Steve Jobs*

LOS GRANDES COMUNICADORES SON GRANDES SIMPLIFICADORES

Si quieres ser un gran comunicador, tienes que esforzarte por aplicar la Ley de la Simplicidad. Cada vez que te sientes a escribir un mensaje, quizá necesites recordarte a ti mismo, como hago yo a menudo, que nada es tan sencillo como esperamos. Pero con perseverancia, podemos tomar algo complicado y hacerlo simple. Para ello, trabajo para lograr tres cosas mientras escribo.

1. Claridad

Tu primer objetivo al prepararte para comunicar es que tu mensaje sea tan claro como el agua. ¿Qué estándar debes seguir? Este es el mío: si no puedes comunicarle tu mensaje a un niño de octavo grado —quien, a su vez, pueda explicárselo a alguien más—, entonces no es lo suficientemente simple.

El primer ministro británico en la época de la guerra, Winston Churchill, fue un maestro de la claridad. Se esforzaba mucho para preparar sus discursos. Una vez afirmó que pasaba una hora trabajando en un solo minuto de un discurso. El presidente John F. Kennedy, otro excelente comunicador, era un gran admirador de la capacidad de Churchill para escribir con claridad y contundencia. Kennedy dijo lo siguiente de los discursos de Churchill: «En los días sombríos y las noches más oscuras, cuando Inglaterra estaba sola —y la mayoría de los hombres, salvo los ingleses, perdían la esperanza de que Inglaterra siguiera con vida—, él movilizó la lengua inglesa y la envió al campo de batalla».[101]

En uno de sus primeros discursos ante los miembros del Parlamento tras asumir el liderazgo del país, Churchill resumió cuál era la meta de su administración: «Me preguntan: ¿cuál es nuestro objetivo? Puedo responderles con una palabra: victoria. Victoria a toda costa. Victoria a pesar de todo el terror. Victoria, por largo y duro que sea el camino, porque sin victoria no hay supervivencia».[102]

Puedes contrastar esto con la comunicación de Earl C. Kelley, profesor de educación media de la Universidad de Wayne, quien escribió una introducción en un libro para profesores que se ha hecho famosa por su falta de claridad. Kelley resumió el trabajo que él y otros educadores habían hecho en un taller durante varios años:

No hemos conseguido responder a todos nuestros problemas; de hecho, a veces sentimos que no hemos resuelto por completo ninguno de ellos. Las respuestas que hemos encontrado solo han servido para plantear toda una serie de nuevas preguntas. En cierta forma, sentimos que estamos más confundidos que nunca, pero creemos que estamos confundidos a un nivel superior y sobre temas más importantes.[103]

Kelley escribió esas palabras en 1951. ¿Ha avanzado la comunicación educativa desde entonces? Cuando hables, tus ideas deben ser sencillas, directas y en un lenguaje que cualquiera pueda entender. C. S. Lewis lo sabía. Lewis era profesor de literatura inglesa, teólogo laico y experto en apologética. Fue profesor tanto de Oxford como de Cambridge y era absolutamente brillante, capaz de superar intelectualmente a todos a la hora de hablar. Pero él entendía el poder de la claridad. En uno de sus ensayos, escribió sobre la importancia de usar un lenguaje común.

> «Si no puedes traducir tus pensamientos a un lenguaje común, es que tus ideas eran confusas». —C. S. Lewis

Para concluir, debes traducir cada parte de tu [tema] a la lengua vernácula. Esto es muy problemático y significa que puedes decir muy poco en media hora, pero es esencial. También es de gran ayuda para tu propio razonamiento. Estoy convencido de que si no puedes traducir tus pensamientos a un lenguaje común, es que tus ideas eran confusas. El poder de interpretarlas es la prueba de haber comprendido realmente lo que queremos decir.[104]

No es de sorprender que Churchill dijera: «En términos generales, las palabras cortas son las mejores y las palabras antiguas, cuando son cortas, son las mejores de todas».[105] Si quieres comunicarte al más alto nivel, tu lenguaje debe estar en el estante más bajo, al alcance de todos.

2. Concisión

No necesitas hablar mucho para decir mucho. No se trata de la cantidad de palabras que uses, sino del impacto que generan tus palabras. Donald Walton, autor de *¿Sabe usted comunicarse?*, señala:

- El Padre Nuestro contiene solo 56 palabras.
- Abraham Lincoln pronunció su memorable Discurso de Gettysburg en 268 palabras.
- Solo se necesitaron 1322 palabras en la Declaración de Independencia para poner en marcha a toda una nación.
- Un estudio de setenta y cuatro agencias federales reveló que emitieron 102 000 publicaciones en dieciocho meses. El *Catálogo Mensual de Publicaciones de los EE. UU.* registró 66 000 en el mismo periodo. La explicación de un funcionario: «El gobierno emite material impreso más rápido de lo que puede hacer un seguimiento» (de *US News & World Report*).
- George Washington pronunció el discurso de investidura más breve de todos los presidentes: solo 135 palabras para exponer su visión para la nueva nación. El poco distinguido William Henry Harrison fue nuestro presidente más parlanchín. Su discurso de investidura constó de más de 9000 palabras. Estando bajo la lluvia durante su larga intervención, Harrison contrajo neumonía y murió poco después.
- Moraleja: sé conciso y podrás presumir de ser como el padre de la patria; extenderte demasiado te puede costar la vida, de una forma u otra.[106]

Ser conciso requiere de trabajo. Cuando le preguntaron al presidente Woodrow Wilson cuánto tardaba en preparar sus discursos, respondió:

«Depende de la longitud del discurso. Si es un discurso de diez minutos, me lleva dos semanas prepararlo; si es de media hora, me lleva una semana; si puedo hablar todo lo que desee, no necesito ninguna preparación. Ya estoy listo».[107]

Si quieres ser un gran comunicador, no uses la estrategia de «ya estoy listo». Haz lo necesario para que tu comunicación sea corta y simple.

Decir mucho con pocas palabras es todo un arte. Debes elegir tus palabras con sabiduría y escoger solo las que produzcan impacto. Eso puede ser todo un desafío. La redactora de discursos presidenciales Peggy Noonan recuerda lo difícil que fue escribir su primer discurso para Ronald Reagan poco después de haber llegado ella a la Casa Blanca. Iba a ser un discurso muy corto (y hay quien diría que intrascendente) que el presidente leería al entregar el premio al Profesor del año en el Jardín de las Rosas. Mientras luchaba frente a su máquina de escribir, ella recordó esta historia:

Recuerda la cabaña frente al mar con el letrero AQUÍ SE VENDE PESCADO FRESCO. Claro que es fresco, estamos en el mar. Claro que está a la venta, no lo vamos a regalar. Claro que es aquí, si no el cartel estaría en otro lugar. El cartel final: PESCADO.[108]

Al final, encontró la manera de escribir el discurso. Reagan no cambió ni una sola palabra y ella logró empezar con el pie derecho. El discurso que escribió más adelante para Reagan sobre la tragedia del transbordador Challenger se considera el octavo mejor discurso político en los EE. UU. del siglo xx.[109] El discurso solo tenía 650 palabras, pero consoló a una nación abatida por la tragedia.

3. Enfoque

En su libro *Las leyes de la simplicidad*, el profesor del MIT y diseñador gráfico John Maeda escribe sobre las formas en que podemos mejorar la vida si la simplificamos. Su primera ley no podría ser más directa: *Reduce*. Pero mi favorita de sus diez leyes es la última: «La simplicidad consiste en restar lo obvio y sumar lo importante».[110] A lo que se refiere en realidad es al enfoque.

Hay una razón por la que todas las TED Talks deben durar dieciocho minutos o menos. Los organizadores quieren que todos los oradores de TED se esfuercen para que su comunicación sea no solo clara y concisa, sino también enfocada. Una comunicación enfocada posee todo lo necesario y nada más.

Mucha gente se me acerca para pedirme consejos sobre cómo hablar en público y escribir libros. Quizás el mejor consejo que puedo darles lo escribió el editor de una publicación hace casi cien años:

Si tienes una idea feliz, ¡redúcela!
Haz que sea corta, definida y concisa, ¡redúcela!
Cuando tu mente haya acuñado su moneda,
y tu pluma hayas apresurado hasta el final:
Si quieres ver impresos tus esfuerzos, ¡redúcelo!
Elimina todas las letras sobrantes, ¡redúcelo!
Mientras menos sílabas, mejor, ¡redúcelo!
Deja claro lo que quieres decir. Exprésalo.
Para que lo sepamos y no solo lo adivinemos.
Entonces, mi amigo, antes de escribirlo, ¡redúcelo!
Quita todo lo innecesario, ¡redúcelo!
Límpialo bien, luego limpia lo que ya limpiaste, ¡redúcelo!
Cuando estés seguro de que sería un pecado
recortar otra oración,
envíala ¡Y NOSOTROS LA REDUCIREMOS![111]

Escuchar una gran comunicación debería ser como disfrutar de una gran experiencia gastronómica. Los grandes chefs solo usan los mejores ingredientes y concentran los sabores. Cada elemento del platillo es distintivo. No se deja de lado nada esencial ni se añade nada innecesario. El resultado es algo intenso, sorprendente y profundamente satisfactorio.

Al comunicar, sigue esa misma filosofía y elabora tu mensaje usando tanto arte como ciencia. A medida que pongas en práctica la Ley de la Simplicidad, recuerda estos puntos:

- Menos es más.
- Claridad es poder.
- Lo claro es agradable.
- Todo debe ser lo más sencillo posible.
- Si no lo puedes explicar con sencillez, no lo entiendes.
- Deja de intentar impresionar a la audiencia.
- Comienza a ayudar a la audiencia.
- Ve al grano antes de que la gente se empiece a preguntar: «¿De qué está hablando?».
- Repite lo que es importante.
- Dilo con sencillez, dilo despacio y dilo con una sonrisa.

Si te esfuerzas por hacer esto cada vez que comuniques, siempre mejorarás tu mensaje y tu forma de hablar. ¿Por qué? Porque los comunicadores toman algo complicado y lo hacen sencillo. Esa es la Ley de la Simplicidad.

LA LEY DE LA EXPRESIÓN VISUAL

Mostrar y decir es mejor que simplemente decir

COMO COMUNICADOR, DEBES DECIDIR QUÉ VAS A HACER VISUAL-mente para mejorar tu presentación. Puedes depender de tu voz al cien por ciento para transmitir tu mensaje, como se hacía en la época de esplendor de la radio. Pero es importante resaltar que, incluso en la radio, usaban música, efectos de sonido y palabras para despertar la imaginación. Tal vez *podrías* usar solo tu voz, pero ¿por qué lo harías? Mostrar y decir es mejor que simplemente decir. Esa es la Ley de la Expresión Visual.

UN MUNDO DE IMÁGENES

Hace poco estuve hablando con mi amigo Tim Elmore sobre esta ley. Tim es el fundador de Growing Leaders y tiene un gran don para la comunicación. Es muy hábil para usar imágenes en su co-municación, tanto imágenes físicas como descripciones visuales. Él me compartió algo que escribió y que capta el entorno en el que estamos viviendo:

> Vivimos en una cultura rica en imágenes. Hemos crecido con fotografías, televisión, películas, VH1, DVD, Facebook

e Instagram. No podemos escapar del poder de las imágenes y la mayoría no queremos hacerlo. Nos hemos acostumbrado a ver, no solo a escuchar, nuestra música. La radio dio paso a la televisión, que a su vez dio origen a MTV. Incluso nuestra música es algo que no podemos separar de las imágenes. Nuestros abuelos crecieron escuchando la radio para entretenerse; los niños de hoy crecen viendo YouTube. Y el ritmo de esta expansión visual se acelera. De niño, fui de los primeros en crecer con un televisor: «la niñera de un solo ojo». A los adolescentes de hoy podemos llamarlos *screenagers* (adolescentes de pantalla), ya que el tiempo que pasan frente a una pantalla no se limita a la televisión, sino que se ha ampliado a computadoras portátiles, videojuegos, tabletas y teléfonos inteligentes. En los próximos siete años, el noventa por ciento del contenido que recibiremos en nuestros teléfonos celulares será visual, no verbal.[112]

¿POR QUÉ ES TAN EFICAZ ENSEÑAR CON IMÁGENES?

Tim es un experto en diferencias generacionales que ha dedicado los últimos cuarenta años a las generaciones más jóvenes. Su libro *Habitudes*, que enseña valores a través de imágenes, ha vendido millones de ejemplares y ha tenido un gran impacto en estudiantes de preparatoria y universidad, no solo de los Estados Unidos, sino también de otros países del mundo. Mientras trabajaba en ese libro, investigó mucho sobre el poder de lo visual en relación con la comunicación y la comprensión. Estas son algunas de sus conclusiones:

1. La mayoría de las personas aprenden de manera visual

Cerca del sesenta por ciento de las personas piensan en términos visuales.[113] Cuando la mayoría de nosotros escuchamos *elefante* o *camión de bomberos rojo*, no pensamos en las palabras, sino en las imágenes de esos objetos. Incluso nuestro cuerpo físico está diseñado para recibir señales visuales. Según los expertos, cerca del ochenta por ciento de los impulsos sensoriales que recibimos son de naturaleza visual.[114] Con razón Aristóteles dijo: «El alma no piensa sin una imagen». Si quieres conectar con la gente y ayudarla a aprender, necesitas apoyos visuales.

2. Las imágenes se quedan grabadas en la mente de las personas

¿Has oído alguna vez a alguien bromear diciendo: «No me voy a olvidar nunca de esa imagen» después de encontrarse en una situación incómoda? Hay algo de verdad en esa afirmación. Los estudios de algunos científicos conductuales han llegado a la conclusión de que, la mayoría de las veces, la gente recuerda mejor las imágenes que las palabras.[115] Llaman a esta tendencia «efecto de superioridad de una imagen». Tim señala: «La sociedad posmoderna es un mundo saturado de información. La gente procesa aproximadamente mil mensajes por día, digital y personalmente. La única esperanza de que nuestro mensaje quede grabado es asegurarnos de que contenga imágenes».[116] Mientras más visual seas, más memorable serás.

> «El alma no piensa sin una imagen».
> —*Aristóteles*

3. Las personas son muy receptivas a las imágenes

Es un cliché, pero también es verdad: una imagen vale más que mil palabras. La gente ve los programas en *streaming* y no puede esperar para hablar de ellos con sus amigos. Las vallas publicitarias atrapan la atención de los conductores. Las personas que no leen las noticias en el periódico siguen buscando las tiras cómicas. Los anuncios usan imágenes, no solo texto. Y las galerías de arte siguen exponiendo las obras de los maestros porque sus imágenes generan conversaciones. La gente se siente atraída por las imágenes y reacciona a ellas mental y emocionalmente.

4. Las imágenes activan la parte creativa y holística del cerebro

En *Una nueva mente*, Daniel Pink escribe sobre el cambio de la sociedad humana de la era de la información —impulsada por los trabajadores del conocimiento— a lo que él llama la era conceptual, que estará impulsada por los creativos y empáticos. En el libro, relata extensas investigaciones sobre cómo funcionan las distintas áreas del cerebro. Señala que el hemisferio derecho es bueno para procesar imágenes y rostros, es creativo, procesa la información de manera holística y simultánea, es capaz de sintetizar y ver el panorama completo.[117] Cuando usas apoyos visuales, ayudas a tu audiencia a procesar, sintetizar y entender.

5. Los apoyos visuales cuentan historias en nuestra imaginación

Tim dice: «Una simple imagen puede disparar un pensamiento nuevo cada vez que la miras. ¿Por qué? Porque las imágenes cuentan historias. Los filósofos de nuestros días son los músicos y los cineastas, que pintan cuadros en nuestra mente y despiertan la imaginación».[118] Si quieres hacer volar la imaginación de tu audiencia, no le des estadísticas. Dale imágenes. Por eso, como comunicadores, debemos hacer nuestras presentaciones lo más visuales posibles.

¡IMAGINA ESTO!

El director de cine Martin Scorsese dijo: «Si quieres llegar a los más jóvenes a una edad temprana para formar su mente de manera significativa, necesitas saber cómo las ideas y las emociones se expresan de forma visual».[119] Estas ayudas visuales no tienen por qué limitarse a películas o video. He descubierto que existen tres formas en que un comunicador puede mejorar su comunicación visualmente.

1. Movimiento corporal, gestos y expresiones faciales

El primer apoyo visual que debes usar como comunicador es tu cuerpo. Puedes aprender a usar movimientos, gestos y expresiones faciales para mejorar y enfatizar lo que dices. Esto lo sé porque cuando empecé a comunicar, lo hacía del cuello para arriba. Permanecía inmóvil detrás de un gran estrado y me limitaba a compartir unas palabras con mi congregación. Parecía como si me estuviera escondiendo. El estrado era tan grande que podría haber estado desnudo tras él y nadie lo habría notado. Para mi audiencia de entonces, observarme hablar debe haber sido como ver un iceberg. Se veía muy poco de mí y mis movimientos eran imperceptibles.

A medida que aumentó mi experiencia, me sentí más cómodo y relajado. Adquirí la suficiente confianza como para salir de detrás del estrado. Esto me permitió usar el lenguaje corporal para mejorar mi comunicación. Comencé a usar más gestos. Y descubrí que mientras más me movía, más atenta estaba mi audiencia.

> Si quieres hacer volar la imaginación de tu audiencia, no le des estadísticas. Dale imágenes.

Un día, mientras compartía, decidí sentarme en la escalera al borde del escenario. De inmediato sentí un cambio en la sala. Pude sentir una conexión más íntima con la audiencia. Ya no les estaba hablando *a* ellos; estaba teniendo una conversación *con* ellos. Tomé nota mental de ese momento y lo incorporé a mi caja de herramientas de comunicación.

Hace muchos años, me invitaron a dar una charla en la Catedral de Cristal. Era el primer lugar en el que hablaba que tenía grandes pantallas de proyección. Cuando comencé, noté que la audiencia no me miraba a mí, sino a mi izquierda. Fue muy desconcertante. Sentía que no tenía su atención, que no estaba conectando. Entonces entendí que me estaban mirando, pero en la pantalla gigante, no en el escenario. Lo primero que se me ocurrió fue bajar del escenario y caminar veinte metros hacia mi izquierda para pararme debajo de la pantalla y así estar en su campo visual.

Mientras compartía mi mensaje, también mantenía un diálogo interno tratando de decidir qué hacer. Entonces, justo en ese momento, dije algo gracioso e hice una mueca. ¡La audiencia estalló! La sala entera se reía mientras miraba la pantalla. Fue entonces cuando lo entendí. Comprendí el poder de una cámara y una pantalla gigante para mejorar la comunicación, sobre todo en un recinto grande. Después de eso, adapté mi comunicación y me quedé satisfecho con dejar que las cámaras ampliaran mis expresiones y movimientos para que todos pudieran verlos.

Hoy me esfuerzo por ser un comunicador muy visual y uso todo lo que esté a mi disposición para ayudarme a comunicar, incluida mi sonrisa. Existe una razón para ello. Recuerdo bien haberme mirado en un espejo cuando estaba en tercer grado y haber pensado: «No soy un niño guapo». En ese momento, decidí sonreír. Inmediatamente me vi mejor. No me arregló, ¡pero vaya que me ayudó! Desde entonces, sonrío intencionalmente y lo hago todo el tiempo, sobre todo cuando estoy en el escenario. El mundo está lleno de cientos de idiomas. Una

> El mundo está lleno de cientos de idiomas. Una sonrisa los habla todos. Comunica todo lo que un corazón alegre quiere expresar.

sonrisa los habla todos. Comunica todo lo que un corazón alegre quiere expresar.

También uso movimientos más amplios para mejorar y apoyar mi comunicación. Hace poco, mientras comunicaba en Cancún, subí al escenario frente a una multitud enfervorizada. Las personas vitoreaban todo lo que decía. Me encantaba la energía, pero sabía que si no lograba calmarlos, nunca podría conectar con ellos. Pensé rápido y bajé del escenario para estar físicamente más cerca. El efecto tranquilizador fue inmediato. Instintivamente, caminé hacia una de las mesas del salón y pregunté si me podía sentar con las personas que estaban allí para tener una conversación.

Tenía su atención. Cada una de las tres mil personas de la sala estaba enfocada en esa mesa, y todos estaban atentos. Les hablé en voz baja sobre principios que los ayudarían personal y profesionalmente. A nivel emocional, se sintió como si todos los de la mesa fuésemos amigos. Conectamos. Y como conectamos, pudieron recibir lo que tenía para ofrecerles.

Tengo que aclarar algo sobre cómo uso los movimientos físicos. Uso mi cuerpo para enfatizar lo que digo, como una actuación. Pero no quiero ser un *actor*. Quiero ser *parte* de la audiencia, no estar *alejado* de ella. Mi deseo es acercarme a las personas a medida que ellas se acercan a mí. Aunque es cierto que, físicamente, ellos están sentados frente a mí, siempre los invito a «sentarse a mi lado». Quiero estar en el momento con ellos y que cada uno lo sienta y lo reconozca. Para que eso suceda, no solo tienen que verme, ¡yo necesito verlos a ellos! Por eso me gusta que las luces del auditorio estén encendidas.

Hablaré brevemente sobre la iluminación en la Ley del Termostato (capítulo 13), pero quiero subrayarlo aquí también. Hay un mundo de diferencia entre un salón con las luces encendidas y las luces apagadas.

Salón con luces encendidas	Salón con luces apagadas
La energía es alta	La energía es baja
La atención se centra en la audiencia	La atención se centra en el escenario
Comunica inclusión	Comunica exclusión
Invita a la interacción	Crea aislamiento
Comparte emoción	Separa la emoción
Dice: «Somos uno»	Dice: «Soy la estrella»

Cuando comunico, quiero conmover emocionalmente a la audiencia, pero también quiero sentirme conmovido por ella. Quiero que mis palabras conmuevan a las personas, y ver su respuesta me conmueve a mí. Yo tengo algo que dar, pero ellos también. Mi expresión visual de vulnerabilidad demuestra que me siento seguro con ellos y que estoy dispuesto a conmover y a conmoverme. Todo esto aumenta la sensación de conexión para ellos y para mí. La experiencia es invaluable.

> **Cuando comunico, quiero conmover emocionalmente a la audiencia, pero también quiero sentirme conmovido por ella.**

Años atrás, un mentor me dijo: «John, no digas, muestra. No prometas, demuestra. No solo hables, actúa». Cuando entregas todo tu ser a tu comunicación, estás haciendo esas tres cosas. Si quieres ser un mejor orador, debes hacer algo más que comunicar del cuello para arriba. No te quedes inmóvil intentando llamar la atención. Usa movimientos corporales, gestos y expresiones faciales, y *capta* su atención.

2. Imágenes mentales

Daniel Pink dice: «Si una imagen vale más que mil palabras, una metáfora vale más que mil imágenes».[120] Hace esta afirmación porque las imágenes mentales activan ambos hemisferios de nuestro cerebro y nos permiten obtener mayores niveles de comprensión e involucración.

Un mensaje que comparto con frecuencia es sobre cómo convertirse en catalizador de la transformación. He perdido la cuenta de la cantidad de veces y los países donde lo he presentado. Para aumentar el nivel de comprensión e involucración de mi audiencia con el mensaje, uso imágenes mentales con seis palabras:

La primera imagen es la de un espejo. Les pido que se imaginen a sí mismos. ¿Por qué? Porque la transformación comienza en mí. Comienza en ti. Siempre comienza con un individuo.

La segunda imagen es la de manos entrelazadas. La transformación requiere de colaboración. Nunca ocurre aisladamente. Uno es demasiado pequeño como para pretender hacer grandes cosas.

La tercera imagen es la de una escalera. Transformación significa ayudar a otros a ascender a un lugar mejor. Para ser catalizadores de la transformación, debemos sostener la escalera para que otros puedan llegar a la altura de su potencial.

La cuarta imagen es un corazón. La transformación ocurre cuando las personas abrazan buenos valores en su corazón y los ponen en práctica en su vida.

La quinta imagen es la de una mesa. Cuando las personas se reúnen alrededor de una mesa, aprenden valores, comparten sus vidas y crecen, se produce una transformación.

La sexta imagen es la de un puente. ¿Para qué sirven los puentes? Ayudan a las personas a cruzar de donde están a donde quieren llegar. La transformación es el puente que lleva a las personas a una vida mejor.

La transformación es una idea abstracta e intangible. Con estas imágenes mentales, las personas pueden entender el concepto con facilidad. Se hace más accesible y pueden verse a sí mismas como parte de él. Pero a mí me gusta ir un paso más allá. Después de compartirles estas imágenes mentales, pido a todos que se pongan de pie para agregarle un movimiento a cada imagen y hacerla más memorable.

El espejo: señálate a ti mismo.
Las manos entrelazadas: dale la mano a alguien.
La escalera: sujeta los peldaños al *subir*.
El corazón: pon la mano en el corazón.
La mesa: dibuja un gran círculo con la mano.
El puente: señala de aquí a allá.

Y narro cada parte mientras ellos hacen los movimientos.

«La transformación comienza en mí…,
al entrelazar manos con otros…,
para ayudar a otros a llegar a la altura de su potencial…,
a través de aprender y poner en práctica buenos valores…,
alrededor de una mesa…,
para construir un puente hacia un futuro mejor».

Me encanta enseñar estos movimientos y pedirle a la audiencia que los repita después de mí. Suelo hacerlo de forma divertida exagerando mis movimientos y moviéndome por el escenario. Cuando algo es divertido e involucra los sentidos, las personas quieren contárselo a los demás; y como es visual, pueden recordarlo y compartirlo.

En el verano de 2022, me invitaron a hablar en una reunión de representantes del Poder Judicial en Costa Rica, incluidos los magistrados de la Corte Suprema. Cuando llegué al edificio del Ministerio de Justicia, me acompañaron hasta un gran salón lleno de gente. Me bastaron tres segundos para darme cuenta de que era un grupo muy serio de hombres y mujeres que no eran muy propensos a sonreír ni a reírse.

Tras enseñar las imágenes mentales con las seis palabras de la transformación, estaba en el dilema de si pedir a este grupo de jueces acartonados que hicieran los movimientos, lo que un miembro de mi equipo llama sarcásticamente el *Hokey Pokey* de la transformación. Pero sabía que mi intención era dejarles una impresión perdurable porque ellos, tanto como cualquier otra persona del país, podían transformar Costa Rica. Así que lo hice.

Se pusieron de pie a regañadientes. Cuando comencé a enseñarles los movimientos, se miraron unos a otros como buscando la aprobación de sus colegas. Pero el presidente de la Corte Suprema, que estaba en la primera fila, participó con entusiasmo. Así que los demás magistrados de la corte, sentados justo detrás de él, también lo hicieron. Hubo un cambio repentino en la conducta de todos: participaron, se rieron y se relajaron. Es un momento que nunca olvidaré.

Usar imágenes mentales con una audiencia es muy valioso y lo mejor es que cualquiera puede hacerlo. Cualquier persona capaz de hablar puede crear *imágenes* con sus palabras. No necesitas tener habilidades artísticas, conocimientos técnicos, equipos ni utilería. Solo necesitas el deseo de crearlas, la preparación para elaborarlas y la intencionalidad para usarlas.

3. Fotografías, utilería y videos

La última categoría de apoyos visuales involucra usar objetos reales, en persona o en pantalla. Según el Presentation Training Institute, solo tres horas después de una presentación, el ochenta y cinco por ciento de la audiencia puede recordar el contenido presentado visualmente, frente a un setenta por ciento que puede retener el contenido verbal. Sin embargo, al cabo de tres días, el sesenta por ciento aún recuerda el contenido visual, mientras que solo el diez por ciento logra recordar algo de la presentación oral.[121]

Usar este tipo de apoyos visuales es un arte, pero también hay cierto riesgo. Si puedes llevar contigo un elemento de utilería bien pensado al lugar de tu conferencia y presentarlo de modo que todos lo vean, puedes ser muy efectivo. En la Ley de la Observación (capítulo 2), expliqué cómo Zig Ziglar usaba una bomba manual anticuada en el escenario para ilustrar sus puntos.

La presentación que realizó Steve Jobs del primer iPhone en MacWorld de 2007 se volvió legendaria, no solo porque el diseño del iPhone era revolucionario, sino porque usó el dispositivo en tiempo real y proyectó los resultados en una pantalla gigante para que su audiencia pudiera ver de qué era capaz. Recibió una ovación tras otra. Si la ves en YouTube, como han hecho decenas de millones de personas, lo verás realizar acciones rutinarias como deslizar el dedo para ver fotos o canciones, agrandar una foto usando sus dedos y desplazarse por una lista de mensajes de voz. Ahora hacemos esas acciones todos los días y no nos parecen nada extraordinarias. Pero hasta ese momento en que Jobs las presentó, nadie en el mundo las había visto. ¿Por qué? Porque Apple las acababa de inventar y ¡las estaba mostrando al público por primera vez!

¿Y si Jobs hubiera subido a presentar el iPhone y ninguno de sus equipos audiovisuales hubiera funcionado? Bueno, ese es el riesgo de usar apoyos visuales. De hecho, durante los ensayos, el iPhone, que era un prototipo incompleto, no le dio más que problemas a Jobs. Pero él se arriesgó e hizo la presentación de todas formas.[122]

Cuando usas tecnología como parte de tu presentación, siempre existe la posibilidad de que tus materiales no sean compatibles con su sistema, que falle la computadora, que se crucen los cables, que un técnico no pueda resolver un problema sobre la marcha o que se vaya la luz. Incluso un Super Bowl —posiblemente el evento deportivo más importante, minuciosamente planificado y más lucrativo de cada año— sufrió un apagón en 2013 que interrumpió el juego durante más de treinta minutos.

Yo no uso elementos de utilería ni imágenes muy a menudo, pero admiro a las personas que los usan eficazmente para mejorar su comunicación. Mi elemento visual favorito, aparte de mis propios movimientos, es una fotografía. Por ejemplo, todos los años organizo un evento llamado Exchange, en el que presento una sesión llamada «Lecciones que he aprendido este año». Me encanta mostrar una foto que capture el espíritu de cada lección.

Una vez, en Exchange, le mostré a mi audiencia esta foto de Ethan, un alumno de tercer grado de Charlotte (Carolina del Norte).

Había ido a visitar una escuela, y durante la sesión de preguntas y respuestas con los niños de tercer grado, Ethan levantó la mano, se puso de pie y preguntó: «Sr. Maxwell, ¿alguna vez siente aquí —señalando su corazón— que quiere ayudar a la gente a marcar una diferencia?». ¡Fue como si me hubiera leído la mente y el corazón! «Sí, Ethan»—le contesté—, «eso es exactamente lo que siento». Fui hasta su lugar y le di un abrazo. «Ethan» —le dije—, «tú vas a cambiar tu mundo». Entonces, le enseñé a mi audiencia de Exchange cómo todos fuimos creados para marcar una diferencia.

Otro año les mostré a todos esta foto:

La foto fue tomada al principio de la pandemia de COVID-19. Como mencioné en la Ley de la Convicción (capítulo 3), ese año me cancelaron todos mis eventos en vivo. Me sentí como si me hubieran dado un montón de limones. ¿Qué hice? Preparé limonada. Fui al estudio de mi amigo Andrew y comencé a grabar videos de mis lecciones. Los publicamos en YouTube para que las organizaciones y sus equipos pudieran recibir lecciones transformadoras sin ningún costo. Llegué a más de un millón de personas con estos mensajes. Fue mi forma de encender una vela en lugar de maldecir la oscuridad. Entonces, le enseñé a mi audiencia de Exchange cómo las crisis pueden sacar lo mejor de un líder que, a su vez, saca lo mejor de otros.

¿Necesitas usar diapositivas, fotos, videos o utilería para convertirte en un gran comunicador visual? No. Claro que no. Acabo de buscar las TED Talks más importantes y, en cada una, los cuatro comunicadores usaron apoyos visuales de manera diferente.

La cuarta charla más popular, «Cómo los grandes líderes inspiran la acción», de Simon Sinek, ha recibido más de 57 millones de visitas. Usó un rotafolio anticuado y marcadores para explicar su punto.

La tercera charla más popular, «¿Qué pasa dentro de la mente de un procrastinador?», de Tim Urban, ha recibido 59 millones de visitas. Utiliza gráficos sencillos pero humorísticos dibujados a mano.

> «Si comunicas una idea de manera que los demás se identifiquen con ella, ocurrirá un cambio y podrás cambiar el mundo».
>
> —*Nancy Duarte*

En «El lenguaje corporal puede definir quién eres», la socióloga Amy Cuddy usó fotografías y videos cortos de personas para ilustrar el lenguaje corporal mientras exponía su mensaje. Esta es la segunda TED Talk más popular, con casi 64 millones de visitas.

¿Y la TED Talk más popular? «Las escuelas matan la creatividad», de Sir Ken Robinson, que ha recibido 72 millones de visitas. ¿Qué tipo de elementos visuales usó? Solo expresiones faciales. Su agudeza e ideas convincentes transmitieron la mayor parte de su mensaje.[123] Lo que dijo Nancy Duarte, otra conferencista popular de TED Talks, es verdad: «Si comunicas una idea de manera que los demás se identifiquen con ella, ocurrirá un cambio y podrás cambiar el mundo».[124]

Shakespeare compartió como nadie parte de su filosofía para presentarse ante la audiencia en las palabras de Hamlet cuando el personaje daba instrucciones a los actores itinerantes. Él dijo: «Que la acción corresponda a la palabra y la palabra a la acción».[125] Y eso es lo esencial en lo que respecta a la Ley de la Expresión Visual. Lo que la gente ve debe respaldar lo que escucha. Si hay una desconexión entre ambos, la audiencia se distraerá y se perderá el momento. Además, no sentirá lo que tú sientes, ni pensará lo que piensas, ni se reirá cuando tú lo hagas.

> «Que la acción corresponda a la palabra y la palabra a la acción».
>
> —William Shakespeare

Hoy más que nunca, las personas quieren participar y entretenerse. Anhelan y esperan experiencias multisensoriales. Mientras más puedas hacer visualmente, más le agradará a la mayoría y mejor comunicador serás. Mostrar y decir es mejor que simplemente decir. Esa es la Ley de la Expresión Visual.

12

LA LEY DEL ARTE DE CONTAR HISTORIAS

Las personas ven su propia vida reflejada en las historias

CUANDO ERA NIÑO, ME ENCANTABA QUE MI MAMÁ ME CONTARA historias. Lo hacía todo el tiempo, pues era profesora y bibliotecaria, y amaba los libros. Mi cuento favorito era *La pequeña locomotora que sí pudo*. Cuando mi mamá leía la frase emblemática de la historia: «Creo que puedo. Creo que puedo», apenas podía contener la emoción, porque me identificaba con la pequeña locomotora y quería que lograra ascender la colina.

Cuando estaba en primer grado, durante la hora del cuento, nuestra profesora le pidió a cada estudiante que compartiera su historia favorita. Cuando llegó mi turno, me paré frente a la clase y no solo conté la historia completa de *La pequeña locomotora que sí pudo*, sino que la actué. Al terminar, ¡toda la clase aplaudió! Ese día entendí tres cosas. Primero, contar historias era divertido. Segundo, a mis compañeros de clase, que eran mis amigos, les gustó escuchar mi historia. Y tercero, me encantó representarla para ellos. Desde entonces, estoy enganchado con contar historias.

EL PODER DE CONTAR HISTORIAS

El periodista y experto en narrativa Christopher Booker escribió:

> «Jamás podrán acabar con el arte de contar historias, porque es parte del diseño humano. Es parte de quienes somos».
> —Margaret Atwood

Pasamos una increíble parte de nuestra vida siguiendo historias, contándolas, escuchándolas, leyéndolas y viéndolas representadas en una pantalla de televisión, en películas o en un escenario. Son, con mucho, uno de los rasgos más importantes de nuestra existencia cotidiana… Estas secuencias estructuradas de imágenes son en realidad la manera más natural que tenemos para describir casi cualquier suceso de nuestra vida.[126]

Esto es cierto. La poetisa y novelista Margaret Atwood dijo: «Jamás podrán acabar con el arte de contar historias, porque es parte del diseño humano. Es parte de quienes somos».[127] Y contar historias nos ayuda mucho. ¿Por qué?

Las historias activan nuestro proceso de razonamiento.

Las historias generan respuestas emocionales.

Las historias son imágenes de quienes aspiramos a ser.

Las historias nos dan permiso para actuar.

Las historias conectan.

Las historias se arraigan.

Las historias nos cautivan.

Las historias somos nosotros.

Las historias son al menos tan antiguas como los seres humanos. Te garantizo que desde el primer día que las personas hablaron, empezaron a contar historias.

Si quieres convertirte en un comunicador excelente, tienes que dominar la Ley del Arte de Contar Historias, porque las personas ven su propia vida reflejada en las historias. El psicólogo cognitivo Jerome Bruner estima que la gente tiene veintidós veces más probabilidades de recordar un hecho cuando está enmarcado en una historia. ¿Por qué? Porque las historias son memorables. Nos ayudan a entender rápido la esencia de una idea y activan las emociones.[128]

Me encantan las historias. Las cuento constantemente, las escucho con atención y las busco sin cesar. Las historias amplían mi mundo y enriquecen a los miembros de mi audiencia que las escuchan. C. S. Lewis resumió lo importantes que pueden ser. Refiriéndose a cualquier persona que no haya escuchado, leído o aprovechado las historias, escribió: «Puede que esté lleno de bondad y sentido común, pero habita en un mundo minúsculo

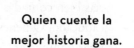

Quien cuente la mejor historia gana.

en el que deberíamos sentirnos asfixiados. El hombre que se conforma con ser solo él mismo y, por tanto, un ser reducido, se encuentra en una cárcel. Mis propios ojos no me bastan; veré a través de los de los demás. La realidad, incluso vista a través de los ojos de muchos, no es suficiente. Veré lo que otros han inventado».[129] O como dijo Anthony Hopkins cuando representó al expresidente estadounidense John Quincy Adams en la película *Amistad*: «Quien cuente la mejor historia gana».

MAESTROS DEL ARTE DE CONTAR HISTORIAS

Cuando supe que quería escribir la Ley del Arte de Contar Historias, la primera persona a la que quise consultar fue Don Yaeger. Él escribe y cuenta historias mejor que nadie que conozca. Esto es lo que me compartió:

Todos podemos nombrarlos. ¿Quién de tu organización capta tu atención cuando habla? ¿Con quién puedes contar para que genere las mejores conversaciones durante una cena? ¿Qué orador ves en un programa que te atrapa? Los nombres que me vienen a la mente son los de las personas que cuentan historias tan bien que el tiempo parece detenerse. Y es algo que pueden hacer frente a una audiencia de uno o de mil; en una llamada de ventas o en un escenario; en un pódcast o durante una comida. Quienes conectan más profundamente con sus oyentes lo hacen a través de contar grandes historias.

Décadas de investigaciones y siglos de sabiduría dejan en claro que nuestro cerebro está diseñado para recordar historias bien contadas mucho después de que los hechos hayan caducado. Quienes son capaces de contar historias significativas e impactantes se convierten ellos mismos en historias de éxito.

Los grandes narradores se convierten en los mejores vendedores, los líderes más memorables, los comunicadores más cautivadores, los mejores mentores y los maestros que recordaremos toda la vida.

Contar historias es parte de la esencia que nos hace humanos. Las vemos en pinturas rupestres, las escuchamos en canciones antiguas, las leemos grabadas en piedra y transcritas en pergaminos. Pero lo cierto es que, hoy en día, contar historias es más importante que nunca. Piensa en todos los sitios web, los seminarios en línea, los pódcast, los videos en *streaming* y las conversaciones en persona que tenemos y disfrutamos a diario. La forma en que usamos estas plataformas para contar historias de nosotros mismos, nuestras experiencias, nuestras empresas, nuestras marcas y nuestras ideas tiene la capacidad de llegar a las personas e influir en ellas en un grado sin igual en la historia de la humanidad. La buena noticia en cuanto a contar historias es que es un arte que puede aprenderse. *De hecho, debe aprenderse...* Contar historias no es algo mágico, sino más bien una técnica, aunque el efecto que puedas tener en los demás a veces pueda parecer mágico. ¡Y convertirte en un narrador mucho mejor de lo que creías posible está a tu alcance! Solo tienes que abordarlo como lo harías con cualquier otra habilidad de desarrollo de liderazgo y comunicación efectiva que valga la pena dominar.[130]

Don dice que lo importante es lograr que a tu audiencia le importe lo que suceda en la historia, de ser posible de un modo profundo. La Ley del Arte de Contar Historias consiste en ganarte el corazón de tu audiencia. Es algo que he estado aprendiendo y mejorando casi toda mi vida. Por ejemplo, en el otoño de 1999, Margaret, unos amigos y yo visitamos el pequeño pueblo de Jonesborough (Tennessee) para asistir al Festival Nacional de Narrativa, que se celebra todos los años. A pesar de que tenía poco más de cincuenta años y llevaba más de treinta comunicando, sabía que aún tenía mucho que aprender sobre contar historias.

Durante tres días, nos sentamos en cobijas y sillas plegables, a veces bajo la lluvia, para ver cómo nos cautivaba un narrador tras otro. Escuchamos a oradores contar todo tipo de historias y cuentos: tristes, alegres, divertidos, sentimentales, históricos, ficticios y míticos. Algunos tenían un mensaje, mientras que otros simplemente nos entretenían. Sin embargo, todas las historias y narradores tenían algo en común: el poder de cautivar a cada uno de los oyentes.

Al final de la conferencia, me senté con mis amigos, quienes también eran comunicadores, y juntos analizamos por qué los narradores fueron tan efectivos. Estas fueron las características que identificamos:

- **Entusiasmo:** les encantaba lo que hacían y se expresaban con alegría y vitalidad.
- **Vivacidad:** los presentadores mostraban expresiones faciales, movimientos y gestos vívidos.
- **Participación de la audiencia:** casi todos los narradores involucraron a la audiencia de alguna forma, pidiéndoles que cantaran, aplaudieran, repitieran frases o imitaran gestos.
- **Receptividad:** los narradores respondieron libremente a sus oyentes.
- **Memoria:** todos contaron sus historias sin notas, lo que les permitió mantener el contacto visual.
- **Risa:** usaron el buen humor, incluso en historias serias y tristes.
- **Creatividad:** contaron historias sobre temas clásicos usando perspectivas nuevas.
- **Inmediatez:** contaron la mayoría de las historias en primera persona.
- **Calidez:** sus historias hicieron que todos se sintieran bien al haberlas escuchado.

Mis amigos y yo salimos de esa experiencia intrigados y con humildad. Nos quedamos con lo que habíamos aprendido, lo incorporamos a nuestra comunicación y empezamos a contar muchas más historias al presentar nuestros mensajes.

PUEDES CONECTAR CONTANDO HISTORIAS

Cualquiera puede convertirse en un mejor narrador y mejorar su comunicación. Lo que debes recordar es no utilizar las historias para intentar aparentar que eres impresionante. Aunque los presentadores que vimos en el Festival Nacional de Narrativa eran maestros de la interpretación admirables, no intentaban impresionarnos. Nos ayudaban a vernos a nosotros mismos en sus historias. Conectaban con nosotros y usaban las historias para comunicar ideas, emociones y verdades. Eso es lo que tienes que hacer. Cuenta historias con la intención de conectar con los demás. Si te enfocas en los oyentes, tus habilidades como narrador mejorarán de la noche a la mañana.

¿Cómo conectas? Simplemente piensa en lo que significa ser un ser humano. Todos reímos, lloramos, enfrentamos problemas, tenemos éxito, fracasamos y atesoramos sueños y esperanzas. A la poetisa y escritora Maya Angelou le preguntaron en una entrevista cómo crear una historia atractiva. Esta fue su respuesta:

> Hay una frase del dramaturgo romano Terencio que dice: «Hombre soy. Nada de lo humano me es ajeno». Si sabes eso y lo aceptas, entonces puedes contar una historia. Puedes hacer que la gente crea que los personajes son iguales a ellos. Jack y Jill subieron la colina. Jack se cayó y Jill rodó detrás. Los oyentes piensan: «Oh, yo me he caído, así que puedo identificarme con eso», aunque haya ocurrido en Holanda o en Kowloon. Los seres humanos deben entender cómo se sienten otras personas sin importar dónde estén, su idioma o cultura, su edad o la época en la que vivan. Si desarrollas el arte de ver más nuestras semejanzas que nuestras diferencias, todas las historias son comprensibles.[131]

Como eres humano y experimentas emociones, puedes usar historias en tus presentaciones. Conecta con tu humanidad.

¿QUÉ CONSTITUYE UNA HISTORIA?

> «Si desarrollas el arte de ver más nuestras semejanzas que nuestras diferencias, todas las historias son comprensibles».
> —*Maya Angelou*

¿Qué es una historia? En esencia, las historias son en realidad muy básicas. Charlie Wetzel, mi compañero escritor durante casi treinta años, le enseñó a la clase de segundo grado de su hijo cómo contar una historia. Charlie sabe mucho al respecto. Calculo que ha escrito más de quinientas historias originales para mis libros sobre temas de historia, negocios, deportes, gobierno y cultura popular. Su desafío era cómo comunicar el arte de contar historias a un grupo de niños de seis y siete años. Lo desmenuzó en sus elementos más básicos: toda historia tiene un héroe, una meta, un conflicto y una resolución.

El héroe, o personaje principal de la historia, puede ser cualquier persona o cosa, y tu objetivo es ayudar a la audiencia a sentirse identificada con él. Ese héroe tiene una meta, pero afronta conflictos al tratar de alcanzarla. Ese es el núcleo de la historia. Y al final, el héroe triunfa o fracasa. Toda historia, desde el cuento infantil más simple hasta las grandes epopeyas de la literatura, es una variación de este patrón:

La pequeña locomotora que pudo

Heroína: la pequeña locomotora.

Meta: subir la colina para entregar los juguetes.

Conflicto: la dificultad de subir la colina.

Resolución: la locomotora lo logra y entrega los juguetes.

Hamlet

Héroe: Hamlet, príncipe de Dinamarca.

Meta: decidir si mata a su tío para vengar la muerte de su padre, el rey.

Conflicto: no tener certeza de si su tío en realidad mató a su padre.

Resolución: Hamlet mata a su tío, pero muere en el proceso.

La Odisea

Héroe: Odiseo, rey de Ítaca.

Meta: regresar a casa con su esposa e hijo.

Conflicto: tormentas, monstruos y varias criaturas lo retrasan diez años.

Resolución: Odiseo regresa a casa a tiempo para reunirse con su familia, matar a sus enemigos, salvar a su esposa y restablecer su reino.

Puedes usar las historias para cualquier fin: demostrar un punto, ilustrar una idea, enseñar un proceso, romper la tensión o conmover emocionalmente a la audiencia. La mayoría de las historias y anécdotas que uso son las que he recopilado. *Siempre* estoy en busca de grandes historias. Siempre que leo, estoy atento a ellas. Cuando estoy con amigos o colegas, les pregunto si tienen alguna buena historia. Incluso, la gente me envía buenas historias todo el tiempo. Cuando las busco, mi criterio para las historias que merecen contarse es el mismo que mencioné en la Ley de la Palanca (capítulo 8): deben transmitir corazón, ayuda, humor o esperanza.

El otro tipo de historias que cuento a menudo son de mi propia vida. Cuando era un joven comunicador en mis inicios, evitaba contar mis experiencias de vida. Esto se debía a que mis profesores de oratoria de la universidad nos desaconsejaban contar historias personales. Decían que era señal de egocentrismo. Traté de seguir su consejo durante un tiempo, pero como las historias no eran mías, no sentía una conexión emocional con ellas y parecía distante al compartirlas. Esa distancia me separaba de mi audiencia. Así que comencé a experimentar con mis propias historias y descubrí que eran las más efectivas.

La capacidad de contar una historia personal con eficacia es en realidad una cuestión de actitud. Si cuentas historias de éxito para engrandecerte a ti mismo, claro que parecerá egocentrismo. Pero si cuentas historias de tus propias luchas y errores, te llena de humildad y ayuda a los demás. Y si cuentas una historia divertida, todos se ríen. Por eso mi forma favorita de humor es la autocrítica. Cuando me burlo y me río de mí mismo de buena manera, los demás también lo hacen. Eso me permite cerrar la brecha con mi audiencia.

Cuando cuento una historia desde mi perspectiva personal, siempre intento poner a la audiencia en mis zapatos. Trato de darles la oportunidad de vivir la historia conmigo, lo que en realidad los convierte a *ellos* en los héroes de la historia. No se trata de mí. Se trata de la audiencia.

CÓMO COMPARTIR UNA HISTORIA EFICAZMENTE

Roddy Galbraith, miembro de la facultad y mentor del equipo de la Certificación Maxwell Leadership, ha capacitado en comunicación a nuestros oradores y coaches certificados desde el inicio del programa. Hace poco, durante una sesión de capacitación, él y yo estábamos conversando sobre comunicación, y yo enseñé mi método para contar historias basado en el acrónimo (en inglés) **SHARE** (comparte):

Show (Muestra)
Help (Ayuda)

Amplify (Amplía)
Relate (Relaciona)
Enjoy (Disfruta)

Examinemos cada elemento del método SHARE para contar historias.

1. *Show* (Muestra): ¿qué quiero que vean y escuchen?

¿Cuál es la esencia de la historia que quiero contar? ¿Hay algún elemento que no deba estar presente o algún detalle que no aporte nada? El dramaturgo Antón Chéjov aconsejaba: «Elimina todo lo que no sea relevante para la historia. Si en el primer capítulo dices que hay un rifle colgado en la pared, en el segundo o tercer capítulo debe accionarse. Si nadie va a disparar, no debería estar ahí colgado».[132]

Don Yaeger insiste en la importancia de incluir diálogos. «Una historia memorable es una combinación de lo que dices y cómo lo dices», explica Don. «Usar las frases textuales de alguien puede dar un toque de color a una historia, lo que atraerá a tu oyente o lector y hará que se interese en los personajes. Y ese es uno de tus objetivos al contar historias: que a tu audiencia le importe, preferiblemente de forma profunda, lo que sucede».[133] Quieres que las personas se vean reflejadas en tus historias.

Y como siempre, tienes que asegurarte de que la historia que quieres contar esté pensada para tu audiencia. Como dice Don: «No hay nada que haga que los demás se interesen más por ti que cuando descubren que has dedicado tiempo a interesarte por ellos».[134] Si la historia que estás considerando no encaja con tu audiencia, busca otra diferente.

> «Una historia memorable es una combinación de lo que dices y cómo lo dices». —*Don Yaeger*

Elegir qué incluir y qué omitir de una historia requiere cierta práctica. Algunas personas las escriben para decidir qué incluir. Después, cuando cuentes una historia, presta atención a la reacción de tu audiencia y realiza ajustes para la siguiente vez que la cuentes. Los comediantes hacen esto todo el tiempo.

2. *Help* (Ayuda): ¿cómo los ayudará esta historia?

Siempre quiero que mi audiencia se lleve algo de cualquier historia que cuente. Creo que una historia con aplicación es una historia con un final feliz. Don llama a esto definir el «retorno de tu inversión» [ROI] de la historia. Recomienda que los comunicadores se pregunten: «¿Qué quiero que el oyente haga, piense o sienta después de escuchar mis palabras?».[135] ¿Puedes contar historias simplemente para entretener a tu audiencia? Claro. ¿Pero por qué no sacarle el mayor valor posible a una historia? Cuanto mejor alinees tus historias con el propósito de tu presentación, mayor impacto tendrán.

3. *Amplify* (Amplía): ¿qué quiero que imaginen?

Las historias tienen el potencial de ayudar a la gente a soñar, analizar y expandir su vida. Sin embargo, esto requiere creatividad por parte del presentador. Una de las mejores formas de entrar en un espacio creativo al trabajar en una historia es mantener una mentalidad de principiante. Como dijo el maestro y escritor Shunryu Suzuki: «En la mente del principiante existen muchas posibilidades. En la mente del experto existen pocas».[136]

Una de mis historias favoritas sobre la creatividad de mente abierta me la contó Roy Disney, el hermano mayor de Walt. Cuando Walt estaba en quinto grado en Ohio, su profesora le asignó a toda la clase una tarea de arte. Cuando vio el dibujo de Walt, se dio cuenta de que sus flores tenían rostros.

«Walter, las flores no tienen rostros», le dijo en tono de regaño.

«¡Las mías sí!».

Walt Disney aprovechó su imaginación de niño y siguió haciéndolo de adulto, manteniendo siempre esa mentalidad alegre, creativa y de principiante. Soñó en grande y ayudó a otros a hacer lo mismo. Como escribió Jamie Buckingham: «A lo largo de los años, ese sueño se materializó en un ratón que hablaba, un elefante que volaba, un grillo que bailaba y flores, miles de flores; todas con rostros».[137]

Tu imaginación puede encender la imaginación de tu audiencia. Se ha dicho que tenemos imaginación para compensar lo que no somos, y sentido del humor para consolarnos de lo que somos. Encuentra distintas formas de utilizar ambos. A medida que pules tu historia, piensa en cómo puedes ampliar las posibilidades de las personas y ayudarlas a conectar con sus aspiraciones más grandes.

> «En la mente del principiante existen muchas posibilidades. En la mente del experto existen pocas».
> —*Shunryu Suzuki*

4. *Relate* (Relaciona): ¿qué quiero que sientan?

Con demasiada frecuencia escucho a comunicadores contar historias dirigidas solo a la mente de sus oyentes, sin llegar a su corazón. Este enfoque débil desaprovecha oportunidades, porque todas las personas son emocionales. Incluso la persona más lógica y racional es más emocional de lo que cree. Si quieres evidencia del impacto de las emociones, observa las cifras de ventas de los libros *Caldo de pollo para el alma*. Estos libros, llenos de historias conmovedoras, se han convertido en la serie de libros de bolsillo más vendida de la historia: hablamos de más de 500 *millones* de ejemplares en todo el mundo.[138]

Si quieres contar una historia que conecte, imprímele tus emociones. No tengas miedo de mostrarle a la gente que te importa el tema del que hablas. El arte de contar historias se arraiga en la naturaleza humana. Nos conecta con los demás cuando contiene emoción. Las historias que Martin Luther King Jr. contaba con frecuencia durante el movimiento por los derechos civiles ilustran el poder de las emociones. El escritor e historiador Donald T. Phillips describió cómo King usaba las historias:

> Con frecuencia también contaba la historia de una anciana de Montgomery, «completamente agotada», que comenzó su «lenta y dolorosa caminata de seis kilómetros» al trabajo. «Era el décimo mes del boicot a los autobuses de Montgomery», dijo Martin. «La dificultad para avanzar de la anciana llevó a un transeúnte a preguntarle compasivamente si sus pies estaban cansados. Su simple respuesta se convirtió en el eslogan de los boicoteadores. "Sí, amigo, mis pies están muy cansados" —dijo—, "pero mi alma está descansada"». De hecho, fue Martin Luther King Jr. quien convirtió esa sencilla respuesta en el eslogan de los boicoteadores al compartir la historia cada vez que podía.
>
> Más adelante, durante el movimiento de Birmingham, Martin fue testigo de un conmovedor intercambio entre un policía blanco y una niña afroamericana. Esta también se convirtió en una historia que contó muchas veces y que siempre conmovió a la audiencia. «Un día, una niña de no más de ocho años caminaba con su madre en una manifestación», dijo él. «Un policía burlón se inclinó hacia ella y le preguntó con brusquedad sarcástica: "¿Qué quieres?". La niña lo miró a los ojos, sin miedo alguno, y le respondió como pudo: "Libedtad". Ni siquiera podía pronunciar la palabra "libertad"» —concluyó—, «pero ni la trompeta de Gabriel podría haber dado una nota más auténtica».[139]

Las historias de King generaban sentimientos profundos en su audiencia. Las tuyas también deberían hacerlo.

5. *Enjoy* (Disfruta): ¿cómo puedo hacer que la historia sea divertida e inolvidable?

Cuando hayas cumplido las primeras cuatro partes de SHARE —*Mostrar* lo que quieres que los otros vean; contar la historia para *ayudarlos*; *ampliar* lo que quieres que imaginen y *relacionar* lo que quieres que sientan—, estarás listo para hacer que tu historia sea lo más *entretenida* posible. ¿Cómo puedes hacerlo? Prestándole atención a *cómo* comunicas la historia. La forma de contarla puede convertir una buena historia en una grandiosa.

Intento que las historias que cuento sean emocionantes y divertidas porque la alegría es contagiosa. Parte de esa alegría la expreso físicamente, como lo mencioné en la Ley de la Expresión Visual (capítulo 11). Pero también me gusta usar el humor. Como alguien dijo una vez, la risa es como un limpiaparabrisas. No detiene la lluvia, pero nos ayuda a seguir adelante. Si eres gracioso por naturaleza, usa esa habilidad para contar historias. Si no lo eres, busca formas de divertirte, porque eso hará que tu presentación sea divertida para tu audiencia.

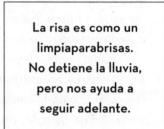

La risa es como un limpiaparabrisas. No detiene la lluvia, pero nos ayuda a seguir adelante.

Yo sé cómo divertirme y me gusta crear momentos divertidos. Algo que hago cuando viajo en un *tour* con un grupo es guiar a mis invitados a hacer el *hokey pokey* conmigo. Y siempre elijo los lugares más absurdos para hacerlo: en un tanque en los Altos del Golán, en el puente de Massachusetts donde empezó la guerra de Independencia o en un barco frente a la Torre Eiffel. Se crea una gran historia que *ellos* pueden contar a los demás.

Una forma en la que me encanta divertirme cuando hablo en público es sacar una de mis tarjetas plastificadas y usarla para contar una historia o anécdota. En la Ley del Contenido (capítulo 6), expliqué cómo preparo los bosquejos de mis presentaciones. La mayoría de las historias que cuento están incluidas en mis bosquejos. Si se trata de una historia personal, lo único que escribo es un asterisco y una frase para recordar lo que tengo que decir. Si es una anécdota o ejemplo divertido, lo pego en mis notas. Pero también llevo un grupo de tarjetas plastificadas en mi portafolio o en el bolsillo de mi chaqueta cuando hablo en público. Son las historias y los ejemplos divertidos más eficaces a los que recurro regularmente. He contado estas historias tantas veces que las he memorizado, pero siempre las leo. ¿Por qué? Porque no quiero parecer demasiado refinado. Quiero que mi audiencia sienta que las estoy leyendo, experimentando y reaccionando a ellas por primera vez *con* ellos.

Lo que siempre hago antes de leer una de estas tarjetas es crear un contexto. El comediante Bob Newhart dijo: «La tensión es muy importante para la comedia. Y la risa *es* la liberación de esa tensión».[140] Por ejemplo, una de mis tarjetas plastificadas preferidas es una historia del escritor Paulo Coelho llamada «La explicación de la vida». Cuando saco la tarjeta, le digo a mi audiencia: «Están a punto de entender la vida». Eso capta su atención. ¿Entender la vida? ¿Quién puede explicar la vida? Luego digo: «Dile a la persona que está tu lado: "Estás a punto de entender la vida"». Puede que juegue un poco más con ellos mientras sostengo la tarjeta. Quiero que *vean* que estoy a punto de leerles algo. Entonces empiezo a leer despacio, haciendo pausas de vez en cuando para crear mayor expectación:

El primer día, Dios creó al perro. Dios dijo: «Siéntate todo el día junto a la puerta de tu casa y ladra a cualquiera

que entre o pase por enfrente. Te daré una esperanza de vida de veinte años». El perro dijo: «Eso es demasiado para estar ladrando. Dame diez años y te devuelvo los otros diez».
Dios accedió.

Al segundo día, Dios creó al mono. Dios dijo: «Entretén a las personas, haz monerías y hazlas reír. Te daré una esperanza de vida de veinte años». El mono dijo: «¿Monerías durante veinte años? No lo creo. El perro te devolvió diez, y yo haré lo mismo, ¿de acuerdo?».
Y Dios aceptó.

Al tercer día, Dios creó a la vaca. «Debes ir al campo con el granjero todo el día y sufrir bajo el sol, tener becerros y dar leche para mantener al granjero. Te daré una esperanza de vida de sesenta años». La vaca dijo: «Qué vida tan dura quieres que tenga durante sesenta años. Dame veinte y te devuelvo los otros cuarenta».
Dios accedió de nuevo.

En el cuarto día, Dios creó al hombre. Dios le dijo: «Come, duerme, juega, cásate y disfruta la vida. Te daré veinte años». El hombre dijo: «¿Qué? ¿Solo veinte años? Te diré una cosa: tomaré mis veinte, los cuarenta que devolvió la vaca, los diez que devolvió el mono y los diez que devolvió el perro, eso suma ochenta, ¿de acuerdo?»

«De acuerdo» —contestó Dios—, «trato hecho».

Por eso, los primeros veinte años comemos, dormimos, jugamos y nos divertimos; los siguientes cuarenta años trabajamos como esclavos bajo el sol para mantener a nuestra familia; los siguientes diez hacemos monerías para entretener a los nietos; y los últimos diez años nos sentamos en el porche y ladramos a todo el mundo.

Ahora ya saben cuál es la explicación de la vida.[141]

Eso siempre hace reír.

Bob Newhart es conocido por lo oportuno de sus comentarios graciosos. Cuando le preguntaron al respecto, dijo: «Es como un metrónomo dentro de tu cabeza. Llegas a la frase final, estás a punto de decirla y es como si...», hace una pausa y se hace un silencio expectante. «¡*Ahora*!».[142]

> La risa hace que las personas bajen la guardia. Utilizando el humor, podemos tocar temas difíciles de una forma no amenazante y llevar a la gente a reflexionar.

Haz tu mayor esfuerzo por incorporar el humor a tu comunicación y, sobre todo, a tus historias, porque el humor puede ayudarte de muchas formas a mejorar como orador. El humor es eficaz. Puedes transmitir lo que piensas con menos palabrería cuando es divertido. El humor también derriba barreras. Te sorprenderá saber lo que puedes decir y las ideas que puedes colar en el corazón y la mente de la gente utilizando el humor. La risa hace que las personas bajen la guardia. Utilizando el humor, podemos tocar temas difíciles de una forma no amenazante y llevar a la gente a reflexionar.

Contar historias te puede ayudar en todos los aspectos de tu comunicación. Chuck Swindoll, un comunicador brillante, dijo: «Las historias nos transportan a otro mundo. Atrapan nuestra atención. Se convierten en vehículos extraordinarios para comunicar la verdad y lecciones significativas que no se olvidan fácilmente».[143]

Te animo a que uses historias cada vez que comuniques y a que lo hagas con valentía. Nada hace que una historia tenga menos impacto que contarla tímidamente. Si vas a contar una historia, conecta y sé enérgico. Conviértete en un gran narrador, porque las personas ven su propia vida reflejada en las historias Esa es la Ley del Arte de Contar Historias.

CUÁNDO
SE
DICE

13

La Ley del Termostato

*Los comunicadores leen la sala
y cambian la temperatura*

El presidente Harry S. Truman dijo: «No todos los lectores se convierten en líderes, pero todos los líderes deben ser lectores».[144] Creo que se refería a que todo buen líder siempre está creciendo, aprendiendo y leyendo libros para mejorar. Pero creo que, como líder, también sabía que los líderes son lectores de otras cosas: personas, situaciones, tendencias y oportunidades.

Los buenos comunicadores son similares. También son lectores. No solo leen libros y artículos y consumen información para aprender, crecer y encontrar ideas continuamente, sino que también son capaces de leer a la audiencia a la que se dirigen. Es más, los mejores comunicadores pueden incluso transformar el ambiente de la sala cuando lo necesitan. Esa es la Ley del Termostato: los comunicadores leen la sala y cambian la temperatura.

ORADORES QUE NO SABEN LEER LA SALA...

¿Has estado alguna vez entre la audiencia cuando sucede algo que distrae en la sala, pero el comunicador o artista simplemente sigue como si nada, a pesar de que el entorno está impidiendo que la audiencia lo escuche o esté atenta? Quizá la temperatura de la sala es intolerable y todos están sufriendo, pero el orador decide ignorarlo. Tal vez la música en el salón de al lado está altísima, y todos están irritados, pero la persona en el escenario finge no notarlo. O alguien de la audiencia tiene una emergencia médica y lo trasladan fuera de la sala, y toda la gente está preocupada, pero el orador ignora la situación. O la audiencia se desconecta por aburrimiento, pero el orador no para de hablar. Esto es terrible. Un comunicador que no puede leer la sala es como un cantante sin oído musical. Su actuación es ineficaz y dolorosa para todos los presentes.

> **Un comunicador que no puede leer la sala es como un cantante sin oído musical. Su actuación es ineficaz y dolorosa para todos los presentes.**

Cada uno de nosotros posee intuición en su área de dones. Mi intuición y conciencia están en su punto más alto cuando estoy comunicando. Puedo ver todo lo que ocurre a mi alrededor e intuir lo que siente la gente en la sala. Pero también sé que aprender a leer la sala es una habilidad que pueden aprender incluso los comunicadores que no poseen una gran dosis de talento natural. Mi deseo es ayudarte a desarrollar esa habilidad para que no solo puedas leer la sala, sino también cambiarla para comunicar con mayor eficacia.

TERMÓMETROS Y TERMOSTATOS

Los malos oradores no saben leer la sala. Peor aún, ignoran a la sala y a las personas que están en ella cuando comunican. Esta desconexión puede deberse a que tienen tanto miedo que no pueden pensar en otra cosa. O quizá no les importe la gente lo suficiente. O puede que atribuyan la responsabilidad de conectar a su audiencia en lugar de a ellos mismos. Lamentablemente, cuando los malos oradores *notan* que su comunicación no conecta, la solución a la que más recurren es duplicar su contenido. Pero si la gente ya se ha desconectado y no está escuchando el contenido, *más* contenido no mejorará la situación.

Los buenos oradores saben leer la sala. Son como un termómetro que puede medir la temperatura de la sala. Cuando terminan de hablar, si su audiencia fue indiferente o actuó de forma negativa, pueden pensar: «Audiencia difícil».

O si la audiencia fue cálida y vivaz, pueden pensar: «¡Qué maravillosa audiencia!». Como son buenos oradores, detectan la temperatura, pero son incapaces de cambiarla.

> **Los comunicadores pueden tomar una sala fría y hacerla cálida y acogedora para que la gente disfrute del ambiente.**

Los buenos comunicadores, en cambio, son más como termostatos. Sí, pueden leer la temperatura de la sala como lo hace un termómetro, pero pueden hacer más. Son capaces de *cambiar* la temperatura. Los comunicadores pueden tomar una sala fría y hacerla cálida y acogedora para que la gente disfrute del ambiente. Pueden crear un entorno más propicio para la comunicación. Y como pueden leer la sala *y* cambiar la temperatura, su comunicación es capaz de crear una conexión.

CÓMO LEER LA SALA Y ELEVAR LA TEMPERATURA

Para ayudarte a ser un mejor comunicador, quiero compartirte siete prácticas que te permitirán comprender y poner en práctica la Ley del Termostato.

1. Lee la temperatura de la sala antes de que llegue la gente

En mis más de cincuenta años de carrera como orador, he comunicado en más de cien países y en casi cualquier entorno imaginable. De hecho, mientras escribo estas palabras, estoy en un hotel de Italia. Mañana volaré a Rumania para dar una conferencia. Después de llegar, me desplazaré al recinto donde compartiré y la primera pregunta que haré será: «¿Puedo ver la sala en la que hablaré?». ¿Por qué? Porque todo auditorio, teatro, santuario, salón, sala de banquetes y centro de conferencias es diferente, y siempre quiero ver el lugar donde voy a comunicar.

Gracias a mi experiencia, puedo observar una sala y saber de inmediato lo propicia que será para la comunicación una vez que se llene de gente. Estos son los elementos en los que me fijo:

- **Iluminación**: cuando comunico, quiero que haya suficiente luz en todas partes porque la energía de una sala aumenta con la cantidad de luz. Esto puede ser un desafío. Muchos técnicos quieren que la sala esté oscura porque están acostumbrados a trabajar con artistas. Los actores, cantantes y comediantes necesitan que los reflectores estén sobre ellos, así que los técnicos mantienen altas las luces del escenario y bajas las de la sala. Eso no es bueno para los comunicadores. Sí, quieres que la luz te ilumine porque eso crea energía en la sala, pero como comunicadores, necesitamos interactuar con la audiencia. Eso significa que necesitamos ver a las personas y ellas también deben poder verse entre sí. Cuando hables, pide que haya la mayor cantidad de luz posible sobre ti *y* también mantén las luces de la sala encendidas.
- **Proximidad**: cuando hablo, me gusta estar cerca de las personas. Si la sala es pequeña, prefiero quedarme abajo del escenario. En las salas grandes, mis escenarios favoritos son los que tienen escalones que bajan directamente a la audiencia. De esa manera, puedo acercarme a la gente para tener una conversación más personal. Tampoco me gusta que haya barreras entre la audiencia y yo. Ya perdí la cuenta

de la cantidad de veces que he entrado a un auditorio antes de comunicar y me he encontrado una fila de plantas alineadas delante del escenario. Siempre pido que las quiten. Incluso pequeñas barreras como esas envían un mensaje tácito: «Yo estoy aquí arriba y ustedes allá abajo». Quiero que mi mensaje sea: «Estamos juntos en esto».

- **Sonido**: pocas cosas son más frustrantes para una audiencia que no poder escuchar al orador. Ni siquiera el mejor comunicador del mundo puede conectar con una audiencia si esta no puede oírlo. Algunos de mis mayores desafíos como comunicador han surgido de los terribles sistemas de sonido de los hoteles. Me sorprende que una industria que quiere generar ingresos rentando espacios para eventos no disponga de mejores sistemas en sus instalaciones. Si tienes oportunidad antes de hablar, prueba el sistema de sonido para asegurarte de que funcione bien. Si no puedes probarlo con anticipación, presta atención en el momento en que comiences a hablar. Si sospechas que hay un problema, pregunta a la gente si puede oírte, para que el personal técnico esté al tanto de la situación y trabaje para resolverlo.
- **Pantallas**: si vas a comunicar en una sala grande, puede que haya cámaras siguiéndote y proyectando tu imagen en pantallas. Estas pantallas son tus amigas. Después de cierta distancia, las personas sentadas en tu audiencia ya no pueden verte directamente. En su lugar, miran la pantalla. Sé consciente de dónde están y háblales tanto a las cámaras como a la audiencia para mantener una conexión y para que la gente pueda ver tus expresiones faciales.
- **Montaje**: si tienes la posibilidad de ver la sala antes de empezar a hablar, puedes asegurarte de que el espacio esté

preparado según tus preferencias. En mi caso, lo que más me funciona es una banca con una mesa alta al lado para colocar mis notas. Me gusta sentarme mientras comparto para ser más conversacional. Pero también quiero ponerme de pie y moverme un poco. Piensa en lo que necesitas y solicítalo.

Esto es lo que sé: cuando todo está bien en la sala antes de que la gente entre a escuchar, sube la temperatura y aumentan las probabilidades de que todo salga bien en el lugar al transmitir tu mensaje. Pero créeme, eso no siempre sucede. En más de cinco décadas haciendo presentaciones, ¡he experimentado lo bueno, lo malo y lo feo en lo que respecta a ambientes!

Uno de los momentos feos ocurrió en Nairobi (Kenia). Cuando llegué al hotel, mi anfitrión estaba entusiasmado porque se había presentado una audiencia mucho más grande de lo previsto para escucharme hablar. Esa era la buena noticia. La mala era que la sala que había reservado no tenía capacidad para todas esas personas. ¿Cuál fue la solución del organizador? Que hablara en el enorme lobby del hotel. Sí, en el lobby, donde la gente entraba y salía por la puerta principal, los huéspedes que llegaban se registraban, el personal del hotel transportaba equipaje hacia y desde cinco elevadores distintos y la gente pasaba corriendo de camino a los restaurantes, las salas de reuniones y los demás servicios del hotel. Solo digamos que el lugar no era nada propicio para comunicar. Como si todo eso no hubiese sido lo suficientemente desafiante, el espacio empeoraba por los cinco pilares enormes que dividían el lobby. Eso significaba que menos de la mitad de la audiencia me iba a poder ver directamente.

Desde el principio supe que estaba en problemas, porque las condiciones iban a hacer casi imposible conectar con la audiencia, y no estaba preparado ni mental ni emocionalmente para afrontar tales desafíos. Pero no tuve más remedio que dar lo mejor de mí.

Cuando me paré frente a la audiencia para dirigirme a ella, mi amigo Tom Mullins, quien viajaba conmigo, se puso de pie, tomó su silla y la llevó al frente de la sala hasta que estuvo a solo tres metros de mí, en mi campo visual. Se sentó, sacó papel y lápiz, me miró con una gran sonrisa y dijo: «Háblame, John. Estoy muy emocionado de escucharte hablar». En ese momento, todo cambió para mí. Tom, que es un comunicador fantástico, sabía a qué me enfrentaba, sabía que me sentía desanimado e hizo lo único que *podía* hacer para ayudarme. Me dio *ánimo*.

«Gracias, Tom», susurré, y comencé a hablar. ¡Qué gran amigo!

2. Conoce y entiende los indicadores de temperatura de la sala

Evaluar las circunstancias físicas de la sala antes de hablar puede serte de gran ayuda. Y puede ser una ventaja enorme si logras hacer ajustes para crear un entorno más propicio antes de tu presentación. Sin embargo, también hay otros indicadores que te dirán si la sala es cálida y está preparada para recibirte, o si es fría y será difícil pararte frente a tu audiencia. Observa algunos de los factores que te indicarán si la sala es cálida o fría:

Sala fría	Sala cálida
Reunión formal	Reunión informal
Se les pide a las personas asistir	Las personas quieren asistir
No te conocen	Te conocen
No conocen el tema	Conocen el tema
Te sientes incómodo	Te sientes confiado

Hace unos años, me invitaron a hablar ante mil quinientos líderes en Abu Dhabi como parte de una conferencia de un día. Llegué a mediodía, cuando la conferencia ya había comenzado, así que no pude examinar la sala antes de hablar. Lo más que pude hacer fue echarle un vistazo rápido al salón. ¿Qué vi? La primera fila del salón no tenías sillas, tenía tronos. No sillas que *parecían* tronos, sino tronos de verdad para los miembros de la familia real.

> *La visión de comunicador 20/20 es ver claramente quién está ahí, cómo reaccionan, cómo responden y cómo interactúan entre sí.*

Puede que no parezca gran cosa, pero mi tema para ese día era *Los 5 niveles de liderazgo*, donde enseño que el primer y *más bajo* nivel de liderazgo es la posición. Estaba a punto de subir al escenario, ver a la cara a los miembros de la familia real que estaban sentados en sus tronos, y decirles a ellos y a todos los demás que el liderazgo posicional es solo el punto de partida. Les iba a explicar que para desarrollar una influencia *genuina* se deben cultivar relaciones, hacer que el equipo sea productivo y agregarles valor a las personas. Cuando empecé a hablar, sabía que la sala sería formal y fría, así que dediqué mucho tiempo a entrar en calor con mi audiencia conectando con todos. Solo después de hacerlo, comencé a enseñar mi contenido.

3. Observa a la gente de la sala

En la Ley de la Expectación (capítulo 9), hablé sobre cómo generar entusiasmo en una audiencia, algo que siempre debes esforzarte por lograr. Pero también debes observar las reacciones de las personas en la sala cada cierto tiempo *mientras* expones tu tema. Yo llamo a esto tener *una visión de comunicador 20/20*: ver claramente quién está ahí, cómo reaccionan, cómo responden y cómo interactúan entre sí. Ese tipo de visión proviene de observar a tu audiencia, no de mirar tus notas. Debes prestar mucha atención a las personas. ¿De qué otra forma sabrás si estás conectando?

Cuando empiezo a hablar, analizo la sala. ¿Las personas están atentas y listas para aprender o están recostadas en sus sillas y muestran poco interés en mí? Cuando comienzo, siempre me gusta medir cómo se sienten. Mientras los observo, también sé que me están evaluando, así que me relajo y me siento en mi banca. Sonrío y les digo que estoy feliz de estar con ellos. Cuando les digo que mi nombre es John y que soy su amigo, observo sus reacciones. ¿Se muestran abiertos o escépticos?

A medida que continúo, me enfoco en las expresiones faciales, la postura y el lenguaje corporal de la gente. Incluso una pequeña sonrisa, una ceja levantada o un pequeño ceño fruncido puede ser revelador. Si el ambiente se siente tenso, no permito que me sabotee la negatividad, sino que busco más formas de conectar. Puedo usar el humor o expresar empatía, lo que suele reducir la resistencia de las personas.

> Nunca querrás que tu audiencia dé por terminado el mensaje antes de que tú termines. Si lo dan dan por terminado, *estás acabado.*

Cuando hablo, aunque estoy enfocado en mi audiencia, también soy muy consciente de la hora del día en que estoy hablando, mi lugar en la programación y cuándo fue la última vez que las personas tuvieron un receso. Hay dos cosas que ningún orador puede controlar: el hambre y las vejigas llenas. Simplemente no puedes competir con ellas. Cuando la mayoría de la gente de tu audiencia tiene hambre o necesita ir al baño, debes terminar y dejarlos ir. Nunca querrás que tu audiencia dé por terminado el mensaje antes de que tú termines. Si lo dan dan por terminado, *estás* acabado.

Tan pronto *puedas* empezar a observar a las personas a las que vas a hablar, *hazlo*. Hace poco, Jared Cagle (un integrante de mi equipo de escritores) y yo viajamos a una conferencia de jóvenes empresarios en Atlanta. El equipo de la organización anfitriona nos recibió al llegar y nos llevó tras bastidores al camerino, donde debíamos esperar hasta que llegara mi turno de comunicar. Cuando nos sentamos, el equipo empezó a marcharse, pero los detuve y les pregunté si se podían quedar conmigo unos minutos. Quería expresarles mi gratitud por hacer posible la oportunidad de comunicar, pero también quería conocerlos. No tardamos mucho en establecer una conexión, y también comencé a hacerme una idea de quiénes eran ellos y quién era la audiencia a la que me iba a dirigir.

Mientras conversábamos, el productor del evento anunció que en quince minutos era mi turno de subir al escenario y que regresaría por mí cuando fuera la hora. Me miró sorprendido cuando le pregunté si podía entrar a la sala en ese momento para interactuar con la gente. Durante esos quince minutos, conocí a todos los jóvenes líderes que pude, les hice preguntas y aprendí acerca de ellos. Cuando llegó mi turno de hablar, sentí que llevaba ventaja porque tenía la confianza de haber leído la sala.

De regreso al hotel, Jared me hizo preguntas sobre mi comunicación. Es un colaborador valioso de mi equipo, y siempre está aprendiendo. Una de las preguntas que me hizo fue sobre cómo leer la sala. «¿Qué notaste y cómo cambió eso tu comunicación?».

«Eran jóvenes y les faltaba experiencia. Pude sentir que querían una figura paterna», le expliqué. Saber eso no cambió el contenido de lo que dije, pero sí afectó mi forma de presentarlo. Adopté el tono de un padre cariñoso que creía en ellos y que quería animarlos y orientarlos. Una vez que sabes lo que la gente necesita, puedes dárselo. Y eso realmente hace que la sala sea más cálida.

4. Está presente en la sala al cien por ciento

Comunicar con eficacia requiere toda la concentración y energía de una persona. Por eso es tan importante estar completamente presente en la sala mientras hablas. De lo contrario, tu audiencia podría decir: «Fue un discurso muy dinámico. De hecho, la mayoría de la gente se marchó antes de que terminara».

Cuando comunico, doy todo de mí. Siempre considero que es mi evento principal, ese momento del día en el que debo dar el cien por ciento de mi esfuerzo y atención. A pesar de esto, ha habido muchas veces en las que la gente ha abandonado la sala mientras yo hablaba. Sin embargo, eso no me impidió dar lo mejor de mí.

> «Fue un discurso muy dinámico. De hecho, la mayoría de la gente se marchó antes de que terminara».

Uno de los compromisos más desafiantes como comunicador, en el que me costó estar cien por ciento presente, ocurrió en la Ciudad de México. Cuando hablo ante una audiencia cuya lengua materna no es el inglés, mis anfitriones suelen manejarlo de dos formas. La mayoría de las veces, me asignan un intérprete que sube al escenario conmigo. Comparto una oración o frase en inglés, y el intérprete la traduce a la audiencia. Esto hace más lenta la comunicación, pero con la práctica me he acostumbrado. El otro método consiste en proporcionar los servicios de un intérprete que se sienta en una pequeña cabina al fondo de la sala con un micrófono y realiza una interpretación simultánea de mis palabras, que la audiencia escucha por medio de audífonos.

Los organizadores de este evento me dijeron que ofrecerían interpretación simultánea. «No hay problema», pensé. Estaba acostumbrado a ello. Pero cuando subí al escenario y comencé a hablar, escuché una fuerte voz en español a través del sistema de sonido del recinto. Hice una pausa. Cuando hablé de nuevo, la volví a escuchar y me di cuenta de que no había cabina ni audífonos. La interpretación simultánea era en directo a través del enorme sistema de sonido. Cada vez que hablaba, me oía a mí mismo y al intérprete en una cacofonía de sonidos. Después de hablar unos diez minutos, comencé a entrar en pánico. No estaba seguro de si podría comunicar así todo el día.

Lo que menos quería era estar presente en esa sala. Pero me di *coaching* a mí mismo: «Puedes hacerlo. Solo tienes que hacer ajustes». Seguí haciéndolo, encontré un ritmo en mi comunicación que me funcionó y me enfoqué más en mi audiencia. Y llegué a un punto en el que estaba cómodo con la situación.

Entonces, me dio diarrea.

Mientras hablaba en el escenario, sentía que mi intestino estaba en problemas. ¡Literalmente! Tenía que ir al baño, ¿pero cómo podía hacerlo? Mi sensación de pánico se convirtió en mi fuente de creatividad. Sobre la marcha, decidí dividir a la audiencia en grupos pequeños y les di una pregunta para que la contestaran y conversaran sobre ella. Tan pronto comenzaron a hablar, bajé del escenario y corrí al baño. Las siguientes dos horas fueron las peores que he pasado como comunicador. Siete veces hablé unos momentos y los separé en grupos pequeños para poder escaparme al baño. ¡Siete veces! Entre la disonante interpretación simultánea y la diarrea, ¡nunca había experimentado un momento tan difícil en el que no quisiera estar en la sala!

A menos que te encuentres en circunstancias muy extenuantes, tienes que permanecer mental, emocional y físicamente en la sala. Tienes que aprovechar al máximo el momento con tu audiencia, porque nunca volverás a estar en ese lugar con esa audiencia y con ese propósito. Mantente presente. Da todo de ti para conectar con las personas. Hacerlo tiene el potencial de ser mágico. He vivido situaciones en las que la conexión con mi audiencia era tan fuerte y personal que no quería que terminara. Tú también puedes experimentarlo, pero solo si estás cien por ciento presente.

5. Interactúa con la gente de la sala

En varios capítulos de este libro, he hablado sobre el valor de interactuar con tu audiencia y de hacer que las personas interactúen entre ellas. Si logras que la gente te responda y hable entre sí, puedes hacer que la sala se vuelva cálida. La mayor parte de la mala comunicación es el resultado de suponer que tu audiencia está contigo cuando no es así. Cuando las personas interactúan, te muestran dónde están. Cuando conectas, sabes que están contigo.

> La mayor parte de la mala comunicación es el resultado de suponer que tu audiencia está contigo cuando no es así.

Como suelo hablar en el extranjero, soy muy consciente de las diferencias lingüísticas y culturales. No puedes dar por hecho que las expresiones que usamos en inglés se traduzcan bien a otras culturas. Pero lo genial es que puedes preguntar. Por ejemplo, puedo preguntar a una audiencia si ha oído alguna vez la expresión: «La cima es un lugar solitario» [It's lonely at the top]. Su respuesta determina si uso esa expresión mientras les enseño. También tiene otro efecto positivo. A las personas les encanta que les pidan su opinión o consejo. Quieren ayudar y esto les da la oportunidad de estar de tu lado.

Me encanta interactuar con mis audiencias y mi regla de oro es que, mientras más fría sea la sala, más interactúo con la gente. Quizás haga una pregunta y pida que levanten la mano en señal de respuesta. Quizá los anime a que digan la respuesta en voz alta. Quizá les pida que hablen con la persona que está a su lado. Quizá les pida que se presenten a otras personas a su alrededor. Sé que no a todos les gusta esto, pero si logro que la mayoría hable y se divierta, se rompe el hielo y entra en calor la sala, aun los introvertidos. Debes tener esto en claro: a la gente no le agradarás como comunicador porque te entiende; le agradarás porque se siente comprendida. La interacción permite que eso suceda y eleva la temperatura de la sala.

6. *Extraordinariza* tu comunicación en la sala

Sí, acabo de consultar el diccionario y no existe la palabra *extraordinarizar*. Pero debería. Alguien debe ser el primero en introducir una nueva palabra, así que ¿por qué no intentarlo? Empezaré por definirla. Extraordinarizar es hacer que algo sea tan especial o inusual que la gente se sorprenda o impresione y se fije en ello. Como comunicador, siempre me esfuerzo por extraordinarizar lo que digo, para que se convierta en algo inolvidable para mi audiencia.

> A la gente no le agradarás como comunicador porque te entiende; le agradarás porque se siente comprendida.

En ocasiones lo hago contando historias divertidas, como aquella vez que estaba de vacaciones en Australia y, por un impulso, decidí tratar de entrar en el Open de Australia sin haber comprado un boleto con anticipación, algo que los australianos decían que era imposible. Les mandé fotos mías desde mi asiento en mitad de la cancha. En otra ocasión, en un evento para hombres en un estadio, les conté a los asistentes sobre la vida de servicio honorable de mi padre y les pedí que se pusieran de pie para reconocerlo. Lo ovacionaron durante cinco minutos. También hubo una vez cuando estaba comunicando y el atril donde tenía mis notas se deslizaba, haciendo que todo se cayera al suelo. Lo convertí en un número cómico improvisado de tres minutos y medio (búscalo en YouTube).

Puedes usar la espontaneidad y la creatividad para extraordinarizar tu comunicación. La espontaneidad te permitirá aprovechar el momento y la creatividad te empoderará para maximizarlo. Puedes tomar un error y convertirlo en un momento memorable. No tengas miedo de parecer tonto cuando sucedan cosas inesperadas. Por el contrario, aprovéchalas y busca oportunidades para hacer que tu comunicación sea memorable.

7. Sé flexible: ¡puede que ni siquiera haya una sala!

Hace varios años, me puse en contacto con Casey Crawford, cofundador y director ejecutivo de Movement Mortgage, una organización con catorce años de existencia que ya se encuentra entre los diez principales prestamistas hipotecarios minoristas de los Estados Unidos. Casey me invitó a ser mentor de los líderes de Movement Mortgage, cosa que he hecho durante los últimos años. Hace poco la organización me pidió ser el orador principal de una gran reunión de sus líderes en Cancún (México). Cuando llegué al resort y estaba listo para mi presentación la primera noche, descubrí que habían planeado que hablara en la playa, no en uno de los salones.

Cuando llegué al lugar, supe de inmediato que necesitaba hacer un cambio. Cientos de personas estaban jugando, nadando y socializando alrededor de los bares. Estaban disfrutando en grande, y había demasiadas distracciones como para un discurso inaugural tradicional. Además, no había sillas, por lo que sabía que debía ser breve.

Sin perder tiempo, consulté mis notas en el iPad, tomé una sola idea de mi lección, que sabía que sería la que más valor les agregaría, y la puse en mi iPhone. Luego, cuando se reunieron para mi charla, conecté con ellos, les presenté esa idea y les pedí que compartieran con alguien que estuviera a su lado lo que habían aprendido y cómo lo aplicarían a su vida. Funcionó porque fui flexible.

Mientras más comuniques, más flexible debes ser. A lo largo de los años, he compartido en un hospital de leprosos y en el Royal Albert Hall de Londres. Me he dirigido a audiencias en la cima de Mount Miguel en San Diego y en el calabozo donde Jesús estuvo detenido en Jerusalén antes de su crucifixión. He hablado en el portaaviones USS *Enterprise* en el océano Atlántico y desde un barco en un pequeño lago del sur de Indiana. He predicado en catedrales y en iglesias rurales. He dado conferencias en un avión y en las ruinas mayas de Guatemala. He comunicado en estadios y en estudios pequeños. Cada lugar fue único y me obligó a ser flexible, a adaptarme al entorno y a trabajar para crear calidez con la audiencia.

Como comunicador, la primera temperatura que debes establecer es la tuya. Tienes que entrar en calor antes de intentar elevar la temperatura de la sala. Cuando te enfrentes a desafíos y te esfuerces por tener éxito cuando las cosas no salgan como esperabas —y puedes estar seguro de que esas cosas *pasarán*—, haz lo que yo hago. Yo…

Supero mi situación.

Me centro en mi actitud.

Realizo mis ajustes.

¡Continúo con mi misión!

Recuerda, no se trata de ti, se trata de tu audiencia. Haz lo que tengas que hacer para crear la mejor experiencia posible para ellos en cualquier circunstancia a la que te enfrentes.

Richard Stearns, exdirector ejecutivo de Lenox y Parker Brothers Games, así como presidente emérito de World Vision, ha dado numerosas conferencias y ha escrito mucho a lo largo de su carrera de liderazgo. Ha analizado la oratoria de Martin Luther King Jr. y, en su libro *Lidera pensando en Dios*, escribe:

El 28 de agosto de 1963, durante la histórica marcha en Washington, Martin Luther King Jr. pronunció uno de los discursos más famosos y contundentes de la historia de los Estados Unidos. Había escrito el texto de su discurso la noche anterior, quedándose despierto hasta las cuatro de la madrugada para terminarlo. Pero si escuchas las grabaciones de este discurso, hacia el final, antes de que empiece con su cautivador «Tengo un sueño», hay una pausa larga. En ese momento, cuando King miró sus notas, la siguiente parte de su mensaje no le pareció adecuada. Así que hizo una pausa de diez segundos para pensar qué decir a continuación. Durante esa pausa, la cantante de góspel Mahalia Jackson, que estaba detrás de él, dijo: «¡Háblales del sueño, Martin, háblales del sueño!». King había usado la frase «Tengo un sueño» en discursos anteriores, pero no había planeado usarla ese día. Pero durante esa larga pausa de diez segundos, mientras luchaba por saber qué decir, él escuchó. Entonces se aventuró en la prosa que haría historia aquel caluroso día de verano.[145]

> Como comunicador, la primera temperatura que debes establecer es la tuya. Tienes que entrar en calor antes de intentar elevar la temperatura de la sala.

Stearns dice que King cambió a «Tengo un sueño» porque era un hombre que sabía escuchar y oyó las palabras de Mahalia Jackson. Yo creo que fue algo más. Martin Luther King Jr. no solo era un orador experto, también era un experto leyendo a su audiencia, no importa si estaba en una sala pequeña con un puñado de personas o en la escalinata del Monumento a Lincoln hablando frente a miles. Poseía cada una de las habilidades que describo en este capítulo y muchas más. Pocas personas tenían su capacidad. No solo leyó la sala y cambió la temperatura de la multitud; cambió la temperatura de la nación y el mundo. Era un maestro de la Ley del Termostato.

La Ley del Cambio

La monotonía mata la comunicación

UN JOVEN DRAMATURGO SE ILUSIONÓ CUANDO UN IMPORTANTE crítico aceptó asistir al estreno de su nueva obra de un solo acto. La noche del estreno, el crítico llegó como había prometido y tomó asiento en el medio de la tercera fila. Se subió el telón, pero en cuestión de minutos el crítico se quedó dormido y así permaneció durante el resto del espectáculo.

El dramaturgo se sintió descorazonado. En cuanto terminó la obra, corrió hasta el asiento del crítico y le dijo: «Siento mucho que no se haya podido quedar despierto más tiempo. Usted *sabe* cuánto deseaba conocer su opinión sobre mi obra».

El crítico se frotó los ojos y en medio de un bostezo le contestó: «Joven, el sueño *es* una opinión».

Hay un viejo refrán que dice: cuando la audiencia se duerma, ¡despierta al orador! Aunque tu contenido esté bien, tus intenciones sean las correctas y tu tesis sea sólida, si tu audiencia no está conectada, tienes que cambiar algo para que la gente vuelva a engancharse.

El dramaturgo Alan Ayckbourn resumió la importancia de mantener enganchada a la audiencia cuando dijo: «Con frecuencia le pides a la gente que se siente en el mismo lugar durante más de dos horas, con un breve intermedio para tomar algo. Tienes que hacerla sentir que si abandona el auditorio en cualquier momento, no estará contenta, porque querrá saber qué sucederá después».[146] Como comunicador, tienes la responsabilidad de mantener a tu audiencia emocionada y enganchada, y puedes lograrlo a través de la Ley del Cambio, porque la monotonía mata la comunicación.

A TODOS LES ENCANTA LA VARIEDAD

¿Qué tan agradable es una obra en la que no pasa nada? ¿Es emocionante un juego de fútbol que termina en un empate sin goles? ¿Es pegajosa una canción sin cambios de ritmo? ¿Hasta qué punto conectas con alguien que te habla con voz monótona durante una conversación? Estas son situaciones que tratamos de evitar, no de buscar. ¿Por qué? Porque la monotonía es aburrida y nada memorable. Es como comer lo mismo, tres veces al día, siete días a la semana, cincuenta y dos semanas al año. Los seres humanos anhelamos el cambio. Nos gusta la variedad. Nos encanta que nos sorprendan. Eso es así en casi todos los ámbitos de la vida, y sobre todo en lo que respecta a la comunicación. Nadie quiere escuchar a un orador previsible y monótono; nadie se esfuerza por ser uno. Como comunicadores, queremos mantener expectante a nuestra audiencia.

Hacer cambios al presentar tu mensaje puede hacer que lo que digas sea inolvidable. Lo que dices puede ser…

Extraordinario	Importante	Destacado
Excepcional	Relevante	Trascendente
Perdurable	Notable	Memorable
Significativo	Duradero	Emocionante

Si deseas que esas palabras describan tu comunicación, entonces debes asumir la responsabilidad de cambiar tu forma de expresarte y dar vida a tu mensaje.

Como estadounidenses, estamos acostumbrados a exigir nuestros derechos. Disfrutamos del derecho a la libertad de expresión que nos garantiza la Primera Enmienda de la Constitución. Pero aunque la libertad de expresión está garantizada, los oyentes no lo están. Tu primera responsabilidad como comunicador es captar la atención de tu audiencia. Tu siguiente responsabilidad es hacer lo que sea necesario para mantenerla.

Cuando compartí mi primer mensaje frente a una audiencia aún estaba en la universidad. Fue un discurso de cincuenta y cinco minutos para un grupo de treinta personas. ¡Y fue *aburrido*! Quizá no se quedaron dormidos, pero cuando volví a compartirle un mensaje a ese mismo grupo al año siguiente, el grupo ya no era el mismo. La mayoría de las personas que habían asistido no regresaron a escucharme. Y no los culpo. Sé que no dejé una muy buena primera impresión.

A medida que fui adquiriendo experiencia como comunicador, descubrí que con frecuencia perdía la atención de mi audiencia después de

> Aunque la libertad de expresión está garantizada, los oyentes no lo están.

unos diez minutos. Sabía que debía hacer algo para mejorar o no sería un comunicador efectivo. Una de las primeras decisiones que tomé para cambiar mi estilo fue caminar por el escenario mientras hablaba. La primera vez que lo hice, me di cuenta de que la gente se volvía a enfocar en mí. Eso me llevó a buscar otras formas de cambiar mi comunicación. Hoy en día, hago variaciones muy intencionalmente. Modifico continuamente mi ritmo al hablar. Me levanto del banco alto que uso para enseñar. Me muevo por el escenario.

Elevo la voz. Hago pausas. Invito a mi audiencia a interactuar conmigo y entre sí. Uso expresiones faciales. Hago preguntas. Me río de mí mismo. Quiero que la gente se pregunte qué haré después. Así es como cambio mi ritmo.

La comunicación es como conducir un auto. Debes cambiar continuamente los movimientos del vehículo en el trayecto a tu destino. Como conductor, debes estar atento a la carretera y a los demás conductores. A medida que cambian las condiciones, debes adaptarte a lo que tienes delante y a lo que te rodea. Debes hacer giros, aumentar y reducir la velocidad, cambiar de carril, meter cambios de velocidades y, ocasionalmente, detenerte. Puede que los fabricantes de autos logren inventar vehículos completamente autónomos, en los que el conductor no haga nada, pero eso jamás se aplicará a la comunicación. Siempre que hables en público, tienes que leer a tu audiencia, así como un conductor lee las condiciones de la carretera, y debes cambiar la forma de presentar tu mensaje para que sea más efectivo. Y si quieres convertirte en un gran comunicador, necesitas seguir aprendiendo, mejorando tus habilidades y agregando más cambios a tu repertorio.

> La comunicación es como conducir un auto. Debes cambiar continuamente los movimientos del vehículo en el trayecto a tu destino.

En 2007, el presentador Charlie Rose entrevistó a Steve Martin y le hizo preguntas sobre su autobiografía *Born Standing Up* (Nací comediante). Martin ha tenido una carrera larga y exitosa como comediante, actor, músico y escritor. Ha ganado cinco premios Grammy, un Emmy, el premio Mark Twain al humor estadounidense, un reconocimiento de Kennedy Center y un Óscar honorífico. En la entrevista, Rose le pidió un consejo para tener éxito. Martin respondió:

Bueno, la verdad es esta. Cuando la gente me pregunta: «¿Cómo se triunfa en el mundo del espectáculo?» o lo que sea, mi respuesta durante años ha sido algo que nadie quiere escuchar ni tomar nota de ello. Lo que quieren oír es: «Así consigues un agente. Así escribes un guion. Así se hace esto». Pero siempre digo: «Sé tan bueno que nadie pueda ignorarte». Y creo que si piensas: «¿Cómo puedo ser realmente bueno?», la gente vendrá a ti.[147]

Martin era tan bueno que llenaba estadios con sus monólogos en la década de los setenta, y fue el primer comediante en hacerlo. Pero tardó diez años en lograr que su repertorio cómico fuera realmente bueno, y otros cinco en reunir a ese tipo de público. Sin embargo, su forma de abordar la actuación era la misma que para aprender a tocar el banjo.

> «Sé tan bueno que nadie pueda ignorarte».
> —*Steve Martin*

Cuando empezó, no sabía distinguir entre un acorde de Do y uno de Sol, pero se dijo: «Si lo sigo haciendo, un día habré tocado durante cuarenta años». No solo aprendió a tocar, sino que sumó tres premios Grammy como músico a sus dos premios Grammy como comediante.

FORMAS DE CAMBIAR TU COMUNICACIÓN

Puedes aplicar esa misma mentalidad a tu comunicación. Puedes aprender continuamente nuevas formas de hacer cambios en tu presentación para mantener el interés de tu audiencia en todo momento. Hacerlo te diferenciará de otros comunicadores y te ayudará a conectar con tu público. Puedes llegar a ser tan bueno que no podrán ignorarte. Aquí tienes algunas formas de lograrlo.

Usa movimiento y expresiones faciales

Empecemos por la técnica más básica, con la que yo empecé: el movimiento. Chris Anderson, director de TED Conferences, aconseja a los nuevos oradores que tengan cuidado con hacer demasiados movimientos, pero en realidad se refiere a movimientos *nerviosos*:

> El mayor error que vemos en los primeros ensayos es que las personas se mueven demasiado. Se balancean de un lado a otro o cambian la pierna de apoyo. La gente hace esto de manera natural cuando está nerviosa, pero es un factor de distracción y transmite debilidad. El simple hecho de lograr que una persona mantenga inmóvil la parte inferior de su cuerpo puede mejorar notablemente su presencia escénica. Hay personas que son capaces de caminar por el escenario durante una presentación, y está bien si les sale de forma natural. Pero a la gran mayoría le conviene quedarse quieta y recurrir a los gestos con las manos para añadir énfasis.[148]

Ser oportuno es el arte de regular tu discurso y movimientos en función de la audiencia para obtener los mejores resultados.

Comienza por usar el rostro y las manos, siempre que esos movimientos sean fieles a tu persona. Si percibes que la atención de la gente se desvía, quizá tengas que caminar hasta otro punto del escenario. Puedes dirigirte a una parte de la audiencia y luego moverte y dirigirte a otra. O caminar hacia adelante para acortar la distancia entre tú y las personas a las que hablas. A veces, cuando he querido dejar un punto claro, he bajado para estar entre la audiencia y crear mayor intimidad. También me he sentado al borde del escenario o me he arrodillado, aunque debo admitir que eso era cuando era más joven y no me dolían tanto las rodillas. Prueba cosas diferentes y presta mucha atención a las respuestas que recibes. A medida que experimentes, desarrollarás un criterio de lo que funciona y lo que no.

Entiende cuándo hay momentos oportunos y aprovéchalos

Es muy fácil decirte que «entiendas cuándo un momento es oportuno», pero es mucho más difícil explicarte cómo. Si tienes un don natural para la comunicación, entonces ya posees una intuición en cuanto a ser oportuno. Gran parte de ello es instintivo. Sin embargo, podemos aprender a encontrar los momentos oportunos, y mientras más practiques tu comunicación, mejor podrás identificarlos.

Es mucho más fácil reconocer un mal momento que crear un momento oportuno. Cuando un orador no es oportuno se nota, como en la historia de un antiguo predicador que daba un sermón sobre la abstinencia del alcohol. Con gran pasión dijo: «Si tuviera toda la cerveza del mundo, la vertería en el río». Su audiencia susurró en afirmación. «Y si tuviera todo el vino del mundo» —continuó—, «lo vertería en el río». Su audiencia siguió apoyándolo. «Y si tuviera todo el whisky del mundo», —exclamó—, «lo vertería en el río». Todos gritaron y lo vitorearon cuando se sentó.

Una vez terminado el sermón, el líder de la alabanza subió al escenario y sin vacilar dijo: «Para terminar, cantemos juntos "Vayamos al río"».

Para ayudarte a entender mejor lo que significa encontrar y aprovechar el momento oportuno, te compartiré mi definición: ser oportuno es el arte de regular tu discurso y movimientos en función de la audiencia para obtener los mejores resultados. Esto incluye usar las palabras, expresiones faciales, movimientos, tono e interacción adecuados, con el mejor ritmo y velocidad, en el momento preciso. Sé que suena complicado, pero aquí tienes tres cosas que me ayudan a encontrar y aprovechar el momento oportuno. Creo que también te ayudarán. Yo me enfoco en:

- lo que *veo;*
- lo que *digo;*
- lo que *muestro.*

Me refiero a esto:

1. Lo que veo determina cuándo hablo

Durante mi primera clase de oratoria en la universidad, el profesor sugirió que encontráramos un punto en la pared del fondo por encima de las cabezas de la audiencia y fijáramos nuestra atención en ese punto cuando estuviéramos en el escenario. ¡Qué sugerencia tan mala! Sé lo que pretendía. Estaba intentando ayudar a las personas aterrorizadas por la idea de hablar en público a superar su miedo. Pero aunque ese consejo hubiera logrado que un orador reticente se subiera al escenario, no ayudaría a nadie a convertirse en un buen comunicador.

Para identificar el momento oportuno debes aprender a leer la sala. Y no podrás hacerlo si estás enfocado en tus notas o rehúsas hacer contacto visual con la gente a la que hablas. Chris Anderson, de TED Talks, recomienda encontrar a cinco o seis personas que parezcan amables en distintas partes de la audiencia y hacer contacto visual con ellas mientras hablas, y pensar que son amigos a quienes hace tiempo que no ves.[149] Otros expertos recomiendan elegir personas con respuestas faciales bastante neutras, ni demasiado positivas ni negativas.[150]

Una vez que logres leer los rostros de las personas, puedes cambiar lo que estás haciendo, porque un gran factor para ser oportuno consiste en responder a la reacción de los miembros de tu audiencia. ¿Parece que están disfrutando lo que dices y quieren escuchar más? ¿Están perdiendo interés y listos para que termines? ¿Parecen confundidos y necesitan una explicación? ¿Hay una gran tensión que necesita aliviarse? ¿Su vulnerabilidad emocional los prepara para escuchar una verdad o un llamado a la acción? Sé proactivo y mantente alerta para ir adaptándote a lo que veas.

Hace poco, estuve en Houston compartiendo con un grupo de doscientos empresarios. Era el tercer comunicador en la agenda, así que cuando llegó mi turno de hablar, la audiencia llevaba más de dos horas sentada. Cuando subí al escenario, dije: «Mi nombre es John, y ustedes necesitan un descanso para ir al baño. Regresen en diez minutos». Me agradecieron más por ese receso que por mi mensaje. ¡Eso es entender cuál es el momento oportuno!

2. Lo que voy a decir determina cuándo lo digo

Otro aspecto de ser oportuno tiene que ver con preparar a tu audiencia para algo que quieras decir más adelante. Puedes contar parte de una historia y reservarte el final para después. O puedes dar un principio al inicio de tu mensaje y regresar a él más tarde porque tendrá mayor significado después de haberlo enseñado. Puedes hacer otras cosas para crear expectación. Por ejemplo, a veces digo: «En unos minutos te compartiré un principio transformador». Unos minutos después incluso podría jugar un poco con la audiencia diciendo: «Estoy a punto de compartirles ese principio que puede cambiar su vida» o «¿Están listos para aprender este principio transformador?». Después de observar su respuesta, podría decir: «Creo que todavía no están listos» o «Ya casi están listos». Esto los mantiene entusiasmados y conectados. Usa técnicas similares, pero asegúrate de no guardarte el principio tanto tiempo que la gente deje de interesarse. Además, cuando lo presentes, ¡asegúrate de que cumpla con lo prometido!

3. Lo que muestro determina cuándo hablo

A veces, ser oportuno significa no decir *nada* en el momento adecuado. Hace poco tuve el privilegio de decir unas palabras durante la celebración del vigésimo quinto aniversario de mi amigo Chris Stephens. Antes del evento, Chris y yo jugamos una partida de golf. En el cuarto hoyo, Chris estuvo a punto de hacer un hoyo en uno; su pelota quedó a escasos treinta centímetros del hoyo. Estaba tan emocionado por él que le pedí que se recostara en el césped junto a la pelota para tomarle una foto. Después, en el hoyo dieciséis, ¡yo casi hago un hoyo en uno! Mi pelota estaba a solo diez centímetros de entrar, así que le pedí a Chris que ahora él me tomara una foto junto a mi pelota.

Esa noche, antes de hablar, le di las dos fotos al equipo de medios del Centro de Convenciones de Knoxville y les conté mi plan. Tan pronto subí al escenario, le hablé a la audiencia sobre lo maravilloso que es Chris.

> «No hay palabra más eficaz que una pausa a tiempo». —*Mark Twain*

«Chris no solo es un gran líder, también es un gran golfista», les dije, hablándoles de nuestra partida de golf de ese mismo día. «Casi hizo un hoyo en uno con su golpe de salida en el cuarto hoyo». Mientras hablaba, apareció la foto de él con su pelota en la pantalla gigante. La audiencia estalló en aplausos y vítores. Cuando hubo silencio, les dije: «¡Solo miren lo cerca que quedó del hoyo!».

Entonces apareció *mi* foto en la gran pantalla, con mi pelota aún *más cerca* del hoyo. Esa vez me limité a observar la pantalla y no dije nada. Con una sola mirada, la audiencia enloqueció. Solo sonreí y dejé que la imagen hablara por mí.

Practica hacer pausas

Esto me lleva a lo siguiente que puedes hacer para cambiar la velocidad de tu comunicación. Practica hacer pausas. Mark Twain dijo:

«No hay palabra más eficaz que una pausa a tiempo». No podría estar más de acuerdo con él.

Yo uso pausas cada vez que hablo, a veces más de una vez. Algunos comunicadores le temen al silencio y lo llenan de parloteo nervioso. Sin embargo, no decir nada durante algunos segundos es una de mis formas más efectivas de conectar con una audiencia. También es uno de los momentos que más disfruto durante la comunicación. La pausa crea intimidad, porque el silencio da a la gente tiempo y espacio para responder en su mente y en su corazón. Es el momento para llenar los espacios en blanco y relacionar lo que les he dicho con sus propios pensamientos, experiencias y conclusiones. Puede convertirse en un acto de colaboración sin palabras. En esos momentos, el silencio es realmente oro.

Cuando practiques las pausas, ten en cuenta lo siguiente:

1. Una pausa puede enfatizar lo que dices

El silencio puede resaltar una afirmación importante. Cada vez que te detienes, atraes la atención de la gente y eso hace que se enfoquen en lo que acabas de decir. Hace que presten atención. Cuando hagas una pausa, deja que se queden ahí un poco. Permíteles profundizar y procesar lo que dijiste. Siempre que leo algo en voz alta para mi audiencia, enfatizo las palabras importantes haciendo pausas. Cambio de ritmo a propósito porque es una forma de *subrayar* una palabra o frase.

Inténtalo. Cuando estés a solas, elige un fragmento escrito de algo que pienses usar en una presentación. Léelo en voz alta con un tono monótono para hacerte una idea del mensaje. Luego, subraya las partes que consideras importantes y vuelve a leerlo, diciendo esas palabras más despacio y con más fuerza para enfatizarlas. Después de leer una oración o frase que tenga mucha importancia, haz una pausa completa. ¿Notas la diferencia? La próxima vez que hables ante un público, *subraya* lo que dices haciendo pausas y observa la reacción de la gente.

2. Una pausa puede darle a la audiencia la oportunidad de seguirte el ritmo

> El silencio puede resaltar una afirmación importante.

Hay veces, cuando hablas, que tu audiencia necesita una oportunidad para procesar tus palabras. En este momento, estoy dando mentoría en comunicación a Mark Cole, copropietario y director ejecutivo de mi compañía. Es muy apasionado y tiende a hablar demasiado rápido y sin suficientes variaciones. Hace poco lo animé a tener un banco en el escenario y a sentarse un par de veces durante un discurso, pues creía que eso lo ayudaría a bajar la velocidad. Y funcionó. Mark, el hombre que siempre está cumpliendo una misión y corriendo de un lugar a otro, se convirtió en alguien tranquilo y relajado que le daba a su audiencia tiempo para procesar sus palabras.

Si hablas rápido, a veces tienes que ir más despacio para darle un respiro a tu audiencia. No le tengas miedo al silencio. La comunicación no debe ser una carrera de velocidad, sino un paseo agradable.

3. Una pausa puede hacer que tu audiencia vuelva a conectar contigo

Durante cualquier presentación, la mente de los oyentes puede divagar. Esto le sucede incluso a los mejores comunicadores. Es imposible mantener la atención de tu audiencia el cien por ciento del tiempo. Las pausas pueden ayudarte a reconectar con la gente.

Cuando noto que mi audiencia se aleja mentalmente, a veces dejo de hablar un momento. Si la gente está demasiado concentrada en lo que está escribiendo, hablando con otra persona, enviando mensajes de texto o con la mirada perdida, el silencio del escenario les hace pensar: «¿Qué acaba de pasar?» y levantan la vista. Una pequeña pausa hace que algunos regresen conmigo. Una pausa larga hace que todos regresen.

> La comunicación no debe ser una carrera de velocidad, sino un paseo agradable.

Cuando comunicas, eres un guía que lleva a los demás a emprender un viaje. Si se alejan, no sigas adelante dejándolos atrás; espéralos. El silencio los conduce de nuevo a ti y a lo que estás diciendo.

4. Una pausa puede ser una señal de lo que estás por decir
Si hacer una pausa capta la atención de las personas cuando sus mentes están divagando, imagina *toda* la atención que obtienes cuando ya están enfocadas en ti. Al dejar de hablar sin motivo alguno, tu audiencia asume que *debe* haber una razón. Así que se muestran más atentos.

A veces, cuando hago una pausa antes de decir algo que quiero destacar, también aumento la expectativa haciendo algo visual. Me muevo hacia adelante y me inclino hacia ellos. También puedo bajar hasta la audiencia, dar un pequeño aplauso o levantar la mano. Cualquiera de estas acciones hace que todos se pregunten qué estoy *a punto* de hacer. Por ejemplo, uno de los conceptos que enseño es que todo lo que vale la pena es cuesta arriba. ¿Te ha llamado la atención leer estas palabras? *Todo lo que vale la pena es cuesta arriba.* Probablemente no. Pero si *realmente* piensas en esa verdad, la asimilas y la aplicas a tu vida, puede serte muy útil. Cuando enseño este concepto a la audiencia, para ayudarlos a entenderlo bien, justo antes de decir las palabras, hago una pausa y levanto el brazo en ángulo hacia el techo. Entonces, cuando todos se están preguntando qué estoy haciendo, digo: «Todo lo que vale la pena es cuesta arriba».

Y hago una pausa otra vez. Luego señalo hacia abajo con el otro brazo y vuelvo a hacer una pausa. «Nuestro problema es que tenemos esperanzas elevadas, pero hábitos que nos llevan a deslizarnos cuesta abajo». Cuando hago esto, me doy cuenta de que la gente lo entiende. Veo cómo se ilumina su rostro. Puede parecer sencillo, pero funciona. Prueba a hacer pausas para dar énfasis y observa el impacto.

5. Una pausa te permite revelar tus emociones

Aprendí el poder de la pausa viendo a Johnny Carson, presentador de *The Tonight Show* de 1962 a 1992. Siempre abría su programa con un monólogo y mis momentos favoritos eran cuando contaba un chiste que no resultaba gracioso. Cuando esto ocurría, Carson aprovechaba la situación. Dejaba de hablar, ponía cara de sorpresa, miraba al líder de la banda, Doc Severinsen, y se encogía de hombros. Se mostraba desconcertado, como si dijera: «¿De dónde rayos ha salido *ese* chiste?». Y la audiencia en el estudio se moría de la risa. Con frecuencia, los chistes malos tenían más éxito que los buenos. Solía ver su monólogo solo para observar qué hacía después de que un chiste fracasara, y millones de personas hacían lo mismo.

Los momentos de silencio son grandes oportunidades para dejar que la gente vea tu sentido del humor. También son excelentes momentos para que vean tu corazón. Si hay algo que tiene un gran significado para ti cuando estás hablando y de verdad te está conmoviendo, no trates de ocultarlo. Solo haz una pausa hasta que puedas hablar con claridad. La mayoría de la gente siente empatía en esos momentos y se identifica con tu pasión.

6. Una pausa te permite hacer una transición hacia lo que quieres decir a continuación

A menudo hago una pausa para cambiar de dirección en un mensaje. Después de decir algo difícil o serio, permito que el silencio me ayude a hacer la transición a algo más llevadero. También puedo usarla para ir en la dirección opuesta. Si digo algo gracioso y quiero pasar a un tema más serio, hago una pausa. Una pausa puede funcionar como un interruptor para cambiar de estado de ánimo o de tema.

7. Una pausa permite que el oyente escuche «el susurro»

Una pausa en el momento oportuno puede llegar a ser extremadamente personal para alguien de tu audiencia. Aunque todos presencien la misma pausa, cada individuo puede experimentarla de forma diferente. Como dijo el escritor y teólogo Henri Nouwen: «El silencio es un acto de guerra contra las voces que compiten en nuestro interior».[151] Hacer pausas permite a las personas escuchar su voz interna más importante, que es como un susurro de la verdad. Puede que definas esta voz como la consciencia, sabiduría o Dios, pero es una voz que susurra en lugar de gritar.

Mi amigo Tim Elmore dice: «Los grandes comunicadores hablan con poder y claridad, y saben cuándo dejar que el silencio hable por ellos». Cuando como comunicador dejas de hablar y permites que cada persona escuche ese susurro que solo ella puede escuchar, el impacto y el beneficio pueden ser mucho mayores que cualquier palabra que salga de tu boca en ese mismo momento. Hay veces en que hago una pausa al comunicar porque sé que mientras menos diga, más aprenderá la gente. Esto ha sido especialmente importante cuando he hablado de mi fe, porque creo que escuchamos más a Dios en el silencio. Como dice uno de mis salmos favoritos: «Estén quietos y reconozcan que yo soy Dios».[152]

> «El silencio es un acto de guerra contra las voces que compiten en nuestro interior».
> —Henri Nouwen

Si nunca has empleado el poder del silencio en tu comunicación, espero que pruebes la pausa como un cambio de velocidad en tu mensaje. La primera vez que lo intentas parece algo riesgoso, y habrá veces que no funcione como esperabas. No permitas que eso te desanime, sigue intentándolo. Lleva tiempo dominar la pausa, pero cuanto más la uses, más confianza tendrás y más efectiva será para cambiar de velocidad.

Crea interacción con tu audiencia

Mi último consejo para ti relacionado con la Ley del Cambio es que generes interacción con tu audiencia, tanto entre ellos como entre ellos y tú. Esto es algo que hago muy intencionalmente durante cada presentación. Sé que mientras más involucre a las personas, más impacto tendré en ellas. Ya expliqué algo de esto en la Ley de la Conexión (capítulo 7), cuando digo a la gente mi nombre y pido que me digan el suyo. Pero también uso la interacción de muchas otras formas.

Cuando solía organizar una conferencia de liderazgo para pastores, comenzaba la primera sesión mencionando las diferentes denominaciones y pidiendo a la gente que levantara la mano al escuchar la suya. Para cada grupo hacía una broma inocente sobre alguna peculiaridad que tuviera (no te preocupes, también hacía chistes sobre mi propia denominación). Cuando cada grupo se identificaba, les hacía el comentario respectivo y todos se reían.

¿Por qué lo hacía? Porque era habitual que algunos pastores se enfocaran demasiado en las diferencias denominacionales. La idea era que todos supieran que estamos en el mismo equipo y que nuestras pequeñas diferencias no deberían dividirnos. La risa lograba que bajaran la guardia y estuvieran listos para aprender.

Hay otras cosas que le digo a la audiencia para conectar, como: «¿Están listos para aprender algo? Voltea con tu vecino y dile que estás listo para aprender». También, a veces digo: «Ustedes son muy inteligentes. Me doy cuenta de que comprenden lo que les enseño. Lo están entendiendo». Después hago una pausa y digo: «También me he dado cuenta de que la persona a tu lado no es tan lista como tú. Mira a la persona a tu lado y dile: "No te preocupes. Yo te ayudaré"». Y la gente se

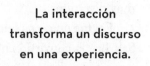

La interacción transforma un discurso en una experiencia.

ríe y habla entre sí. Incluso hay ocasiones en las que pido a alguien de la audiencia que me ayude. Si digo algo improvisado que le encanta a la audiencia, quizá le pida a alguien de la primera fila que lo escriba para que no se me olvide. Después, me acercan sus notas con gusto. ¿Por qué hago todo esto? Porque la interacción transforma un discurso en una experiencia.

Los buenos comunicadores entienden el poder de la interacción, al igual que los buenos líderes y empresarios. Hace unos años, cuando estuve en Estambul, un grupo fuimos a un restaurante llamado Nusr-Et. Es un asador que goza de fama internacional. Aquella noche conocimos al dueño, Nusret Gökçe, que empezó con ese único restaurante en Estambul y ahora tiene más de una docena en distintas ciudades del mundo. Lo llaman «Salt Bae» (Bae, pronunciado como bay, es un modismo en inglés que significa «antes que nadie», es decir, que es la persona número uno).[153] ¿Por qué lo llaman Salt Bae? Porque es un gran entretenedor y usa la sal como un artista.

La noche que cenamos en su restaurante, se acercó a nuestra mesa, fileteó nuestros magníficos cortes de carne y les echó sal. Pero no solo les *puso sal,* sino que hizo algo diferente. Aplicó un cambio y lo convirtió en un espectáculo. Alzó la mano con sal de grano en ella y dejó que resbalara entre sus dedos, rebotando por su antebrazo levantado y cayendo en el plato. Quedamos cautivados.

Cuando terminó, todos lo aplaudimos. ¡Pero aún no había terminado! Nos dio a cada uno la oportunidad de probar su técnica para salar. Grabamos videos de nuestros intentos de principiantes. Fue muy divertido.

Esa fue una cena que ninguno olvidará jamás. ¿Por qué? Porque Salt Bae la convirtió en una experiencia inolvidable al hacer algo inesperado. Generó interacción con nosotros y entre nosotros. La comida estuvo genial, pero la interacción fue todavía mejor. Eso lo ha hecho famoso. Búscalo en YouTube y verás por qué tiene decenas de millones de visitas.

Salt Bae halló su forma de interactuar como comunicador. Tú tienes que encontrar la tuya. Si logras que tu comunicación deje de ser un discurso y se convierta en una experiencia, será inolvidable.

Las personas que estudian comunicación saben que existe una correlación directa entre imprevisibilidad e impacto. Matt Abrahams, coach y académico de la Escuela de Postgrado de Negocios de Stanford, dice: «Incluso un simple aumento del diez por ciento en la variación vocal puede tener un impacto significativo en la atención de tu audiencia y la retención de tu mensaje».[154] Si quieres que la gente preste atención a lo que dices, sé menos predecible. ¡Innova un poco!

Cuanta más variedad aportes a tu comunicación, más enganchada estará tu audiencia y más disfrutará del viaje mientras la guías hacia donde necesita ir con tu mensaje. Las audiencias no quieren quedarse sentadas de forma pasiva mientras hablas. Quieren ser parte de la experiencia. Eso solo puede suceder si mantienes su atención. Nunca olvides que la monotonía mata la comunicación. Esa es la Ley del Cambio.

POR QUÉ
SE
DICE

La Ley de Agregar Valor

Las personas pueden olvidar lo que dices,
pero nunca olvidan cómo las haces sentir

UNO DE LOS BENEFICIOS DE HABLAR EN PÚBLICO ES CONOCER PERsonas maravillosas. Una vez estuve en el mismo programa que Maya Angelou, poetisa y activista por los derechos civiles. El tiempo que compartimos en el camerino fue inolvidable porque su calidez era contagiosa, sus historias fascinantes y sus palabras aleccionadoras. Pero, sobre todo, su personalidad dejó una marca indeleble en mí. Aunque era una figura sobresaliente que conocía presidentes, estrellas de cine y televisión e íconos de los derechos civiles, mientras conversábamos su atención se centraba en mí. Expresó su admiración por mi trabajo y mencionó que le había ayudado. Me sorprendió. No tenía la menor idea de que supiera quién era yo. También me hizo preguntas sobre mi familia, mis intereses y mi último proyecto editorial. Me animó a seguirles agregando valor a los demás y expresó su anhelo de volver a encontrarnos. Lamentablemente, poco tiempo después, falleció.

Aquel día salí de ese camerino empoderado por su presencia. Las grandes personas nos hacen sentir más grandes y así es justo como me sentí. Por eso he usado una cita que a menudo se atribuye a Angelou para describir la Ley de Agregar Valor: las personas pueden olvidar lo que dices, pero nunca olvidan cómo las haces sentir.

CÓMO APRENDÍ A VALORAR A LAS PERSONAS

Para poner en práctica la Ley de Agregar Valor como comunicador, debes hacer dos cosas. Primero, debes vivir buenos valores. Vivir buenos valores nos permite valorar a los demás. Mantiene nuestros motivos en el lugar correcto y nos permite hacer lo correcto. Cuando vivimos buenos valores, tenemos algo bueno que dar. También nos empodera para hacer lo segundo, que es agregarle valor a la vida de las personas. Hacer lo correcto, por las razones correctas, con las personas y para ellas, les agrega valor. Cuando un orador y su mensaje le agregan valor a la vida de la gente, se da una gran comunicación.

¿Cómo llega una persona a entender la importancia de agregar valor? La experiencia de cada persona es única. Quiero compartirte la mía y espero que despierte en tu corazón el deseo de agregarles valor a otros si aún no lo tienes. Aprendí esta lección de unas cuantas personas y experiencias clave y quiero compartirlas contigo ahora.

1. El ejemplo de mi padre

Mi papá era una persona muy sociable. Amaba a la gente y la gente lo amaba a él. Nunca se apresuraba cuando estaba con otras personas. Caminaba despacio entre la multitud y a menudo se detenía para abrazar a alguien o darle unas palabras de ánimo. Mientras más lo acompañaba y lo observaba, más quería ser como él.

Recuerdo una conversación que tuve con mi papá en su oficina cuando tenía noventa años. Una de las cosas que dijo fue: «Hijo, ¿no es maravilloso que cuanto más envejecemos, más amamos a la gente?». Tuve que reírme. Como mi papá amaba y valoraba de verdad a las personas, pensaba que todo el mundo lo hacía. La edad exagera nuestras cualidades, tanto las buenas como las malas. He conocido personas a las que la gente le *caía* peor a medida que envejecían. Pero ese no era el caso de mi papá y por ello siempre fue mi héroe. El mejor consejo que me dio fue el día que me gradué de la universidad. Me dijo: «Todos los días, valora a las personas, cree en ellas y ámalas incondicional-mente». Él abrazaba esos valores y los vivía a diario, y yo fui testigo de los resultados. El consejo que me dio fue maravilloso y he tratado de practicarlo en mi vida durante más de cincuenta

> Mi manera de valorar a las personas determina cómo las veo.

años. Y espero que, a medida que envejezca, mi amor por las personas siga creciendo cada día como lo hizo el suyo.

¿Cuál fue la lección sobre valores que aprendí de mi papá? Mi manera de valorar a las personas determina cómo las veo. Es una lección que debes aprender y hacer tuya si quieres agregarle valor a la vida de las personas.

2. La lección que aprendí de Zig

Cuando tenía veinte años, fui por primera vez a escuchar a Zig Ziglar, y lo escuché decir algo que me llamó la atención. «Si ayudas a las personas a conseguir lo que quieren, ellas te ayudarán a conseguir lo que tú quieres». Esa fue una idea transformadora para mí porque hasta entonces me enfocaba más en cómo podía ayudarme la gente. Esperaba que primero me ayudaran a mí y luego yo estaría dispuesto a ayudar al resto. Ese día comencé a experimentar un cambio. Agregarles valor a las personas, sin esperar nada a cambio, se convirtió en mi prioridad número uno.

Los buenos comunicadores ponen a su audiencia en primer lugar. Como mencioné en la Ley de la Conexión (capítulo siete), los comunicadores saben que todo se trata de los demás. Los buenos líderes y empresarios también lo saben y ponen primero a los demás. Un buen ejemplo es Jeff Bezos, el fundador de Amazon. Cree que el crecimiento de Amazon ha sido extraordinario porque la compañía pone a los clientes en primer lugar. De hecho, la «obsesión por el cliente» es el primero de los principios de liderazgo que figuran en el sitio web de Amazon:

> Los líderes parten del cliente y trabajan hacia atrás. Se esfuerzan por ganarse y mantener la confianza del cliente. Aunque los líderes prestan atención a los competidores, se obsesionan con los clientes.[155]

Las personas que les agregan valor a otros siempre ponen a los demás en primer lugar. Lo hacen porque es lo correcto, pero también porque tiene sentido. No importa la profesión que tengas:

- **Vendedores**: si los clientes creen que te preocupas por sus intereses en todo momento, te buscarán cuando llegue la hora de comprar.
- **Comunicadores**: si los miembros de la audiencia saben que se trata de ellos y no de ti, te aceptarán a ti y tu mensaje.
- **Directivos**: si eres amable y alentador a la hora de dar valoraciones constructivas, los empleados se esforzarán más por hacer cambios positivos.
- **Escritores**: si tus palabras están llenas de esperanza y ayuda, los lectores buscarán tus consejos y seguirán leyendo las páginas.
- **Líderes**: si fomentas la confianza y haces que las personas se sientan importantes, te ayudarán a alcanzar tus metas y a aliviar tu carga de liderazgo.

La lección de valores que aprendí de Zig es esta: pon siempre a los demás en primer lugar. *¡Siempre!* Si quieres poner en práctica la Ley de Agregar Valor, tienes que poner a las personas en primer lugar.

3. La lección que aprendí de la estufa caliente

En *Siguiendo el Ecuador*, Mark Twain escribió: «Debemos tener cuidado de extraer de una experiencia solo la sabiduría que hay en ella, y detenernos ahí; a menos que queramos ser como el gato que se sienta sobre una estufa caliente. Nunca volverá a sentarse sobre una estufa caliente, y eso está bien, pero tampoco se sentará sobre una que esté fría».[156] Este es un gran consejo, aunque a veces es difícil de aceptar.

> Las personas que les agregan valor a otros siempre ponen a los demás en primer lugar.

Cuando tenía veinte años, tuve una experiencia como la de la estufa caliente con un miembro de mi equipo. Era un líder joven y me dediqué a desarrollar a este miembro del equipo. Fui su mentor y lo quería, pero tuve que despedirlo. Fue muy traumático para mí. Después, me dije: «Esto no me volverá a suceder».

Seguí liderando, pero mantenía cierta distancia con todo el mundo. Construí muros para protegerme y no salir lastimado, pero el resultado fue que dejé de invertir en la gente. Después de unos meses, me di cuenta de que a través de este proceso de desconexión, valoraba y quería menos a las personas. Me estaba distanciando por el trauma que había vivido, pero si mi vida seguía ese curso, se iba a convertir en una tragedia. Tuve que superar mi experiencia con la estufa caliente y comenzar a amar y valorar a las personas de nuevo. Me llevó algún tiempo, pero recuperé mi confianza en los demás.

La lección que aprendí sobre valores fue no permitir que una mala experiencia se convirtiera en una experiencia permanente. Debes permitir que otros se acerquen a ti para agregarles valor.

4. La lección que aprendí de Enron

En el 2000, muchas empresas quebraron cuando se descubrió que sus dirigentes habían mentido sobre el éxito de la compañía y se habían involucrado en prácticas contables poco éticas. La principal fue Enron, una organización que se jactaba de sus grandes valores, mientras defraudaba a empleados e inversionistas. La empresa perdió 74 000 millones de dólares en valor, lo que llevó a la bancarrota a los inversionistas, muchos de los cuales eran empleados que habían invertido los ahorros de toda su vida en acciones de Enron.[157]

A raíz de estos escándalos, mi editorial me pidió que escribiera un libro sobre ética empresarial. No estaba seguro de poder hacerlo. Primero, creo que no existe la «ética empresarial», solo existe la ética. Segundo, todo lo que había construido en mi vida se basaba en mi fe. ¿Cómo podía escribir un libro sobre ética sin considerar la fe y presentarlo ante una cultura que no creía en la verdad ni en absolutos?

Explorar este tema me llevó a descubrir el imperecedero valor que tienen los buenos valores. Son los cimientos sobre los que las personas éticas construyen sus vidas. Sin una base de buenos valores, las personas ignoran las normas e infringen las leyes. Pero con buenos valores, no solo obedecen la ley, sino que valoran a los demás. La clave era la «regla de oro», un valor presente en toda cultura y religión: «Trata a los demás como te gustaría que te traten a ti». Con esa convicción, escribí *Liderazgo 101: lo que todo líder debe saber*. Años después, creé la Fundación Maxwell Leadership para enseñar buenos valores, porque cuando las personas aprenden y ponen en práctica buenos valores, son más capaces de agregar valor a sus comunidades, a sus familias e incluso a sí mismas.

La lección sobre valores que aprendí es que, para ayudar a los demás, los buenos valores son más poderosos que las normas o las leyes. Si quieres poner en práctica la Ley de Agregar Valor, construye tu vida sobre una base de buenos valores.

5. Mi camino con Jesús

No quiero ofender a nadie que no sea una persona de fe, pero me siento obligado a escribir sobre la fuente más importante de la que he aprendido buenos valores. Si hablar sobre fe te ofende, por favor, pasa de página. Pero antes déjame decirte esto: no necesitas creer en Jesús para aprender de su vida.

Algo que siempre me ha llamado la atención al leer los evangelios fue cómo Jesús valoraba a *todo el mundo*. Valoraba a las personas que nadie más valoraba. Le mostró amor a un recaudador de impuestos tramposo llamado Zaqueo. Le mostró amor a una mujer samaritana a la que otros judíos jamás le habrían dirigido la palabra. Le mostró amor a una mujer que había cometido adulterio y que, según la ley, debía ser apedreada. Les mostró amor a los leprosos y a otros marginados. Le mostró amor al ladrón que murió junto a él en la cruz. Mientras la gente religiosa ignoraba a todas estas personas, Jesús las incluyó en su historia. Mientras los líderes tradicionales levantaban muros religiosos para excluir a las personas, Jesús construyó puentes relacionales para incluirlas.

Al estudiar a Jesús, entendí que no puedo ser como él a menos que ame a todo el mundo. Eso incluye a las personas que no se parecen a mí, que no actúan como yo o que no creen lo mismo que yo. Como resultado, todos los días intento amar a todas las personas. Y cuando hablo en público, trato de mostrarle a mi audiencia lo mucho que los valoro y me intereso por ellos.

¿Cuál fue la lección sobre valores que aprendí de Jesús? Valorar a todas las personas. Si quieres agregarles valor a las personas de tal forma que nunca olviden cómo las haces sentir, entonces tú también tienes que valorar a todo el mundo.

PRÁCTICAS PARA AGREGARLE VALOR
A LA VIDA DE LOS DEMÁS

Espero que entender el camino que he recorrido te haya ayudado. Cada una de las lecciones que aprendí me ayudó a cambiar mi corazón y mi actitud hacia las personas. Si las aprovechas, tú también querrás recibir a las personas con brazos abiertos. Pero necesitas algo más que *querer* agregarles valor a las personas. Debes actuar. Aquí tienes seis formas de empezar a practicar la Ley de Agregar Valor.

1. Enfócate en sembrar, no en cosechar

Los seres humanos somos egoístas por naturaleza. Necesitamos hacer un esfuerzo para cambiar nuestro enfoque de recibir a dar. La mayoría de la gente empieza el día preguntándose: «¿qué recibiré hoy?». Sin embargo, las personas que agregan valor se preguntan: «¿qué daré hoy?». Se enfocan en las semillas que sembrarán, no en el fruto que esperan cosechar.

Si tienes algún tipo de experiencia con la agricultura o la jardinería, sabes que sembrar significa plantar semillas ahora para que haya cosecha en el futuro. Si cada día me enfoco en sembrar, agregándole valor a la vida de los demás, la cosecha será automática. Pero con frecuencia llega más adelante. Durante medio siglo, he agregado valor intencionalmente a otras personas. He sembrado con la esperanza de que un día produzca una cosecha para ellas, sus familias y sus comunidades. Lo que no esperaba era beneficiarme de esa siembra. Te lo contaré más adelante en este capítulo.

2. Sé consciente de que la forma en que ves las cosas determina cómo las haces

Todo lo que hacemos en la vida está condicionado por nuestro punto de vista. Nuestra perspectiva influye en nuestras creencias y nuestras creencias determinan nuestro comportamiento. Por ejemplo, si tenemos una mentalidad de escasez, pensamos en función de «¿qué me sobra?», lo que tiende a hacernos tacaños. Pero si tenemos una perspectiva de abundancia, pensamos: «¿qué puedo compartir?», y es más probable que seamos generosos.

> Nuestra perspectiva influye en nuestras creencias y nuestras creencias determinan nuestro comportamiento.

Del mismo modo, nuestra forma de ver a las personas afecta cómo las tratamos. Si no ves a la gente de forma positiva, no la tratarás bien. Si crees que un cierto grupo es desagradable o difícil de tratar, no lo valorarás. Por ejemplo, cuando hablo de liderazgo en empresas, si tenemos una sesión de preguntas, a veces me plantean: «¿Cómo podemos trabajar con los milenials?». Con frecuencia puedo intuir que la actitud de quien formula la pregunta hacia la generación milenial no es positiva.

Es normal que exista una diferencia de perspectiva entre las generaciones de empleados, así que debes encontrar una forma de reducir esa brecha. Mi respuesta a esa pregunta es valorarlos. Valora sus diferencias y acéptalas, porque tu forma de verlas determina lo que harás con ellas. La generación de los *baby boomers* —de la que soy parte— espera que los demás se comprometan con un trabajo o una organización una vez que *entiendan su propósito o filosofía*. Los milenials se comprometen una vez que *se sienten comprendidos* y no antes. Y la única manera de hacer que se sientan comprendidos es escuchándolos y valorándolos.

Hace poco impartí una sesión sobre milenials para ayudar a una organización a trabajar más eficazmente con ellos. Esto es parte del mensaje:

1. Los milenials no trabajan solo por un sueldo; buscan un propósito.
2. Los milenials no buscan la satisfacción laboral; buscan el desarrollo.
3. Los milenials quieren asumir responsabilidades más rápido de lo que tú quieres dárselas.
4. Los milenials no quieren jefes; quieren coaches.
5. Los milenials no quieren revisiones anuales; quieren conversaciones continuas.

Creo que todos estos deseos son válidos y razonables. Tienen potencial para mejorar el entorno laboral. Cuando los contemplo, los milenials me caen bien. ¡Creo que incluso me gustaría ser uno de ellos!

Hablando en serio, si puedes encontrar puntos en común con las personas y apreciar sus diferencias, te resultará más fácil verlas de forma positiva. Y es más probable que las trates bien y le agregues valor a su vida.

3. Dales a todas las personas una calificación de «10»

Quizá la acción más efectiva que practico para valorar a las personas es calificarlas con un «10». Con esto me refiero a que asumo que toda persona es un «10 sobre 10» cuando la conozco. ¿Por qué? Porque todos merecen un buen comienzo. Cuando subo al escenario y miro a la multitud, veo un mar de dieces. Elijo esperar lo mejor de la gente. Creo que vale la pena ayudar a todas las personas que pueden aplicar mi mensaje y que se beneficiarán de ello.

Cuando conocemos a alguien por primera vez, nuestra tendencia natural es evaluarlo. Tendemos a calificar sus habilidades y medir sus carencias. Por desgracia, una vez que las evaluamos y les damos una calificación en nuestra mente, con frecuencia nos aferramos a esas suposiciones y somos reacios a revisarlas. Sin embargo, esto significa que podemos pasar por alto los talentos de las personas que hemos evaluado basándonos en información superficial. Es mejor creer en las personas, darles el beneficio de la duda y no juzgarlas. Asume que son un «10» hasta que sus acciones demuestren lo contrario.

Me encanta cómo lo hace mi amigo Horst Schulze. Fue miembro fundador de la empresa hotelera Ritz-Carlton y, durante muchos años, se desempeñó como presidente y director de operaciones. Como joven aprendiz de hotelería, desarrolló esta filosofía: «Somos damas y caballeros que sirven a damas y caballeros»,[158] lo que acabó convirtiéndose en el lema de Ritz-Carlton.[159] Admiro que la frase refleje el respeto que Horst tiene por el valor y la dignidad tanto de sus empleados como de sus huéspedes. Esa perspectiva creó los cimientos del excepcional servicio y éxito empresarial de la organización.

No puedes equivocarte si tratas a todos con dignidad y respeto, creyendo que son un «10» cuando los conoces. Lo mismo es verdad cuando se trata de agregarles valor a las personas. No tienes nada que perder, pero sí mucho que ganar.

4. Aumenta tu nivel de simpatía

La gente es reacia a recibir algo de personas que no le caen bien, así que es importante ser agradable como comunicador. Si les caes bien, te escucharán y permitirán que les agregues valor. Si no les caes bien, te ignorarán o descartarán tu mensaje.

> Le caes mejor a la gente cuando quieres más *para* ellos de lo que quieres *de* ellos.

¿Cómo puedes caer mejor? Preocupándote por la gente y ayudándola. Queriendo más *para* ellos de lo que quieres *de* ellos. La gente sabe si estás ahí para su beneficio o el tuyo. Como dice el escritor y conferencista Simon Sinek: «Las personas no compran LO QUE haces, sino POR QUÉ lo haces».[160] Les digo a los líderes que deben amar a su gente antes de intentar liderarla, porque eso los ayuda a encontrar la motivación correcta. Lo mismo ocurre con los oradores.

Piensa en tu profesor favorito, en tu mejor amigo o en el mejor jefe que hayas tenido. ¿Qué cualidades tienen en común? Te aseguro que una de ellas es la buena voluntad de anteponer tus intereses a los suyos propios. Se enfocan en ti, no solo en sí mismos. Y eso es lo que hace falta para ser agradable. Por eso siempre intento firmar libros cuando me presento en público. Es una oportunidad de agregar valor. Me permite tener un contacto personal con la gente. Creo que he firmado casi un millón de libros a lo largo de cuarenta años como escritor. Y aunque quizá la gente olvide lo que les digo en ese momento, espero que se sientan valorados y que ese recuerdo perdure.

5. Expresa tu decepción cuando no puedas agregarles valor a las personas

Como he dicho, siempre intento agregarle valor a la vida de las personas cuando hablo en público u organizo un evento. Sin embargo, no siempre logro cumplir mi misión. Por ejemplo, en 2019, la organización Maxwell Leadership organizó Exchange en Londres. Exchange es un evento anual de liderazgo intensivo de tres días en el que enseño a ciento treinta líderes y les comparto experiencias de liderazgo para ampliar sus horizontes y mejorar su liderazgo. Cambiamos de sede cada año y elegimos las experiencias en función de la ciudad. Siempre hacemos nuestro mayor esfuerzo para lograr una gran experiencia. Por ejemplo, en Londres y sus alrededores, estas fueron las cosas que los asistentes disfrutaron:

- Un recorrido por el río Támesis con una parada en la famosa recreación del teatro The Globe de Shakespeare, donde conocimos al director y tuvimos la oportunidad de hacerle preguntas.
- Una entrevista con el exprimer ministro Tony Blair.
- Una visita privada a los cuartos de guerra de Churchill, seguida de una sesión de preguntas con el nieto de Winston Churchill, Sir Nicholas Soames, que fue miembro del Parlamento durante treinta y cinco años.
- Un viaje sorpresa al Castillo de Windsor (en el tren Belmond British Pullman disfrutando de una taza de té), que incluía la entrada por el patio interior y la sala de los escudos de armas; una recepción en la Cámara de Waterloo, donde el anfitrión fue el príncipe Michael de Kent, primo hermano de la reina Isabel; y una cena en el Salón St. George, amenizada por el operista que cantó durante la procesión de una boda real.
- Una recepción fuera de horario en la Torre de Londres con una visita privada a la exhibición de las Joyas de la Corona y una conversación sobre la historia de la Torre con sus guardianes, los *Beefeaters*.
- Una cena sorpresa en lo alto del Puente de la Torre, con vistas inigualables del horizonte nocturno de la ciudad.

Sé que suena increíble, y lo fue. Los asistentes quedaron maravillados. Pero el último día, cuando se reunieron para mi última lección, me sentí decepcionado. ¿Por qué? Porque la experiencia de liderazgo que más quería compartir con ellos fue la que no pudimos llevar a cabo: una experiencia para presentar a John Wesley, el líder transformador que catalizó la ilegalización de la esclavitud en Inglaterra.

Wesley fue mentor de William Wilberforce, quien pasó toda su vida en el Parlamento dedicado a ponerle fin a la trata de esclavos. Quería llevar al grupo al Museo Wesley para mostrarles el escritorio donde escribió los libros que influyeron en la forma de pensar de mucha gente de Inglaterra. Quería que se sentaran en el órgano donde Charles Wesley, hermano de John, había tocado algunos de los miles de himnos que escribió. Quería enseñarles sobre transformación desde el púlpito de Wesley y desafiarlos a vivir una vida de trascendencia. Pensé que esa sería la experiencia más transformadora que podía ofrecerles, pero simplemente no pudimos hacerla realidad. El museo no podía recibir a un grupo de nuestro tamaño. Rogamos, suplicamos y ofrecimos donativos financieros, pero rechazaron toda propuesta.

En nuestra última reunión de Exchange, en lugar de guardarme la decepción que sentía, decidí compartirla con todos, aunque me hizo llorar, y muchos también lloraron conmigo. ¿Por qué hice eso? Porque quería demostrarles una lección de liderazgo, una lección que ellos llevarían consigo al liderar a los demás. Quería que supieran todo lo que yo, como su líder, quería *para* ellos. Aunque sintiera la pérdida de no haberles dado esa experiencia, quería que supieran cuánto había deseado agregarles valor.

6. Corre una carrera diferente

El físico Albert Einstein dijo una vez: «Caballeros, traten de no convertirse en hombres de éxito. Más bien, conviértanse en hombres de valor».[161] Creo que Einstein estaba describiendo dos tipos diferentes de vida que la gente puede elegir, dos carreras distintas que pueden correr. La mayoría de la gente persigue el éxito. Einstein llamaba a las personas a agregarle valor a su mundo.

Yo he intentado correr esa carrera diferente y te animo a que tú también lo hagas. A algunos les puede parecer que terminamos en último lugar en vez de en el primero, pero eso es un malentendido de la carrera que estamos corriendo y de cómo definimos la victoria. Si la carrera que corremos tiene que ver con los demás, cuando terminan delante de nosotros, habremos ganado.

Cuando estaba cerca de cumplir sesenta años, comencé a pensar más en esto y en aquel momento escribí una oración que esperaba que me ayudara a recordar mi decisión de ser diferente:

Señor, a medida que envejezco, me gustaría ser conocido como alguien…

- *disponible* más que una persona que trabaja duro.
- *compasivo* más que competente.
- *satisfecho*, no impulsivo.
- *generoso* en lugar de rico.
- *amable* más que poderoso.
- *que es buen oyente* más que un gran comunicador.
- *amoroso* en lugar de rápido o brillante.
- *confiable*, no famoso.
- *sacrificado* en lugar de exitoso.
- *autocontrolado* más que emocionante.
- *reflexivo* más que dotado.

Ahora estoy a mitad de mis setenta y aún hago esta oración porque sigo trabajando para convertirme en esa persona. Sigo intentando cada día correr una carrera diferente.

AGREGAR VALOR ES UN BÚMERAN

Cuando leí por primera vez *Liderazgo de servicio* de Robert Greenleaf, aprendí que cuando los líderes son los primeros en servir, pueden marcar una diferencia real. Abracé esta idea y, cuando escribí *Las 21 leyes irrefutables del liderazgo*, la expresé en la Ley de la

Adición, que dice que los líderes agregan valor mediante el servicio a los demás. Los buenos líderes son servidores. Y los buenos comunicadores, también. Sirven a las personas porque las valoran. Lo que no sabía de joven era que agregarles valor a los demás funciona como un búmeran. De haber escuchado esta idea en mis inicios, no la habría entendido. Hoy, tiene todo el sentido del mundo.

Si les agregas valor a otros sin esperar nada a cambio (a lo que me referí como sembrar al inicio de este capítulo), con el tiempo acabas obteniendo un retorno. Esa fue una gran sorpresa para mí. Esta es la diferencia entre lo que *pensaba* y lo que *obtuve* en lo que respecta a servir a los demás:

Lo que *pensaba*: servir a los demás es lo correcto.
Lo que *obtuve*: un corazón que sirve porque valora a las personas.

Lo que *pensaba*: servir a los demás suele pasar desapercibido.
Lo que *obtuve*: mi servicio era evidente y se convirtió en parte de mi identidad.

Lo que *pensaba*: servir a los demás es muy poco redituable.
Lo que *obtuve*: el retorno sobre la inversión al servir a otros es extraordinario.

Lo que *pensaba*: servir a los demás es un acción privada.
Lo que *obtuve*: servir a los demás es una acción que se contagia.

Lo que *pensaba*: servir a los demás los ayuda a ser exitosos.
Lo que *obtuve*: ¡servir a los demás *me* ayuda a ser exitoso!

He trabajado para sembrar en la vida de los demás durante muchas décadas. Ahora, como hombre a mitad de sus setenta, ¡la cosecha que estoy recogiendo es ridículamente generosa! Sé que no la merezco... pero estoy ciertamente agradecido por ella.

Espero que, como comunicador, te propongas agregarle valor a la vida de las personas tanto arriba como abajo del escenario. Hazlo para *que sean mejores*. Y no te sorprendas si un día recibes una recompensa por tus esfuerzos mucho antes de cumplir setenta.

Y quédate con esto: las personas pueden olvidar lo que dices, pero nunca olvidan cómo las haces sentir. Esa es la Ley de Agregar Valor.

16

La Ley de los Resultados

El éxito más importante de la comunicación es la acción

¿Por qué quieres ser mejor comunicador? Quizás estés pensando: «Estoy leyendo el último capítulo de este libro ¿y ahora me haces esa pregunta? ¿No es un poco tarde?». Mi respuesta es no. Los grandes fracasos en la comunicación ocurren cuando la gente habla por las razones equivocadas, así que nunca es demasiado tarde para pensar por qué quieres ser un comunicador. Te habrás dado cuenta de que las últimas dos leyes de este libro están en una sección llamada «Por qué se dice». Estas dos últimas leyes ofrecen la respuesta. Si tu motivación para ser un comunicador es cualquier otra cosa que no sea agregarles valor a las personas y llevarlas a realizar acciones positivas que las ayuden, estás dejando que el tren pase de largo.

Los buenos líderes quieren influir en la gente para que actúe, haga cambios y alcance metas que hagan del mundo un mejor lugar. Los buenos comunicadores quieren lo mismo. Esa es una de las razones por las que la buena comunicación es fundamental para un liderazgo efectivo. Si eres incapaz de proyectar una visión, mostrarle a la gente el camino a seguir, darle un mapa e inspirarla a actuar, tendrás problemas para liderar.

Piensa en la capacidad de comunicación de Winston Churchill cuando desafió al pueblo de Inglaterra a no rendirse jamás durante la Segunda Guerra Mundial. O en Martin Luther King Jr. abogando por los derechos de los afroamericanos oprimidos y compartiendo su sueño de un mundo mejor. O en el discurso de John F. Kennedy anunciando su intención de poner un hombre en la Luna. O en el discurso de investidura presidencial de Nelson Mandela, que buscaba la unidad de Sudáfrica. ¿Qué distinguía a estos grandes líderes y comunicadores de otros oradores más comunes? Movilizaron a la gente. Su comunicación llevaba a la acción. Sus discursos lograron lo que mis profesores nos desafiaban a hacer cuando estudiaba teología en la universidad y en la escuela de posgrado: predicar para obtener un veredicto. Los buenos comunicadores mueven a su audiencia a actuar. Y si quieres llevar tu comunicación al máximo nivel, esa debe ser tu meta. El éxito más importante de la comunicación es la acción. Esa es la Ley de los Resultados.

ACCIONES QUE INSPIRAN A LA ACCIÓN

Como dijo el padre de la patria Ben Franklin: «Bien hecho es mejor que bien dicho»,[162] pero estoy seguro de que él sabía que lo bien dicho puede ser el catalizador de lo bien hecho. Cuando las personas creen que tienen la capacidad de actuar y ver resultados, se sienten empoderadas para ponerse manos a la obra. Si la comunicación no produce ninguna acción, entonces el mensaje nunca llegó más allá del escenario. Si quieres evitarlo, debes adoptar estas cuatro acciones en tu comunicación.

1. Comprométete tú mismo a actuar

¿Qué tan comprometido estás con el tema del que hablas? Comencé este libro con la Ley de la Credibilidad: el mensaje más eficaz es el que uno vive. Ahí es donde empieza la comunicación. Continúa con tu compromiso constante de actuar. Si te muestras decidido a actuar, tu audiencia también lo estará. Si pones en práctica lo que enseñas, la gente confiará en ti y se sentirá inspirada por ti. Dar discursos inspiradores no es suficiente. Quizá tu entusiasmo pueda motivar y emocionar a las personas para que piensen en sus sueños, pero no será suficiente para llevarlas a la acción. La gente quiere un ejemplo de alguien que lo haya vivido.

Esta es una de las razones principales por las que le cuento a la audiencia mis propias historias. No lo hago para presumir ni para alimentar mi ego. No soy un modelo perfecto, porque he cometido muchos errores. Lo hago porque quiero que la gente sepa que he aplicado a mi propia vida lo que enseño. Quiero que me acompañen en el camino que he recorrido y he descubierto que al contar mi historia lo consigo. ¿Reaccionan

> Si la comunicación no produce ninguna acción, entonces el mensaje nunca llegó más allá del escenario.

bien todos? La mayoría sí, pero no todos. Una vez, cuando enseñaba la importancia del crecimiento personal, animé a todos los presentes a desarrollar su propio plan de crecimiento. Envejecer es algo automático, pero crecer no lo es. Quería que fueran intencionales con su aprendizaje.

Después de mi sesión, un hombre se me acercó y quiso conocer los detalles de mi plan de crecimiento personal. Le expliqué brevemente lo que hago todos los días para desarrollarme. Cuando terminé, me dijo: «No me gusta tu plan de crecimiento».

«Está bien», le respondí. Mi manera no es la única. Supuse que él tendría algo mejor, así que le pregunté: «¿Cuál es tu plan?».

«No tengo ninguno», contestó.

«Entonces prefiero el mío», respondí.

Se me quedó mirando un segundo y entonces soltó una carcajada. «Tienes razón», dijo en medio de la risa. «Voy a crear uno». Espero que lo haya hecho.

Tu credibilidad como comunicador es el resultado de respaldar con hechos lo que dices para inspirar a tu audiencia. Puedes enseñar todo lo que sabes, pero solo reproduces lo que eres.

2. Ayuda a la gente a replantearse su forma de pensar

La mayoría de la gente tiene buenas intenciones, pero muchos no pasan a la acción y con frecuencia lamentan no haberlo hecho. Varios psicólogos encuestaron a un grupo aleatorio de adultos y les hicieron esta pregunta:

Cuando ves en retrospectiva tus experiencias de vida y piensas en las cosas de las que te arrepientes, ¿qué dirías que lamentas más: lo que hiciste y desearías no haber hecho, o lo que no hiciste y desearías haber hecho?

> **Puedes enseñar todo lo que sabes, pero solo reproduces lo que eres.**

Descubrieron que el setenta y cinco por ciento de las personas se lamentaban más por las cosas que *no* habían hecho que por las que sí.[163] Como comunicador, una de tus metas debe ser ayudar a las personas a replantearse su mentalidad para pasar de buenas intenciones a acciones intencionales.

La intencionalidad y el compromiso son esenciales para cualquiera que desea lograr algo valioso. ¿Alguna vez le has pedido a alguien que haga algo y su respuesta fue «lo intentaré»? Es una respuesta un tanto débil, ¿verdad? Da a entender que harán *cierto* esfuerzo. ¿Harán lo mínimo posible? ¿Darán solo el primer paso y no harán nada más para poder decir que lo intentaron? ¿Se dejarán llevar por la inercia? ¿O darán todo de sí?

Cuando ayudas a las personas a cambiar su marco mental de *intentar* a *hacer*, su actitud cambia. Cuando se comprometen a actuar, tienen el potencial de cambiar su vida, porque el compromiso conlleva dedicación, determinación, tenacidad y perseverancia.

El profesor Juan Carlos Pastor de la Universidad IE escribe sobre la habilidad de Steve Jobs para ayudar a la gente a replantearse su forma de pensar. Pastor dice lo siguiente de un discurso que Jobs pronunció en 1997 cuando regresó a Apple tras doce años de ausencia:

> **Ayuda a las personas a replantearse su mentalidad para pasar de buenas intenciones a acciones intencionales.**

> Los líderes eficaces ayudan a sus seguidores a definir los problemas de una forma nueva y a proponer caminos alternativos para actuar. Steve Jobs, uno de los oradores más carismáticos de los últimos tiempos, ejemplificaba esta cualidad en sus discursos. No diseñó ningún dispositivo ni desarrolló ningún software. Era el director de orquesta que ayudaba a su equipo a pensar diferente. En un famoso discurso pronunciado en 1997 en Macworld Boston, cuando Apple parecía estar completamente derrotado por Microsoft, abogó por un cambio radical en la estrategia de la empresa al replantear la forma en que pensaban. Les pidió a sus empleados que no se enfocaran en vencer a Microsoft, sino en hacer grande a Apple. Este cambio de mentalidad marcó el punto de inflexión de Apple en los siguientes años.[164]

Jobs cambió la meta de los empleados de Apple y les ayudó a creer que podían y conseguirían lograrlo. Así dejaron de pensar en intentar y empezaron a pensar en hacer. Eso es lo que hacen los buenos comunicadores. Ayudan a su audiencia a entender que el éxito llega a quienes hacen hoy lo que pensaban que podrían hacer algún día.

3. Haz que actuar parezca irresistible

Al inicio de mi carrera como comunicador, mi intención al hablar era ayudar a la gente a entender. Me enfocaba en el conocimiento. Tardé unos años en darme cuenta de que había otro nivel de eficacia en la comunicación al que debía aspirar. Reconocí que la comprensión transforma las *mentes*, pero solo la acción transforma las *vidas*. Fue entonces cuando decidí que mi meta sería llevar a las personas a la acción.

Hay una paradoja en la forma en que funcionan la comprensión y la acción. La mayoría de la gente quiere respuestas antes de actuar. Desean entender. Lo que no comprenden es que para encontrar respuestas debemos actuar. La falta de disposición a actuar antes de tener todas las respuestas impide que la gente logre los avances que desea.

> El éxito llega a quienes hacen hoy lo que pensaban que podrían hacer algún día.

Esta resistencia a la acción antes del conocimiento es tan antigua como la humanidad. El famoso dramaturgo griego Sófocles escribió: «Uno debe aprender haciendo, pues aunque pienses que sabes, no tendrás ninguna certeza hasta que lo intentes».[165] Con esto en mente, comencé a preguntarme cómo podía hacer que actuar fuera irresistible. Quería despertar el apetito por la acción y ayudar a la gente a superar lo que la escritora y doctora Michelle May llama la mentira del *cuando-entonces*: «Cuando (algo suceda), entonces (haré, sentiré o seré algo diferente)».[166] Quería crear un sentido de urgencia en mi audiencia para que *hiciera* algo *antes* de tener todas las respuestas.

Apelar a lo que motiva a las personas de una audiencia requiere algo más que un simple llamado a la acción. Necesitas presentarles la imagen del resultado positivo que experimentarán una vez que *lleven a cabo* la acción sugerida. Si los incluyes en esa imagen y los ayudas a verse a sí mismos teniendo éxito, podrán imaginar lo bien que se sentirán al actuar.

Esa es una de las cosas que hago cuando comunico para mis organizaciones sin fines de lucro, EQUIP y la Fundación Maxwell Leadership. Ambas se dedican a ayudar a los países a experimentar la transformación enseñando buenos valores a las personas en grupos pequeños. Una de mis responsabilidades como comunicador de estas organizaciones es inspirar a las personas a convertirse en facilitadores de estas mesas de transformación basadas en valores. Con lo que te compartí en la Ley de la Preparación, sabes que quiero que la gente vea sus posibilidades, conozca su valor, se sienta empoderada y desee actuar. Cuando hablo con estos facilitadores potenciales, quiero que se vean a sí mismos como individuos exitosos que promueven el cambio en sus empresas, comunidades y, finalmente, en su país. Quiero que sepan que tienen valor y que pueden agregarle valor a la vida de quienes los rodean. Quiero que se sientan empo-

> La comprensión transforma las *mentes*, pero solo la acción transforma las *vidas*.

derados para liderar a otros, no solo porque yo crea en ellos, sino también por la capacitación y el apoyo que recibirán. Y quiero que se sientan tan entusiasmados que no puedan esperar para comenzar. Algo que sucede con frecuencia. En estos eventos, los asistentes se registran en masa para ser líderes de mesas de transformación. Como resultado de su decisión de actuar, millones de personas en Guatemala, Paraguay, Costa Rica, República Dominicana y Papúa Nueva Guinea están abrazando buenos valores.

A lo largo de los años, he visto a muchos comunicadores intentar movilizar a su audiencia a la acción. Algunos tratan de hacerlo mediante el poder posicional. Intentan que la gente se sienta obligada a actuar, como un director ejecutivo o gerente que les dice a sus empleados que *deben* realizar una determinada acción si quieren conservar su empleo. Otros oradores intentan desafiarlos con un mensaje de «apuesto a que no pueden hacer esto», como el profesor que se para frente a sus estudiantes el primer día de clases y dice que solo da una calificación sobresaliente por semestre. Pero creo que los mejores comunicadores ayudan a la gente a sentirse empoderada y motivada a actuar.

4. Usa la comunicación para construir puentes que lleven a la acción

Por muy convincente que sea tu mensaje y por muy motivada y empoderada que se sienta tu audiencia, aún tienes que ayudar a la gente a pasar de la inacción a la acción. ¿Cómo puedes hacerlo? Construyendo puentes verbales hacia donde ellos quieren ir.

Pon el puente justo delante de ellos

Un puente no sirve de nada si nadie puede encontrarlo. Cuando comuniques, facilita al máximo el paso a la acción. A veces es tan sencillo como dar indicaciones. Malcolm Gladwell escribe al respecto en su libro *El punto clave* [The Tipping Point], cuando describe un experimento realizado por el psicólogo Howard Leventhal en la Universidad Yale. Leventhal quería ver a cuántos de sus alumnos de último año podía convencer de vacunarse contra el tétanos en el centro de salud de la universidad, pero como era profesor de psicología, también estaba interesado en ver cómo influirían en su motivación distintos enfoques para persuadirlos. Como parte de su experimento, les dio a los estudiantes diferentes versiones de un folleto de siete páginas sobre el tétanos. Uno contenía la versión *aterradora* con descripciones gráficas e imágenes a todo color de personas que padecían la enfermedad, mientras que el otro simplemente incluía información. Lo que sorprendió a Leventhal fue que solo el tres por ciento de sus estudiantes decidieron vacunarse. Además, los que lo hicieron pertenecían a ambos grupos por igual. Así que repitió el experimento, solo que esta vez incluyó un mapa del campus con la ubicación del centro de salud señalada con un círculo rojo, junto con el horario de atención. El resultado fue que el veintiocho por ciento de sus alumnos se vacunaron y, una vez más, los alumnos pertenecían a ambos grupos.[167] Lo único que necesitaban era que alguien pusiera el puente frente a ellos para aumentar las posibilidades de que lo usaran.

Muéstrales cuál es el comienzo

Para hacer que las personas se muevan, tienes que mostrarles el resultado final y presentarles una imagen de ese futuro mejor que tendrán si actúan, pero eso también puede crear un problema. Después de que las personas se enfocan en el resultado final, no pueden ver fácilmente los pasos necesarios para llegar allí. Así que enséñaselos. Regresa al inicio, muéstrales el primer paso y anímalos a darlo de inmediato.

He escuchado a músicos decir que la parte más difícil de practicar es sacar el instrumento del estuche. Y no es porque la acción en sí sea difícil, sino porque significa dejar de hacer cualquier otra cosa que estés haciendo, levantarte y comenzar. Imagino que una vez que el músico sujeta el instrumento y empieza a tocar, ahí es cuando se vuelve placentero.

Como comunicador, tienes que convencer a la gente de abrir el estuche. Si logras que empiecen, se comprometerán y se pondrán a definir los siguientes pasos a medida que completen el primero.

Lo que el orador motivacional Joe Sabah dice es cierto: «No tienes que ser grandioso para empezar. Pero sí tienes que empezar para ser grandioso».[168]

Muestra el valor de los pasos pequeños

La gente suele pensar que necesita dar un gran paso para hacer un cambio importante. Desvalorizan los pasos pequeños y a menudo se dicen a sí mismos que estos no cuentan o que no merecen el esfuerzo. «Daría lo mismo si me rindo», se dicen, pero eso no es cierto. Nada sucede hasta que algo sucede. Naeem Callaway, fundador y director ejecutivo de Get Out The Box, dijo: «A veces el paso más pequeño en la dirección correcta termina siendo el paso más importante de tu vida. De puntillas si es necesario, pero da un paso».[169]

Cuando era pastor, siempre era consciente de que lo que enseñaba el domingo debía ser fácil de aplicar el lunes. A veces la gente se siente abrumada porque cree que hay mucho por hacer y no puede decidir por dónde empezar. Karl E. Mundt, exsenador de Dakota del Sur, dijo: «No podemos hacerlo todo a la vez, pero podemos hacer algo de una vez».[170] En otras palabras, podemos simplificar lo complejo dando un solo paso. Por eso siempre intenté darles a las personas un paso claro, sencillo y pequeño para poner en práctica lo aprendido. Así empezaban a cruzar el puente hacia la acción.

> Nada sucede hasta que algo sucede.

Recuérdales que lo que hacen es más importante que como se sienten

Es normal que cualquiera sienta miedo al dar nuevos pasos. Pero nadie puede mejorar si permite que ese miedo le impida actuar. Ayuda a las personas a entender que no deben esperar a *sentirse bien* para actuar, sino que deben actuar primero, y eso les ayudará a sentirse bien. Las personas exitosas siguen avanzando aunque cometan errores, sufran pérdidas y se sientan desanimadas. ¡No renuncian! Nadie logra mucho a menos que esté dispuesto a dar un paso antes de pensar que está preparado.

Ayúdalos a descubrir que la acción genera confianza

Cuando estaba en la escuela secundaria, leí mi primer libro de Dale Carnegie, que se convirtió en mi primer autor-mentor. Aprendí muchos principios maravillosos de *Cómo ganar amigos e influir sobre las personas*. Uno de ellos es que la inacción genera duda y miedo, mientras que la acción produce confianza y valentía. Si logras que las personas den un paso de acción, por más pequeño que sea, comenzarán a experimentar el poder de desarrollar confianza en su vida. El escritor y comunicador Jim Rohn lo dice así:

> Siempre que queramos, podemos desarrollar una nueva disciplina de acción en lugar de no hacer nada. Cada vez que elegimos la acción antes que la comodidad o el trabajo antes que el descanso, desarrollamos un mayor nivel de autoestima, respeto y confianza en nosotros mismos. A fin de cuentas, la mayor recompensa de cualquier actividad es cómo nos sentimos con nosotros mismos. Lo que nos hace valiosos no es lo que conseguimos. Lo que aporta valor a nuestra vida es en qué nos convertimos en el proceso de hacer. La actividad es lo que transforma los sueños en realidad y esa conversión de idea en realidad nos da un valor personal que no puede provenir de ninguna otra fuente.[171]

Mientras más actúan las personas, más confianza desarrollan. Cada vez que actúan y obtienen resultados positivos, saborean el éxito y saben que pueden volver a triunfar en el futuro. Si actúan y fallan, entienden que el fracaso no es fatal ni definitivo, y adquieren confianza para volver a intentarlo. En cualquier caso, actuar es una victoria.

Mientras trabajas para comunicarte con otras personas e inspirarlas a actuar, quiero dejarte con una reflexión final. Tus motivos importan. Siempre debes guiar a las personas a actuar en su beneficio. Mover a las personas para tu beneficio es manipulación. Si las motivas para su beneficio o el beneficio mutuo, entonces le estás agregando valor a su vida y brindándoles un gran servicio, y de eso se trata la comunicación. Nunca olvides que el éxito más importante de la comunicación es la acción. Esa es la Ley de los Resultados.

Conclusión

Ahí las tienes: Las 16 leyes indiscutibles de la comunicación. Si las aplicas, sacarás el máximo provecho de tu mensaje, sea cual sea el objetivo de tu comunicación, el tamaño o alcance de tu audiencia o el entorno en el que hables.

Con frecuencia comunico para mi amigo Chris Hodges. Tras bastidores, en la pared de su auditorio, donde todos los oradores pueden verlo antes de salir al escenario, hay un cartel. Dice: «Es un privilegio estar en este escenario. Gracias, Dios, por elegirme». Me siento agradecido cada vez que tengo la oportunidad de comunicar. ¡Espero que tú también te sientas así! Espero que aprendas a amar la comunicación como yo. Con frecuencia, al dirigirme a un grupo, me siento más vivo y pienso: «¡Nací para hacer esto!». Quizá tú también. Sea cual sea tu nivel de comunicación, debes saber esto: tu vida y tus palabras pueden ser un catalizador de cambio positivo en la vida de los demás.

Escribir este libro me ha llenado de alegría. Espero que a ti también te haya dado alegría, además de muchas ideas, mucho conocimiento y muchas técnicas prácticas. Mi anhelo es que este libro te ayude a alcanzar un nivel superior como comunicador. Si aplicas las leyes de la comunicación cada vez que hables en público, te ayudarán a conectar con tu audiencia, aumentar tu influencia y marcar la diferencia.

Conoce al autor

John C. Maxwell es un autor, conferencista, coach y líder que encabeza las listas de *best sellers* del *New York Times*. Ha vendido más de treinta y cinco millones de libros en cincuenta idiomas. Es el fundador de Maxwell Leadership®, la organización de desarrollo de liderazgo creada para extender el alcance de sus principios y ayudar a las personas a liderar cambios poderosos y positivos. Los libros y programas de Maxwell se han traducido  a setenta idiomas y se han usado para capacitar a decenas de millones de líderes de todas las naciones. Su trayectoria también incluye la labor de la Fundación Maxwell Leadership y EQUIP, organizaciones sin fines de lucro que han influido en millones de adultos y jóvenes de todo el mundo a través de capacitaciones en liderazgo basado en valores y centrado en las personas.

John ha sido reconocido como el líder número 1 en el mundo de los negocios por la American Management Association y como el experto en liderazgo más influyente del mundo tanto por Business Insider como por la revista *Inc*. Fue galardonado con el premio Horatio Alger y el premio Madre Teresa por la Paz y el Liderazgo Mundial de Luminary Leadership Network.

Referencias bibliográficas

Las citas de este libro fueron traducidas y no necesariamente corresponden a las versiones publicadas en español de los libros correspondientes.

1 Citado en G. Michael Campbell, *Bulletproof Presentations* (Franklin Lakes, Nueva Jersey: Career Press, 2002), 7.

2 Hayley Hawthorne, «Communication Is the #1 Skill for 2022», Duarte. com, 16 de septiembre de 2022, https://www.duarte.com/presentation-skills-resources/communication-is-the-1-skill-for-2022/.

3 «Seinfeld Public Speaking», Explain It Studios, YouTube.com, 26 de enero de 2014, https://www.youtube.com/watch?v=yQ6giVKp9ec.

4 Hawthorne, «Communication Is the #1 Skill».

5 Catherine Clifford, «Billionaire Warren Buffett: This Is the 'One Easy Way' to Increase Your Worth by 'at Least' 50 Percent», CNBC, 5 de diciembre de 2018, https://www.cnbc.com/2018/12/05/warren-buffett-how-to-increase-your-worth-by-50-percent.html.

6 Marcel Schwantes, «Warren Buffett Says If You Can't Master This Skill, 'It's like Winking at a Girl in the Dark—Nothing Happens'», Inc., 8 de enero de 2019, https://www.inc.com/marcel-schwantes/warren-buffett-says-communication-skills-are-1 thing-that-separate-successful-people-from-everyone-else-here-are-6-ways-to-master it.html.

7 Jamie Kern Lima, *Believe It: How to Go from Underestimated to Unstoppable* (Nueva York: Gallery Books, 2021), 106 de 274, Kindle.

8 Brené Brown, *The Gifts of Imperfection*, edición 10.º aniversario (Centro de la ciudad, Minnesota: Hazelden, 2020), 65 de 215, Kindle.

9 Citado en Clarke A. Chambers, «A Distant Star Sending Signals», revisión de *Steinbeck: A Life in Letters*, por Elaine Steinbeck y Robert Wallsten, The Virginia Quarterly 52, n.º 3 (verano de 1976): 527–31, https://www.jstor.org/stable/26436485.

10 Mark Batterson, *Win the Day: 7 Daily Habits to Help You Stress Less and Accomplish More* (Colorado Springs, Colorado: Multnomah, 2020), vi de 235, Kindle.

11 James M. Kouzes y Barry Z. Posner, *The Truth about Leadership: The No-Fads, Heart-of-the-Matter Facts You Need to Know* (San Francisco: Jossey-Bass, 2010), 117 de 198, Kindle.

12 Nagesh Belludi, «Source of Mohandas K. Gandhi's Quote, 'You Must Be the Change'», *Right Attitudes: Ideas for Impact*, 30 de enero de 2008, https://www.rightattitudes.com/2008/01/30/mahatma-gandhi-on-change/.

13 «What You Do Speaks So Loudly That I Cannot Hear What You Say», Investigator Quote, 27 de enero de 2011, https://quoteinvestigator.com/2011/01/27/whatyou-do-speaks/.

14 Charles M. Evans, Joseph R. Egan, e Ian Hall, «Pneumonic Plague in Johannesburg, South Africa 1904», *Emerging Infectious Diseases* 24, n.º 1 (enero de 2018): 95–102, https://wwwnc.cdc.gov/eid/article/24/1/16-1817_article.

15 Mahatma Gandhi, *The Story of My Experiments with Truth*, traducción Mahadev Desai (Mumbai: Sanage, 2020) 279-280 de 469, Kindle.

16 Simon Sinek, *Start with Why: How Great Leaders Inspire Everyone to Take Action* (Nueva York: Portfolio/Penguin, 2011), 41 de 246, Kindle.

17 Terry Pearce, *Leading Out Loud: Inspiring Change through Authentic Communication*, edición revisada (San Francisco: Jossey-Bass, 2003), 11.

18 Michele Gorman, «Yogi Berra's Most Memorable Sayings», *Newsweek*, 23 de septiembre de 2015, https://www.newsweek.com/most-memorable-yogi-isms-375661.

19 Dean Karnazes, *Run: 26.2 Stories of Blisters and Bliss* (New York: Rodale, 2011), 32.

20 «The Man and His Legacy», accesado el 12 de agosto de 2022, Cavettrobert.org.

21 Marcel Schwantes, «Warren Buffett Says All Successful Leaders Have 1 Thing in Common», *Inc.*, 22 de enero de 2021, https://www.inc.com/marcelschwantes/warrenbuffett-says-all-successful-leaders-have-one-thing-in-common.html.

22 Schwantes.

23 «Walter Cronkite: American Journalist», Britannica, accesado el 12 de agosto de 2022, https://www.britannica.com/biography/Walter-Cronkite.

24 Nick Morgan, «The Kinesthetic Speaker: Putting Action into Words», Harvard Business Review, abril de 2001, https://hbr.org/2001/04/the-kinesthetic-speaker-putting-action-into-words.

25 «Top 10 Ronald Reagan Quotes», BrainyQuote.com, accesado el 15 de agosto de 2022, https://www.brainyquote.com/lists/authors/top-10-ronald-reagan-quotes.

26 Geoffrey K. Fry, *The Politics of the Thatcher Revolution: An Interpretation of British Politics, 1979–1990* (Nueva York: Palgrave Macmillan, 2008), 43.

27 John Wooden y Steve Jamison, *Wooden on Leadership* (Nueva York: McGraw-Hill, 2009), 168 de 303, Kindle.

28 David Murray, «What Communicators Can Learn from Martin Luther King, Jr.'s 'I Have a Dream' Speech», *Entrepreneur*, 20 de enero de 2020, https://www.entrepreneur.com/article/230974.

29 «The Secret to Martin Luther King, Jr.'s Iconic Communication», Quantified, 16 de enero de 2017, https://www.quantified.ai/blog/the-secret-to-martin-luther-king-jr-s-iconic-communication/#.

30 «Courage Is Rightly Esteemed the First of Human Qualities Because... It Is the Quality Which Guarantees All Others», Quote Investigator, 14 de julio de 2019, https://quoteinvestigator.com/2019/07/14/courage/.

31 «Blood, Toil, Tears and Sweat», International Churchill Society, accesado el 16 de agosto de 2022, https://winstonchurchill.org/resources/speeches/1940-the-finest-hour/blood-toil-tears-sweat/.

32 Erik Larson, *The Splendid and the Vile: A Saga of Churchill, Family, and Defiance during the Blitz* (Nueva York: Crown, 2020), 56 de 587, Kindle.

33 Larson, 483.

34 Larson, 483.

35 Joanne Hession, entrevista con el autor, 20 de septiembre de 2022.

36 Ed Mylett, *The Power of One More: The Ultimate Guide to Happiness and Success* (Hoboken, Nueva Jersey: Wiley, 2022), 190 de 255, Kindle.

37   Martin E. P. Seligman y Peter Schulman, «Explanatory Style as a Predictor
     of Productivity and Quitting among Life Insurance Sales Agents», *Journal of
     Personality and Social Psychology* 50, n.º 4 (1985): 837, https://ppc.sas.upenn.
     edu/sites/default/files/predictproductivity.pdf.

38   Travis Bradberry, «6 Things Great Leaders Do Differently», *Forbes*, 13 de
     enero de 2016, https://www.forbes.com/sites/travisbradberry/2016/01/13/6-
     things-great-leaders-do-differently/?sh=2df7a842156d.

39   «The Scaffolding of Rhetoric», International Churchill Society, 1 de enero
     de 1970, https://winstonchurchill.org/churchill-central/storyelement/the-
     scaffolding-of-rhetoric-2/.

40   *James C. Humes, The Wit & Wisdom of Winston Churchill: A Treasury of More
     than 1000 Quotations and Anecdotes* (Nueva York: Harper Collins e-books,
     1994), 2222 de 3375, Kindle.

41   «The Motivational Speakers Hall of Fame: Jim Rohn», Get Motivation,
     accesado el 16 de junio de 2022, https://www.getmotivation.com/rohn.htm.

42   Stephen R. Covey, *The 7 Habits of Highly Effective People: Powerful Lessons
     in Personal Change*, revisado y actualizado (Nueva York: Simon & Schuster,
     2020), 250–51 de 440, Kindle.

43   Charles Schulz, «Peanuts Featuring Good Ol' Charlie Brown», 30 de marzo
     de 1969, https://www.gocomics.com/peanuts/1969/03/30.

44   «Fielding Yost», Sports Reference, accesado el 17 de junio de 2022, https://
     www.sports-reference.com/cfb/coaches/fielding-yost-1.html.

45   «The Will to Win Is Not Worth Much Unless You Have the Will to
     Prepare to Win», Quote Investigator, 11 de agosto de 2017, https://
     quoteinvestigator.com/2017/08/11/prepare/.

46   Fuente desconocida.

47   Malcolm Gladwell, *Outliers: The Story of Success* (Nueva York: Little, Brown
     and Company, 2008), 41 de 286, Kindle.

48   Ralph Waldo Emerson, «Power», Emerson Central, accesado el 13 de octubre
     de 2022, https://emersoncentral.com/texts/the-conduct-of-life/power/.

49   James Clear, *Atomic Habits: An Easy and Proven Way to Build Good Habits
     and Break Bad Ones* (Nueva York: Avery, 2018), 145 de 307, Kindle.

50   «The Biggest Problem in Communication Is the Illusion That It Has Taken
     Place», Quote Investigator, 31 de agosto de 2014, https://quoteinvestigator.
     com/2014/08/31/illusion/.

51 James Surowiecki, *The Wisdom of Crowds: Why the Many Are Smarter Than the Few and How Collective Wisdom Shapes Business, Economies, Societies, and Nations* (Nueva York: Doubleday, 2004), 35–69 de 4841, Kindle.

52 Surowiecki, 95–96 de 4841.

53 Surowiecki, 69 de 4841.

54 Pat Williams, *The Magic of Teamwork: Proven Principles for Building a Winning Team* (Nashville, Tennesse: Thomas Nelson, 1997), 2478 de 4242, Kindle.

55 John C. Maxwell, *How Successful People Think: Change Your Thinking, Change Your Life* (Nueva York: Center Street, 2009), 93–96.

56 Warren Berger, «Einstein and Questioning», A More Beautiful Question (blog), accesado el 29 de junio de 2022, https://amorebeautifulquestion. com/einstein-questioning/.

57 Peter Baofu, *The Future of Post-Human Creative Thinking: A Preface to a New Theory of Invention and Innovation* (Newcastle upon Tyne: Cambridge Scholars Publishing, 2009), 109.

58 Charles R. Swindoll, «No Place for Islands», Insight for Today, 21 de junio de 2022, https://www.insight.org/resources/daily-devotional/individual/no-place-for-islands1.

59 Bill Gates, «Content Is King (1/3/96)», Internet Archive, accesado el 17 de agosto de 2022, http://web.archive.org/web/20010126005200/http:/www.microsoft.com/billgates/columns/1996essay/essay960103.asp.

60 Peter Meyer, *Warp-Speed Growth: Managing the Fast-Track Business without Sacrificing Time, People, and Money* (Nueva York: AMACOM, 2000), 16.

61 «Mrs. Felix Frankfurter Is Dead; High Court Justice's Widow, 84», *The New York Times*, 11 de junio de 1975, https://www.nytimes.com/1975/06/11/archives/mrs-felixfrankfurter-is-dead-high-court-justices-widow-84.html.

62 James W. Moore, *When All Else Fails... Read the Instructions* (Nashville: Abingdon Press, 1993), 765 de 1608, Kindle.

63 Nancy Duarte, *Resonate: Present Visual Stories That Transform Audiences* (Hoboken, Nueva Jersey: John Wiley and Sons, 2010), 98 de 336, Kindle.

64 Richard S. Zera, *Business Wit and Wisdom* (Washington, DC: Beard Books, 2005), 32.

65 C. S. Lewis, *An Experiment in Criticism* (Nueva York: HarperOne, 2013), 18 de 144, Kindle.

66 B. Joseph Pine II y James H. Gilmore, *The Experience Economy: Competing for Customer Time, Attention, and Money* (Boston: Harvard Business Review Press, 2020), 72–80 de 406, Kindle.

67 Pine and Gilmore, 85 de 406.

68 R. Kent Rasmussen, ed., *The Quotable Mark Twain: His Essential Aphorisms, Witticisms, & Concise Opinions* (Nueva York: McGraw-Hill, 1998), 300 de 356.

69 John F. Kennedy, «Ask Not What Your Country Can Do for You» (Discurso de investidura, 20 de enero de 1961), USHistory.org, https://www.ushistory.org/documents/ask-not.htm.

70 Glenn Van Ekeren, *Speaker's Sourcebook II* (Saddle River, Nueva Jersey: Prentice Hall, 1993), 73.

71 «FDR's 'Day of Infamy' Speech: Crafting a Call to Arms», *Prólogo* 33, n.º 4 (Invierno de 2001), https://www.archives.gov/publications/prologue/2001/winter/crafting-day-of-infamy-speech.html.

72 Damon Brown, «Forget Attention. You Need This Rare Thing to Succeed», *Inc.*, 2 de enero de 2020, https://www.inc.com/damon-brown/forget-attention-you-need-this-rare-thing-to-succeed.html.

73 «Jesus Rides into Jerusalem on an Ass», Fuente desconocida.

74 Wendy Atterberry, «7-Second Test for a New Date» CNN, 22 de diciembre de 2010, https://www.cnn.com/2010/LIVING/12/22/ts.7second.date.test/index.html.

75 Gyles Brandreth, ed., *Oxford Dictionary of Humorous Quotations*, 5.ª edición (Oxford: Oxford University Press, 2013), 84.

76 «Who We Are», Horatio Alger Association of Distinguished Americans, accesado el 4 de octubre de 2022, https://horatioalger.org/about-us/history-of-horatio-alger-association/.

77 *Webster's New World Dictionary of American English*, 3.ª edición colegiada. (Nueva York: Webster's New World, 1991), s.v. «communicate».

78 Henry Ward Beecher, *The Sermons of Henry Ward Beecher, in Plymouth Church, Brooklyn from Verbatim Reports by T. J. Ellinwood, Seventh Series: septiembre de 1871– marzo de 1872* (Nueva York: J. B. Ford & Company, 1872), 222.

79 David Close, «Legendary NFL Coach and Broadcaster John Madden Has Died at Age 85», CNN, 29 de diciembre de 2021, https://www.cnn.com/2021/12/28/sport/nfllegend-john-madden-dies-spt/index.html.

80 Citado en Sharon Jaynes, *Enough: Silencing the Lies That Steal Your Confidence* (Eugene, Oregón: Harvest House, 2018), 136 de 272, Kindle.

81 George H. Reavis, «The Animal School», *Cincinnati Public School Bulletin*, 1940.

82 Tom Rath, *StrengthsFinder* 2.0 (Nueva York: Gallup Press, 2007), 9.

83 Rath, 20.

84 *Success Unlimited*, 1974, página 49, https://www.google.com/books/edition/Success_Unlimited/FDAqAQAAMAAJ?hl=en&gbpv=0.

85 Susan Cain, «Susan Cain on Being Comfortable with Public Speaking at Work», *The Economist*, 4 de junio de 2021, https://www.economist.com/by-invitation/2021/06/04/susan-cain-on-being-comfortable-with-public-speaking-at-work.

86 Travis Bradberry, «8 Unrealistic Expectations That Will Ruin You», *Forbes*, 2 de agosto de 2016, https://www.forbes.com/sites/travisbradberry/2016/08/02/8-unrealistic-expectations-that-will-ruin-you/?sh=2b4070a819f0.

87 Louis L'Amour, *Education of a Wandering Man* (Nueva York: Bantam, 1989), 149 de 272, Kindle.

88 «Wonder Dog Keeps Barking, Eats Bugs and, This Year, Is Feasting on American League Pitching», *Sports Illustrated*, 5 de agosto de 1996, https://vault.si.com/vault/1996/08/05/wonder-dog-keeps-barking-rex-hudler-eats-bugs-and-year-feasting-american-league-pitching.

89 Tim Elmore, «Fountains or Drains»,Growing Leaders, https://growingleaders.com/wp-content/uploads/2020/03/Habitude-Home-Chats-FountainsorDrains.pdf.

90 Bradberry, «8 Unrealistic Expectations».

91 Robert Andrews, ed., *The Columbia Dictionary of Quotations* (Nueva York: Columbia University Press, 1993), 715.

92 George Gleason, *Horizons for Older People: We Are Moving toward the Goal of Making Our Later Years Not a Time to Be Feared but to Be Enjoyed* (Nueva York: Macmillan, 1956), 90.

93 Stan Toler y Larry Gilbert, *The Pastor's Playbook: Coaching Your Team for Ministry* (Kansas City, Kansas: Beacon Hill Press, 2000), 48.

94 «The Business Schools Reward Difficult Complex Behavior More Than Simple Behavior, but Simple Behavior Is More Effective», Brainy Quote, https://www.brainyquote.com/quotes/warren_buffett_149689.

95 Harlan Howard, https://www.harlanhoward.com.

96 Clare Boothe Brokaw (Luce), *Stuffed Shirts* (Nueva York: Horace Liveright, 1931), 239.

97 Fuente desconocida.

98 «If I Had More Time, I Would Have Written a Shorter Letter», Quote Investigator, 28 de abril de 2012, https://quoteinvestigator.com/2012/04/28/shorter-letter/.

99 Walter Isaacson, «How Steve Jobs' Love of Simplicity Fueled a Design Revolution», *Smithsonian*, septiembre de 2012, https://www.smithsonianmag.com/arts-culture/how-steve-jobs-love-of-simplicity-fueled-a-design-revolution- 23868877/#:~:text=%E2%80%9CIt%20takes%20a%20lot%20of,Simplicity%20is%20the%20ultimate%20sophistication.%E2%80%9D.

100 Isaacson.

101 Tom Vitale, «Winston Churchill's Way with Words», NPR, 14 de julio de 2012, https://www.npr.org/2012/07/14/156720829/winston-churchills-way-with-words. «Confused on a Higher Level and about More Important Things», Quote Investigator, 11 de julio de 2010, https://quoteinvestigator.com/2010/07/11/confused/.

102 Vitale, «Winston Churchill's Way with Words».

103 «Confused on a Higher Level».

104 C. S. Lewis, *God in the Dock: Essays on Theology and Ethics*, ed. Walter Hooper (Nueva York: HarperOne, 2014), 98 de 347, Kindle.

105 «50 Sir Winston Churchill Quotes to Live By», BBC America, 9 de abril de 2015, https://www.bbcamerica.com/blogs/50-churchill-quotes--1015192.

106 Donald Walton, *Are You Communicating? You Can't Manage without It* (Nueva York: McGraw-Hill, 1991), 188.

107 *The Operative Miller*, 23, n.º 4 (Chicago: Operative Miller Press, 1918), 130, https://books.google.com/books?id=zhcdAQAAMAAJ&q=%22ten-minute%22#v=snippet&q=%22ten-minute%22&f=false.

108 Peggy Noonan, *What I Saw at the Revolution: A Political Life in the Reagan Era* (Nueva York: Random House, 1990), 58.

109 «Top 100 Speeches», *American Rhetoric*, accesado el 9 de agosto de 2022, https://www.americanrhetoric.com/top100speechesall.html.

110 John Maeda, *The Laws of Simplicity: Design, Technology, Business, Life* (Cambridge, Massachusetts: MIT Press, 2006), 1153 de 1389, Kindle.

111 «Boil It Down (1924)», Wikisource, accesado el 25 de agosto de 2022, https://en.wikisource.org/wiki/Boil_it_down_(1924) [apareció en *Treasure Trove*, London, 1924, página 115].

112 Tim Elmore, «In Other Words: The Research behind Teaching and Learning through Images», Growing Leaders, accesado el 25 de agosto de 2022, http://growingleaders.com/wp-content/uploads/2014/03/In_Other_Words.pdf.

113 Michel Marie Deza y Elena Desa, *Encyclopedia of Distances*, 4.ª edición (Berlin: Springer, 2016), 659 de 757, Kindle.

114 Eric Jensen y Liesl McConchie, *Brain-Based Learning: Teaching the Way Students Really Learn*, 3.ª edición (Thousand Oaks, California: Corwin, 2020), 48 de 224, Kindle.

115 Margaret Anne Defeyter, Riccardo Russo y Pamela Louise McPartlin, «The Picture Superiority Effect in Recognition Memory: A Developmental Study Using the Response Signal Procedure», *Cognitive Development*, julio-septiembre de 2009, 265.

116 Elmore, «In Other Words».

117 Daniel H. Pink, *A Whole New Mind: Why Right-Brainers Will Rule the Future* (Nueva York: Riverhead Books, 2006), 18–22 de 277, Kindle.

118 Elmore, «In Other Words».

119 Douglas Cruickshank, «Martin Scorsese: Teaching Visual Literacy», Edutopia, 19 de octubre de 2006, https://www.edutopia.org/martin-scorsese-teaching-visual-literacy.

120 Pink, Whole New Mind, 50 de 277.

121 «Using a Visual Aid during Presentations», Presentation Training Institute, accesado el 9 de septiembre de 2022, https://www.presentationtraininginstitute.com/using-a-visual-aid-during-presentations/.

122 Kevin Bostic, «Behind-the-Scenes Details Revealed about Steve Jobs' First iPhone Announcement», *Apple Insider*, 4 de octubre de 2013, https://appleinsider.com/articles/13/10/04/behind-the-scenes-details-reveal-steve-jobs-first-iphone-announcement.

123 Sarah Burns, «25 Most Viewed TED Talks of All Time», Misisipi, 12 de enero de 2022, https://www.msn.com/en-us/lifestyle/mind-and-soul/25-most-viewed-ted-talksof-all-time/ss-AASHSRY#image=23.

124 Nancy Duarte, «The Secret Structure of Great Talks», TED, febrero de 2012, https://www.ted.com/talks/nancy_duarte_the_secret_structure_of_great_talks.

125   Shakespeare, *Hamlet*, acto 3, escena 2.

126   Christopher Booker, *The Seven Basic Plots: Why We Tell Stories* (Nueva York: Continuum, 2004), 2.

127   Lily Rothman, «Margaret Atwood on Serial Fiction and the Future of the Book», *TIME*, 8 de octubre de 2012, https://entertainment.time. com/2012/10/08/margaretatwood-on-serial-fiction-and-the-future-of-the-book/.

128   Kate Harrison, «A Good Presentation Is about Data and Story», *Forbes*, 20 de enero de 2015, https://www.forbes.com/sites/kateharrison/2015/01/20/a-good-presentation-is-about-data-and-story/?sh=6155bc06450f.

129   Lewis, *Experiment in Criticism*, 140 de 144, Kindle.

130   Don Yaeger, «The Power of Storytelling in Leadership Communication», Maxwell Leadership, 30 de junio de 2022, https://www.maxwellleadership. com/blog/power-of-storytelling/.

131   Alison Beard, «Life's Work: An Interview with Maya Angelou», *Harvard Business Review*, mayo de 2013, https://hbr.org/2013/05/maya-angelou.

132   Britton Perelman, «Everything You Need to Know about Chekhov's Gun», *Screencraft*, 1 de septiembre de 2021, https://screencraft.org/blog/everything-you-need-to-know-about-chekhovs-gun/.

133   Yaeger, «Power of Storytelling».

134   Yaeger.

135   Yaeger.

136   Shunryu Suzuki, *Zen Mind, Beginner's Mind: Informal Talks on Zen Meditation and Practice*, edición 50.º aniversario (Boulder, Colorado: Shambhala, 2020), 1 de 149, Kindle.

137   Jamie Buckingham, «Flowers with Faces», *Charisma*, febrero de 1984, 106.

138   «Facts & Figures», Chicken Soup for the Soul, accesado el 8 de septiembre de 2022, https://www.chickensoup.com/about/facts-and-figures.

139   Donald T. Phillips, *Martin Luther King, Jr. on Leadership: Inspiration and Wisdom for Challenging Times* (Nueva York: Warner Books, 2001), 92 de 370, Kindle.

140   Amy Spencer, «Still Laughing with Bob Newhart», *Parade*, 21 de agosto de 2022, 5.

141   Paulo Coelho, «Life Explained», accesado el 7 de septiembre de 2022, https://paulocoelhoblog.com/2017/09/25/life-explained/.

142   Spencer, «Still Laughing», 6.

143 Chuck Swindoll, «Stories», Insight for Today, 21 de septiembre de 2015, https://insight.org/resources/daily-devotional/individual/stories.

144 «Recommended Reading from Harry Truman», Truman Library Institute, 18 de junio de 2015, https://www.trumanlibraryinstitute.org/tru-history/.

145 Richard Stearns, *Lead like It Matters to God: Values-Driven Leadership in a Success-Driven World* (Downers Grove,Illinois: InterVarsity Press, 2021), 217–18.

146 Laura Barnett, «To Sleep, Perchance to Dream… Is It Ever OK to Doze Off in the Theatre?», *The Guardian*, 11 de abril de 2011, https://www.theguardian.com/stage/theatreblog/2011/apr/11/sleep-dream-theatre-james-mcavoy.

147 «Steve Martin» (entrevista), Charlie Rose, 12 de diciembre de 2007, https://charlierose.com/videos/20473.

148 Chris Anderson, «How to Give a Killer Presentation», *Harvard Business Review*, junio de 2013, https://hbr.org/2013/06/how-to-give-a-killer-presentation.

149 Anderson.

150 Amit Goldenberg y Erika Weisz, «Don't Focus on the Most Expressive Face in the Audience», *Harvard Business Review*, 20 de noviembre de 2020, https://hbr.org/2020/11/dont-focus-on-the-most-expressive-face-in-the-audience.

151 Mark Batterson, *Whisper: How to Hear the Voice of God* (Nueva York: Multnomah, 2017), 15.

152 Salmos 46:10, RVA2015.

153 Elise Moreau, «What Does 'Bae' Mean?», *Lifewire*, actualizado el 2 de noviembre de 2020, https://www.lifewire.com/what-does-bae-mean-3485960.

154 Matt Abrahams, «A Big Data Approach to Public Speaking», Stanford Graduate School of Business, 4 de abril de 2016, https://www.gsb.stanford.edu/insights/bigdata-approach-public-speaking.

155 «Leadership Principles», Amazon, accesado el 22 de junio de 2022, https://www.aboutamazon.com/about-us/leadership-principles.

156 «Mark Twain: Quotes», Britannica, accesado el 30 de septiembre de 2022, https://www.britannica.com/quotes/Mark-Twain.

157 «Enron Fast Facts», CNN, actualizado el 14 de abril de 2022, https://www.cnn.com/2013/07/02/us/enron-fast-facts/index.html.

158 «Master Class Trailer», Horst Schulze, accesado el 23 de junio de 2022, https://horstschulze.com.

159 «Gold Standards», The Ritz-Carlton, accesado el 23 de junio de 2022, https://www.ritzcarlton.com/en/about/gold-standards.

160 Simon Sinek, *Start with Why: How Great Leaders Inspire Everyone to Take Action* (Nueva York: Portfolio/Penguin, 2011), 42 de 246, Kindle.

161 Terence M. Dorn, ed., *Quotes: The Famous and Not So Famous* (Conneaut Lake, Pensilvania: Page Publishing, 2021).

162 «Benjamin Franklin's Famous Quotes», The Franklin Institute, accesado el 30 de septiembre de 2022, https://www.fi.edu/benjamin-franklin/famous-quotes.

163 Thomas Gilovich y Victoria Husted Medvec, «The Temporal Pattern to the Experience of Regret», *Journal of Personality and Social Psychology* 67, n.º 3 (1994): 358, https://psycnet.apa.org/doi/10.1037/0022-3514.67.3.357.

164 Juan Carlos Pastor, «Communicating for Action», Insights, 18 de abril de 2018, https://www.ie.edu/insights/articles/communicating-for-action/.

165 Sophocles, «Trachiniae», *The Dramas of Sophocles Rendered in English Verse Dramatic and Lyric*, trans. George Young (Londres: J. M. Dent and Sons, 1906), 191.

166 Michelle May, «When-Then: The Lie That Keeps You Stuck», HuffPost, 20 de marzo de 2015, https://www.huffpost.com/entry/whenthen-the-lie-that-keeps-you-stuck_b_6906090.

167 Malcolm Gladwell, *The Tipping Point: How Little Things Can Make a Big Difference* (Nueva York: Little, Brown, 2002), 95–98 de 260, Kindle.

168 Zig Ziglar, *Better Than Good* (Nashville, Tennesse: Thomas Nelson, 2006), 79 de 248, Kindle.

169 Kimberly Zapata, «If You're Living with a Chronic Illness, These 100 Quotes Will Resonate—and Help You Feel a Little Stronger», *Parade*, 3 de noviembre de 2021, https://parade.com/1091694/kimberlyzapata/chronic-illness-quotes/.

170 108 Cong. Rec. A2507 (anexo 2 de abril de 1962), (declaración del Senador Mundt).

171 Jim Rohn, «Enterprise Is Better Than Ease», Personal Development, accesado el 6 de julio de 2022, https://personal-development.com/jim-rohn/enterprise-ease.htm.

Programas de desarrollo de liderazgo corporativo de Maxwell Leadership

El proceso Maxwell Leadership®

Nuestra metodología patentada está basada en «Los cinco niveles de liderazgo» de John C. Maxwell. Con ella, tú y tu equipo tendrán acceso a un proceso integral que empodera a los miembros del equipo para liderar más allá de su título, fortaleciendo la motivación, la lealtad a la empresa y el compromiso con las metas establecidas, incluso cuando no estás presente.

Juntos, trabajamos con tu equipo y contigo para:

Escuchar

Primero, escuchamos y entendemos los desafíos únicos que está enfrentando tu equipo u organización para poder desarrollar la mejor solución conforme a tus necesidades.

Planificar

Te presentamos un plan detallado y personalizado con base en las necesidades de tu negocio. La evaluación a profundidad nos permite ofrecerte un enfoque diseñado cuidadosamente para el desarrollo de tu organización.

Entregar

Nuestro equipo experimentado de coaches, facilitadores y especialistas de liderazgo se esfuerza por exceder tus expectativas al ejecutar y cumplir con el plan.

Impactar

Si nuestras soluciones no están generando resultados en tu negocio, no consideramos que el trabajo haya sido exitoso. Nuestro compromiso no es solo cumplir, sino seguir evaluando nuestra efectividad a través del crecimiento de tu organización.

ESCANEA
EL CÓDIGO
PARA MÁS
INFORMACIÓN

CONOCE MÁS EN

🌐 maxwellleadershipespanol.com

Maxwell Leadership Fundación

Liderazgo que transforma y multiplica el valor de las personas.

Más de
7 397 000
personas impactadas

Conoce la historia de
Elvis Chinchilla Maldonado, de Guatemala:

Mi nombre es Elvis Chinchilla Maldonado, **tengo una condena de 68 años de prisión y llevo 12 años cumpliéndola** en una prisión en Zacapa, departamento de Guatemala. He tenido ayuda de Nelson Mejía, quien me recomendó los programas de transformación de John Maxwell.

Comencé mi club de lectura de «**Cambie su mundo**» de John C. Maxwell con seis personas en la prisión y cada uno recibimos una copia del libro.

La idea es expandir la lectura y ayudar a otras personas a transformar su vida también, pues no importa que estemos encerrados, **el cambio es interior sin importar el lugar en que nos encontremos.**

Únete al cambio

✉ info@cambiatumundo.online

📷 @maxwellleadershipfundacion   ⓕ Fundación Maxwell Leadership

¡La transformación comienza en mí, comienza en ti y termina en un mundo transformado!

Da el siguiente paso para cambiar tú y tu mundo.
Comienza una mesa en info@cambiatumundo.online

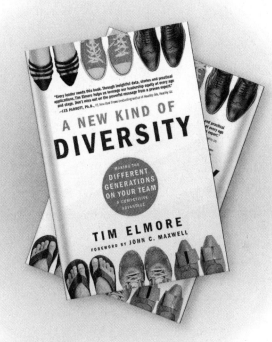